ORGANIZADORES
ANTÔNIO CARLOS DE AZEVEDO RITTO
MARINILZA BRUNO DE CARVALHO

COMPLIANCE E ÉTICA

UMA NOVA CONSCIÊNCIA EM TEMPOS DE TRABALHO EM REDES

ORGANIZADORES
ANTÔNIO CARLOS DE AZEVEDO RITTO
MARINILZA BRUNO DE CARVALHO

COMPLIANCE E ÉTICA

UMA NOVA CONSCIÊNCIA EM TEMPOS DE TRABALHO EM REDES

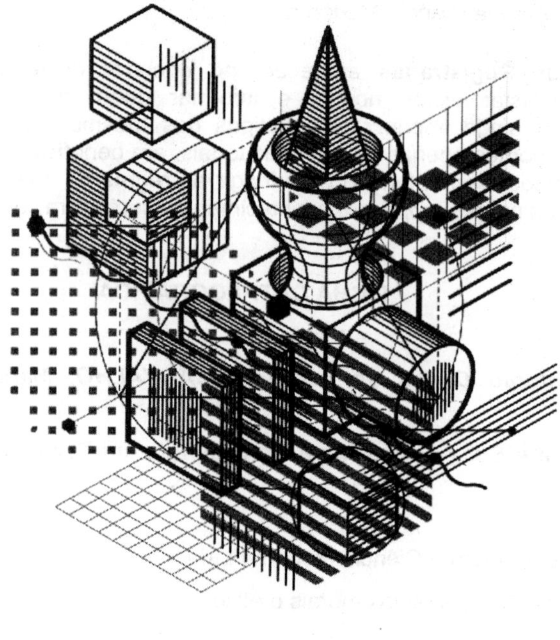

EDITORA CIÊNCIA MODERNA
IBEC INSTITUTO BRASILEIRO DE ENGENHARIA DE CUSTOS
FAPERJ Fundação Carlos Chagas Filho de Amparo à Pesquisa do Estado do Rio de Janeiro
UERJ UNIVERSIDADE DO ESTADO DO RIO DE JANEIRO

Compliance e Ética – Uma Nova Consciência em Tempos de Trabalho em Redes

Editor: Paulo André P. Marques

Produção Editorial: Dilene Sandes Pessanha

Capa: Daniel Jara

Diagramação: Daniel Jara

Copidesque: Equipe Ciência Moderna

FICHA CATALOGRÁFICA

RITTO, Antonio Carlos de Azevedo; CARVALHO, Marinilza Bruno de. (Orgs.)

Compliance e Ética – Uma Nova Consciência em Tempos de Trabalho em Redes

Rio de Janeiro: Editora Ciência Moderna Ltda., 2019.

1. Administração – Aspectos morais e éticos
I — Título

ISBN: 978-85-399-1036-6 CDD 174.4

Editora Ciência Moderna Ltda.
R. Alice Figueiredo, 46 – Riachuelo
Rio de Janeiro, RJ – Brasil CEP: 20.950-150
Tel: (21) 2201-6662/ Fax: (21) 2201-6896
E-MAIL: LCM@LCM.COM.BR
WWW.LCM.COM.BR

01/19

Prefácio

A sociedade contemporânea constitui um novo ambiente global baseado em comunicação e informação cujas regras e modos de convivência e operação estão sendo construídos em todo o mundo

Os instrumentos da tecnologia e seus empregos nos processos de produção globais desafiam as pessoas e as organizações diante de novas formas de relação com o mundo, com emergentes conhecimentos e com inserção em processos de produção compartilhada.

A participação nestes processos de produção globais exige novas visões e novos comportamentos, demanda a formalização de novas conformidades, com quebra de paradigmas, para viabilizar processos de produção compartilhada, em rede, em novos contextos éticos.

A economia está intensamente baseada em conhecimento e inovação tecnológica determinando, entre muitas outras coisas, educação continuada, ou mais propriamente, aprendizado continuado, permanente.

A era do conhecimento cogita tecnologia, mas está voltada para as pessoas, fonte geradora do conhecimento e base fundamental de suas melhores utilizações; intensificam-se as relações entre as pessoas e as organizações.

O ambiente eletrônico de produção é a integração de uma rede de atores mediada pela tecnologia, mas a tecnologia é apenas um meio, um facilitador. O potencial está na sinergia que possa emergir da relação entre os atores da rede de valor. Os alavancadores da auto-organização são atitudinais; habilidades sociais, tolerância ao erro, atitude crítica à experiência, valorização da investigação, delegação, autonomia pessoal.

Para que seja viabilizado o trabalho através dos canais de suprimentos envolvendo múltiplas parcerias nos processos horizontais de produção fragmentada em redes com elevado grau de automação é necessário que sejam estabelecidas especificações cada vez mais detalhadas e formalmente aprovadas pelos agentes.

São necessárias novas visões e novos comportamentos, formalização de novas conformidades, com quebra de paradigmas, para viabilizar processos de produção compartilhada, em rede, em novos contextos éticos.

É cada vez mais difícil gerir com base em métodos de gestão sustentados nos mecanismos de comando-controle. A necessidade de adaptação permanente demanda modelos que privilegiem as articulações interorganizacionais – interagentes. A maior interação com agentes externos e a maior autonomia dos agentes internos

Assiste-se a uma grande complexidade decorrente dos conflitos de percepções e de interesses, e que são inerentes à dinâmica das redes; as negociações entre os atores é função da interdependência entre eles que varia da subordinação à reciprocidade - busca suas manifestações no espectro de possibilidades entre a rígida hierarquia e a flexibilidade da rede.

Nestes contextos são mandatórios programas de compliance, especialmente pelo cenário altamente competitivo que emerge da atual estrutura da sociedade contemporânea globalizada.

A ausência de regras claras afasta investidores, aumenta os riscos de envolvimento em fraudes e escândalos de corrupção com impactos negativos diretos nas suas reputações que atingem não somente sócios e acionistas e funcionários, mas também a sociedade.

O Objetivo desta iniciativa, 3ª manifestação do *Projeto Estudos da Consciência*, desta vez com foco em "Compliance e Ética - Uma Nova Consciência em Tempos de Trabalho em Redes", é apresentar e discutir os conceitos e os formatos que norteiam e acomodam os agentes que atuam nas redes de produção e os acordos que podem viabilizar estas redes, sua natureza, seu objeto, de forma a possibilitar autonomia e integração nos processos compartilhados de produção. Que novos níveis de consciência e de ética precisam estar envolvidos para conciliar os diversos agentes e a participação de cada um nos ambientes de colaboração e nas linhas de produção onde estão inseridos, nas quais trabalham colaborativamente, percebem problemas e oportunidades e tomam decisões? Este livro trata destes assuntos segundo várias visões, mas se aproximando bastante do estado da prática; sete dos oito capítulos são escritos por gestores que convivem nos espaços contemporâneos de produção; estão imerso nestas profundas mudanças no cotidiano de seu trabalho tendo que fazer escolhas e tomar decisões nestes ambientes com intensa tecnologia e em mudança permanente.

Prof. Antonio Carlos de Azevedo Ritto

UERJ – Universidade do Estado do Rio de Janeiro

Sobre os Autores

Antonio Carlos de Azevedo Ritto - Pós-doutor pela COPPE-UFRJ em 2003, em História da Ciência e das Técnicas e Epistemologia, Doutor em Informática (PUC-RJ, 1994), Especialista em Didática do Ensino Superior (UGF, 1985) e Mestre em Informática (UFPe, 1980). Bacharel em Matemática - UFPe – 1977. Trabalhou na Chesf - Companhia Hidroelétrica do São Francisco - de 1967 a 1979 - onde integrou a equipe de Tecnologia da Informação e em Furnas Centrais Elétricas S.A. de 1979 a 2006 - onde integrou o Corpo Gerencial na área de Gestão Corporativa. Professor da UERJ,leciona na área de Ciência da Computação. Professor do Programa de Pós-graduação de Políticas Públicas e Formação Humana. Coordena o Fórum de Tecnologia e Sociedade da UERJ, integra o Departamento de Inovação da UERJ, onde coordena o Escritório de Gerência de Projetos.

Luana Palmieri França Pagani. Mestre em Bioética pela Universidade de Brasília (2012), Especialista em Bioética pela Universidade de Brasília (2006), Advogada - Bacharel em Direito pelo Centro Universitário de Brasília (2005). Trabalhou na Consultoria Jurídica do Ministério da Saúde (2006-2009, 2010-2013), na Secretaria de Políticas para Mulheres da Presidência da República (2009-2010), na Secretaria de Atenção à Saúde do Ministério da Saúde (2013-2014). Atualmente é Coordenadora de Órgãos de Controle e Compliance da Firjan, Ouvidora da Firjan, Coordenadora do Comitê Executivo de Integridade da Firjan e Coordenadora da Comissão de Estudos Especiais (CEE) 309 da ABNT, que é o espelho do Technical Committee 309 da ISO - Governança das Organizações.

Luciano Porto Barreto - Professor da Universidade Estadual do Rio de Janeiro (UERJ) e analista da Comissão de Valores Mobiliários (CVM). Possui Mestrado em Ciência da Computação pela Universidade Federal do Rio Grande do Sul (UFRGS) e Doutorado em Informática pela Université de Rennes, França. Atualmente, desenvolve trabalhos de pesquisa e consultoria especializada em Segurança da Informação, Governança de TI e Criptoativos.

Luiz Fernando Cunha Lino – Mestre em Administração Pública pela EBAP/FGV em 2000, Analista de Sistemas pela PUC-RJ, em 1980, Bacharel em Administração Pública pela EBAP/FGV, em 1978 com Pós-graduação em Gestão Empresarial pela UCAM, em 2007. Desenvolveu toda a carreira em Furnas Centrais Elétricas S.A., de 1978 a 2017, inicialmente como analista de sistemas, tendo ocupado cargos gerenciais na área de desenvolvimento de sistemas, desligando-se da empresa como Superintendente de Tecnologia da Informação. Atualmente atua como consultor de TI.

Maria José Delgado Fagundes - Diretora de Inovação e Responsabilidade Social da INTERFARMA. Advogada. Especialista em Saúde Pública, em Direito Privado, em Bioética e em Compliance. Atuou por 25 anos no Sistema Nacional de Vigilância Sanitária, sendo 12 anos na ANVISA. Foi membro do *Ad Hoc Expert Group* em Marketing de Alimentos e Bebidas não alcoólicas para crianças da Organização Mundial da Saúde. Atualmente, é Diretora da Interfarma (Associação da Indústria Farmacêutica de Pesquisa) e professora do curso de Gestão Industrial Farmacêutica e de Assuntos Regulatórios do IPOG e nas Faculdades Oswaldo Cruz. Coordena as áreas de Responsabilidade Social, Doenças Raras, Inovação e Biotecnologia, Logística Reversa de Medicamentos, *Patient Advocacy* e a área de Compliance. É também Corregedora (Código de Conduta) e responsável pelo Conselho de Ética da INTERFARMA.

Marinilza Bruno de Carvalho - Doutora em Educação pela Universidade Federal do Rio de Janeiro (2005), Mestre em Engenharia de Sistemas e Computação pela Universidade Federal do Rio de Janeiro (1977), Bacharel em Matemática pela Universidade Federal do Rio de Janeiro (1973), Licenciatura em Matemática pela Universidade Federal do Rio de Janeiro (1972). Atualmente é Professor Adjunto da Universidade do Estado do Rio de Janeiro. Tem experiência na área de Ciência da Computação, com ênfase em Sistemas de Informação, atuando principalmente nos seguintes temas: Tecnologia, Avaliação, Gestão da Inovação, Inovação Tecnológica, Empreendedorismo, Propriedade Intelectual, Gestão de Conhecimento e Tecnologia Social. Ministra disciplinas em Gestão da Inovação, Empreendedorismo, Avaliação e Inovação. Professor

Permanente do Programa de Doutorado em Meio Ambiente - PPGMA da UERJ.

Paulo Roberto Vilela Dias - Mestre em Engenharia Civil pela Universidade Federal Fluminense, 2001, Engenheiro Civil pela Universidade Federal do Rio de Janeiro, 1975, Certificação Profissional Internacional em Engenharia de Custos por Notório Saber, Certified Remarkable Knowledge – CRK - IBEC/ ICEC, Fundador, em 1978, e presidente desde 1999, do IBEC – Instituto Brasileiro de Engenharia de Custos, Diretor para as Américas do ICEC – International Cost Engineering Council, desde 2014, Autor de 5 livros em Engenharia de Custos, Professor de Pós-graduação em Engenharia, Professor em Graduação em Engenharia na Escola de Engenharia General Roberto Lisboa e UGM – Universidade Gama Filho, de 1977 a 2000, Experiência profissional de 43 anos em Engenharia consultiva e de construção nas maiores empresas brasileiras, Principais Medalhas e Prêmios, Nacionais e Internacionais: Assembleia Legislativa do Estado do Rio de Janeiro - Medalha Tiradentes, 2013, CREA-RJ / Conselho Regional de Engenharia e Agronomia do Estado do Rio de Janeiro – Diploma de Mérito, 2012, Marinha do Brasil / Corpo de Engenheiros da Marinha – Honra ao Mérito, 2012, Comando da Marinha do Brasil / Medalha do Mérito Tamandaré, 2013, Marinha do Brasil / Medalha e Diploma Amigos da Marinha, 2011, ICEC – International Cost Engineering Council; DIF – ICEC Distinguished International Fellow, 2014, ICEC – International Cost Engineering Council; ICEC Americas- Region 1- Award 2010.

Ruth Epsztejn - Engenheira de Produção pela Universidade Federal do Rio de Janeiro (1977), Mestre em Engenharia de Produção pela Universidade Federal do Rio de Janeiro (1988) e Doutora em Engenharia de Produção pela Universidade Federal do Rio de Janeiro (1998). Atualmente é Especialista Sênior da Diretoria de Avaliação da Conformidade do Inmetro, professora aposentada do Centro Federal de Educação Tecnológica Celso Suckow da Fonseca, foi responsável técnica das redes temáticas de Propriedade Intelectual e Metrologia da Rede de Tecnologia do Rio de Janeiro. Tem experiência na área de Engenharia de Produção, com ênfase em Planejamento, Projeto e

Controle de Sistemas de Produção, atuando principalmente nos seguintes temas: metrologia, propriedade intelectual, engenharia de produção, tecnologia industrial básica e propriedade industrial.

Sumário

Capítulo 1

Capítulo 2

Capítulo 3

Capítulo 4

Capítulo 5

Capítulo 6

Capítulo 7

Capítulo 8

Capítulo 1

Compliance e Ética - Uma Nova Consciência em Tempos de Trabalho em Redes

Prof. Antonio Carlos de Azevedo Ritto

1.1 - Introdução

Estamos vivendo um tempo intenso em conhecimento como fonte de riqueza e um processo crescente de comunicação e intercomunicação individual, social e econômica. Culturas diferentes se encontram em vários espaços de produção, de tomada de decisão e de realização de trocas de várias ordens, seja no campo político, social ou econômico com influência no cotidiano das pessoas através das inúmeras manifestações das redes sociais.

A economia está intensamente baseada em conhecimento e inovação tecnológica determinando, entre muitas outras coisas, educação continuada, ou mais propriamente, aprendizado continuado, permanente.

A era do conhecimento cogita tecnologia, mas está voltada para as pessoas, fonte geradora do conhecimento e base fundamental de suas melhores utilizações. Anteontem, a luta era pela terra, ontem, pelos meios de produção, hoje, importa acesso à informação, a conhecimento e muita colaboração.

É preciso energia intelectual substancial e constante para tratar dos impactos decorrentes das transformações provocadas pela automação acentuada, pela inteligência artificial e para a incorporação dos poderes de tecnologias como Computação em Nuvem, Big Data, Robótica, Realidade Aumentada, Internet das Coisas, Impressão 3D, Redes Neurais, Inteligência Artificial, dentre outras. Que novas competências precisam ser desenvolvidas? Que novos conceitos de serviços terão que ser lançados? Que novos programas de desenvolvimento? Como conviver com a uberização - trabalho sob demanda? Que iniciativas de regulamentação em curto e longo prazos? Que novos comportamentos? Que novos Princípios Éticos?

Intensificam-se as relações entre as pessoas e aumenta a necessidade de especificações de conformidade, compliance, cada vez mais detalhadas e formalmente aprovadas pelos agentes, para que seja viabilizado o trabalho através dos canais de suprimentos envolvendo múltiplas parcerias nos processos horizontais de produção fragmentada em redes com elevado grau de automação.

O Objetivo deste 3º Livro sobre Estudos da Consciência, desta vez com foco em "**Compliance e Ética - Uma Nova Consciência em Tempos de Trabalho em Redes**", é apresentar e discutir os conceitos e os formatos que norteiam e acomodam os agentes que atuam nas redes de produção e os acordos que podem viabilizar estas redes, sua natureza, seu objeto, de forma a possibilitar autonomia e integração nos processos compartilhados de produção. Que novos níveis de consciência e de ética precisam estar envolvidos para conciliar os diversos agentes e a participação de cada um nos ambientes de colaboração e nas linhas de produção onde estão inseridos, nas quais trabalham colaborativamente, percebem problemas e oportunidades e tomam decisões?

A **Hipótese** trabalhada é: **os instrumentos da tecnologia desafiam as pessoas e as organizações diante de novas formas de relação com o mundo, com emergentes conhecimentos e com inserção em processos de produção compartilhada. São necessárias novas visões e novos comportamentos, formalização de novas conformidades, com quebra de paradigmas, para viabilizar processos de produção compartilhada, em rede, em novos contextos éticos.**

1.2 - O Mundo das Redes

Instituições, antes, definidas pela organização física dos seus recursos, se transformam em flexíveis conexões cooperativas. Práticas novas emergem dos novos formatos de relacionamento no âmbito das organizações públicas e privadas num tempo de globalização agressiva, redes sociais de toda ordem, penetrantes na intimidade, ocasionando mudanças rápidas nos negócios e nas relações.
A organização em redes tem o potencial de gerar isolamentos, mas também possibilita novas formas de organização, independente do espaço e do contato físico entre as pessoas no desenvolvimento de objetivos. Novas regras e bases

contratuais que regem as relações do trabalho, os processos da produção, as normas jurídicas da produção horizontalizada, globalizada e em rede.

As redes simples de computadores evoluíram rapidamente para uma rede de redes. Agora, a rede é de funções. Uma rede que conserta atividades que em conjunto produzem um mundo novo num ambiente virtual eletrônico de produção.

Ambiente eletrônico de produção é a integração de uma rede de atores mediada pela tecnologia. A tecnologia é apenas um meio, um facilitador. O potencial está na sinergia que pode emergir da relação entre os atores da rede de valor. Os alavancadores da auto-organização são comportamentais, habilidades sociais, tolerância ao erro, atitude crítica à experiência, valorização da investigação, delegação, autonomia pessoal, isso tudo em tempo real.

Tudo, muito fragmentado, dependente de competências integradoras.

1.3 - Fragmentação no Campo da Pessoa

As predisposições do ambiente tecnológico fortemente apoiado nas redes favorecem e aceleram transformações técnicas, econômicas e comportamentais que propiciam a emergência das Redes Sociais.

Os recursos computacionais têm extensa capilaridade e alcança, através das redes, todos os espaços; invade as empresas e as residências e habita corpos humanos em diversas modalidades de controle e superação de enfermidades.

Assiste-se a uma difusão em larga escala de dispositivos móveis atravessando, inovando e inaugurando novos processos e novas relações, sepultando antigas formas de registro e de comunicação. A conectividade é quase total e o mundo parece estar na palma da mão através de equipamentos cada vez mais poderosos.

Há uma acentuada redução dos custos de instrumentos de tecnologia da informação ao lado do crescimento de suas capacidades.

Estas novas capacidades sustentam uma globalização cada vez mais intensa proporcionando, a cada caso e a cada momento, identificação e contratação de serviços inteiramente pelas redes; desde a pesquisa por fornecedor, acerto de contratos, pagamentos, recebimento de produtos e serviços, até as avaliações de todos os atores interatuantes em tempo quase real, de forma fácil, rápida e deixando acesso para todos os envolvidos de todos os dados e de todos os processos.

Neste contexto, assistimos a uma comoditização de bens materiais e uma importância crescente dos aspectos imateriais dos bens e do trabalho – conhecimento, percepção, relacionamento, sensação de pertinência.

Por outro lado, e com conotações negativas, constata-se a dissolução das formas estáveis de relacionamento entre empresas e entre pessoas; tudo se resolve, caso a caso, com lógica de mercado e afastado das relações humanas, com todos buscando espaços de inserção. Percebe-se permanentemente um remix cultural – mistura constante – estruturação e reestruturação.

Algumas consequências podem ser observadas:

- Fragmentação da atenção
- Emergência das nano audiências – longtail
- Consumidores informados, opinativos e engajados
- Software como serviço em beta permanente – usuário colabora com a elaboração do produto que nunca está completo, pronto.

Nas Redes Sociais percebe-se fragmentação no Campo da Pessoa; a participação intensa, grande potencial de relacionamento, mas com tendência à superficialidade, fragmentação, má informação. As redes sociais possibilitam relacionamentos horizontais, não hierárquicos entre os participantes, mas a liberdade enseja coisa boa e coisa ruim.

As fake news se propagam com o perverso poder de enganar as pessoas, influenciar decisões e causar desinformação, podendo devastar reputações e, nestes casos, a massificação do acesso às redes ameaça, tanto a melhoria do conhecimento, quanto uma melhor formação humana.

Avançamos muito rapidamente do **e** (electronic) ao **m** (mobile)

A disponibilidade de dispositivos com funcionalidades avançadas tais como - computação quântica, computação em nuvem, redes de longo alcance e alta velocidade, biotecnologia e inteligência, realidade aumentada, realidade virtual, big data, inteligência artificial etc. proporcionam plataformas e sistemas operacionais sofisticados com permanente crescimento de velocidade e capacidade das comunicações sem fio, compondo um cenário explosivo do número de novas aplicações.

Todo este quadro tecnológico estabelece um ambiente de uso que constrói a inédita, confortável e crescente sensação do Mundo na Palma da Mão:

- Acesso às pessoas
- Acesso a dados
- Redes Sociais
- Compras e Pagamentos
- Serviço de Localização
- Interações com o mundo real
- Ecossistema de Mídia
- Jogos
- Feedback Pessoal
- Usabilidade e Design

1.4 - Cidadania Digital e Fake News

Notícias falsas sempre existiram. A novidade é sua intensa e rápida propagação através das redes sociais.

Deve-se reconhecer que há uma ampliação do espaço democrático através das Redes Sociais: possibilitam esclarecimento e participação mais intensa das pessoas em questões de interesse coletivo. A Cidadania Digital é uma realidade, mas carece de adequações e de muita evolução no campo comportamental, além de, sobretudo, no campo jurídico, ético.

Espaço novo, com manifestações centradas em instrumentos tecnológicos, com comportamentos não capturados e não tratados pelo aparato legal, as redes sociais carecem de regras e normas que apoiem o conjunto das vantagens que traz e consiga limitar os danos que pode causar, que potencialmente, também, são muitos.

Há várias dimensões a serem tratadas. A maioria delas ainda carentes de entendimento e de formulação de propostas viáveis para soluções; O que estimular? O que limitar? O que reprimir? O que condenar?

- Há dificuldades em garantir acesso para todos aos novos espaços de socialização
- Há um longo caminho a percorrer para que grande parte da população utilize com maturidade as novas possiblidades de uma Cidadania Digital
- Há necessidade de princípios legais
- Há necessidade de absorção do que seja uma nova cultura baseada em redes sociais com todas as suas possibilidades de manifestação
- Há necessidade, sobretudo, de educação e ampliação da consciência.

Mas, a Cidadania Digital prevalecerá. Marcos jurídicos têm sido sugeridos e formalmente aprovados, inclusive na ONU, com o objetivo de estabelecer princípios, garantias, direitos e deveres no mundo digital. Se os avanços da tecnologia da informação e das comunicações podem ameaçar e violar direitos, também têm a potencialidade de promover e fortalecer direitos.

Mas no bojo dos grandes problemas germinam suas soluções.
Na rede, tudo começa a ser avaliado. Produtores, fornecedores, comerciantes, clientes, cada transação, a cada troca, os agentes interatuantes se avaliam mutuamente.

Grandes Lojas (Lojas Americanas, por exemplo), Portais de transação (Airbnb, por exemplo) praticam avaliação de todo tipo, disponíveis on-line em tempo real para quem quiser conhecer. Antes de uma compra, de uma contratação, o internauta pode conhecer as performances dos agentes a partir da opinião dos antigos compradores e contratantes; COMPLIANCE?

1.5 - Transtorno Digital

O Portal Brasil Escola (2018) ensina que dependência digital é a busca incessante pela utilização da internet que age de forma semelhante à dependência química, pois ocorre como consequência do uso prolongado da internet que, por sua vez, proporciona prazer físico à pessoa. Tal prazer está relacionado a fatos e reações simples como downloads, interatividades, e-mails, que em contato direto com o organismo originam descargas elétricas entre os neurônios através da dopamina.

Nomofobia é uma palavra para definir este tipo de fenômeno: "Nomofobia é a fobia causada pelo desconforto ou angústia resultante da incapacidade de acesso à comunicação através de aparelhos celulares ou computadores. Surge quando alguém se vê sem comunicação estando em algum lugar sem um aparelho celular ou qualquer outro mobile ou dispositivo com internet, ou quando presentes, estes falham por motivos diversos. É um termo muito recente, que tem origem nos diminutivos ingleses No-Mo, ou No-Mobile, daí a expressão "Nomofobia" ou fobia de ficar sem um aparelho de comunicação móvel" (Wikipedia1, 2018).

Pesquisadores da Universidade do Sul da Califórnia (USC) estudaram a relação entre uso intensivo de redes sociais e déficit de atenção (trabalho publicado no dia 17/07/2018). Adolescentes que usam muito as mídias digitais têm mais sintomas de déficit de atenção e hiperatividade – TDAH embora haja dúvidas quando a causa e o efeito. Há quem cogite, pesquisa a ser aprofundada, se os portadores de TDAH são mais atraídos pelas mídias digitais. Foram observados 2,6 mil adolescentes durante dois anos.

Pesquisa recente do Common Sense Media (Sense Midia, 2018) mostrou que adolescentes passam 1/3 do seu dia, cerca de 9 horas, usando mídia on-line. A ciência ainda sabe pouco sobre o impacto que a profusão de equipamentos eletrônicos provoca na saúde mental de crianças e adolescentes, cada vez mais ligados em telas.

Curioso e relevante é o cenário retratado pelos *digerati* (Digerati, 2018). Precursores da internet transformam-se em militantes da desconexão digital. *Digerati* **é um termo adaptado** da alcunha de *literati* – pessoas letradas. Tim Berners-Lee, criador da World Wide Web, opina: "Quem quer assegurar que a internet sirva de fato à Humanidade está hoje preocupado com o que vê no mundo digital".

Para a professora da UFRJ e teórica da Comunicação Raquel Paiva, a conscientização só poderá ocorrer se (ou quando) o usuário brasileiro perceber que está se relacionando mais com máquinas do que com pessoas. "Somos um povo gregário, que necessita de vinculação, precisa do olhar do outro para se ver. O que temo é que as pessoas demorem muito a perceber que não cuidaram do seu entorno, que perderam a sociabilidade" afirma a Prof.ª Raquel.

1.6 - Fragmentação no Processo de Produção

Em um enfoque tradicional, ainda que dependente de variáveis diversas, a tecnologia é algo ofertado pela tecnociência, estando à disposição de quem dela quiser dispor. É, portanto, algo exógeno à organização. Outra dimensão deste mesmo enfoque pressupõe que o conhecimento necessário ao uso dos instrumentos, ou deve estar quase embutido no próprio instrumento, ou deve ser de fácil e rápido aprendizado pelos trabalhadores – visão de Ford e operacionalizada na linha de produção.

No enfoque atual, tecnologia não é somente algo dado, é também desenvolvida, variável. Sua utilização estabelece diferenciação e depende de características internas a cada organização, ou conjunto de organizações em evolução sistêmica, prosperando, portanto, endogenamente.

É interessante atentar para características que se afastam e retornam ao ambiente das organizações e na relação dos trabalhadores com o trabalho e com a produção nas eras Pré-Ford, Ford e Pós-Ford, representadas na Figura 1.1.

Pré-Ford	Ford	Pós-Ford
Artesão	Trabalhador da Indústria	Trabalhador do Conhecimento
Instrumento de propósito Geral	Instrumento de propósito especifico	Instrumento de propósito Geral
Torno x pé de mesa	Prensa CAE/CAD/CAM	Supply Chain Management
Os instrumentos tecnológicos não vêm mais acompanhados das técnicas necessárias às suas utilizações		

Figura 1.1 – Processos de Produção

Na **era Pré-Ford** a relação dos trabalhadores com a confecção dos produtos era mediada por instrumentos de propósito ou uso geral, cuja aplicação dependia, portanto, da reflexão, dos conhecimentos e, sobretudo, da intenção do trabalhador, à época, o artesão. Um torno se prestava a muitas coisas e nas mãos de um marceneiro era capaz de produzir um pé de mesa; mas a finalidade e a continuidade do processo de produzir a mesa estavam na intenção e na cadeia de agregação que ia se desenvolvendo sob a direção e de acordo com o conhecimento do trabalhador.

Com o advento da **era Ford**, a relação dos trabalhadores com a produção passou a ser mediada por instrumentos de propósito único ou específico, o que reduziu a atuação do trabalhador a uma posição não cognitiva na linha de produção. A importância do trabalhador reduziu-se na medida em que cresceu a importância do capital nas relações de produção. A utilização de uma prensa que transformava uma placa de metal em um para-lama de um carro dependia muito pouco dos trabalhadores que operavam a máquina e que, para isso, usavam muito pouco conhecimento. A intenção do carro não estava mais na dimensão do trabalhador e sim na linha pré-formatada de produção.

Na **era Pós-Ford**, era da informação, há um passo e uma alteração nesta relação que recoloca o trabalhador em uma posição de importância cognitiva. No setor de serviços, mormente naqueles onde é preponderante como fator de diferenciação o uso de instrumentos tecnológicos, já se cogita tratar o trabalhador do conhecimento. Neste ambiente, o instrumento, o computador, a estação de trabalho, o hardware e muitos softwares, são de uso geral.

Vale relembrar que nenhuma ferramenta, seja ela de uso geral ou específico, manual, mecânica, elétrica ou eletrônica, sozinha, executa uma tarefa, seja esta simples ou complexa: ela depende, no mínimo, de um operador cujos atributos mentais podem ser próximos a zero ou podem requerer competências somente adquiridas após anos de educação e treinamento ou até mesmo de cultura vivencial.

No caso de instrumentos de caráter geral, o nível de cognição demandado para sua operação é considerável, seja o instrumento uma agulha de costura, um torno ou um computador. Com o aumento da complexidade desses instrumentos, fica, por vezes, a ilusão de que a máquina é capaz de fazer coisas, sozinha.

O campo dos sistemas de controle de processos é um exemplo dessa distorção de percepção: aqui, uma fábrica que "faz tudo sozinha" dá a impressão ao observador menos avisado que o ser humano é prescindível. De fato, este pode até o ser, no momento em que, após meses e mesmo anos de projetos, especificações, fabricação de equipamentos, desenvolvimento de softwares etc., a fábrica é inaugurada e, acionado um botão, tudo funciona. No entanto, quem desenvolveu tudo isto foram seres humanos.

Exemplos como esse, todavia, simbolizam o máximo da síntese fordista, com a racionalização cartesiano-newtoniana desenvolvida por um grupo de pessoas com alto conteúdo de conhecimentos, dispensando a utilidade do operário desqualificado. Muda, então, o perfil do trabalhador útil que volta a ser, não mais o do operário desqualificado, mas sim o do superqualificado, o trabalhador do conhecimento. E esta superqualificação não se resume somente ao projeto do como fazer o desejado.

O conhecimento do que será produzido também é levado às últimas instâncias, sob o risco de, assim não sendo, o resultado sistêmico, o produto final, estar irremediavelmente comprometido. O tratamento dessa mudança de forma integrada, no entanto, não é tarefa simples, principalmente quando se cogitam aspectos vinculados à cognição, inerentes a cada pessoa, a cada ator da rede de agregação – do insumo ao consumo.

A reestruturação mundial decorrente de processos de intensa inovação tecnológica na microeletrônica e eletrônica digital, concepção, produção e consumo, TIC, robótica, nanotecnologia, biotecnologia transformam ainda mais intensamente os processos de produção. A Era do Conhecimento e os tempos de intenso uso de tecnologia de redes viabiliza novos paradigmas técnicos, econômicos, globais.

- Aperfeiçoamento dos produtos, informatização e automação de processos de produção, economia de energia na produção, substituição de matérias-primas convencionais, por outras, mais leves, elaboradas;
- Substituição de trabalho não qualificado pelo trabalho cada vez mais qualificado;
- Velocidade da evolução nas informações e no conhecimento cuja dinâmica é acelerada pelas inovações tecnológicas sustentadas, sobretudo, em conhecimentos científicos, mas não só;
- Papel central da sinergia entre conhecimentos científicos, empíricos ou intuitivos para geração de riqueza e agregação de valor.

A globalização do final do século XX possibilitou a produção distribuída em redes transnacionais e alterou profundamente os processos, os atores da produção e as relações de trabalho.

Antes, as organizações eram administradas hierarquicamente, em grandes ambientes sociais produtivos com a presença de todos os agentes no mesmo local – trabalhadores, gerentes, diretores, proprietários (Era Ford).

Mais uma vez mudamos, desta vez da estruturante Fábrica Fordista – Vertical, para a produção fragmentada em redes – Horizontal.

1.7 - O Desafio da Racionalidade – o lucro e a inserção no futuro

A empresa-máquina valoriza critérios como competitividade, desempenho financeiro e redução de custos ainda que muitas das práticas cotidianas que desencadeiam, costumem atingir negativamente valores importantes, tais como manutenção do emprego e bem-estar, transparência no relacionamento com a comunidade e preservação do meio ambiente.

Arie de Geus traça a diferença entre empresa viva e empresa econômica centrada fundamentalmente nos objetivos de cada uma: a primeira busca continuamente aproveitar e expandir seu potencial, garantindo sua longevidade, enquanto a outra tem como único propósito a geração imediata de lucro (De Geus, 1997).

Contudo, a aparente dicotomia entre lucros e longevidade tornou-se inexistente com a ascensão da sociedade do conhecimento, uma vez que, tanto o lucro, quanto a perpetuidade nos negócios derivam da capacidade de aprendizado da organização. A introdução de melhores métodos de trabalho nas empresas é a tônica da ciência da administração. Desde a administração científica e a linha de montagem de Frederick Taylor, o surgimento da pesquisa operacional no pós-guerra e os programas de qualidade total e reengenharia característicos das décadas de 1980-90, até as mais recentes teorias relacionadas à gestão do conhecimento verifica-se a importância atribuída à elaboração de técnicas, práticas e ferramentas cuja adoção represente perspectivas de ganhos na produtividade, redução de custos e aumento incremental na qualidade dos produtos oferecidos.

A essa busca, os teóricos da gestão empresarial costumam atribuir o conceito de melhoria contínua. Vale destacar, na indústria, o princípio da **padronização**, e os princípios decorrentes da **especialização** e **sincronização**.

As práticas administrativas que preconizavam a utilização de métodos padronizados para a confecção de artigos padronizados – impulsionadas pela especialização profissional dos cargos e pela sincronização dos envolvidos (especialistas) na linha de montagem – tinham como sustentáculo o controle cada vez mais aperfeiçoado de toda esta cadeia, num típico processo de melhoria contínua, até que o método perfeito fosse alcançado (segundo Taylor, *the one best way* – o melhor caminho).

Além destes três pontos-chave da sociedade industrial, temos o princípio da **maximização,** que se confunde com a própria ideia de melhoria contínua: o grande desafio dos administradores na indústria consiste em planejar maneiras de aumentar a produção ao mesmo tempo em que os custos e tempos são diminuídos, Figura 1.2.

Finalmente, concentração e centralização, que também se configuram extremamente importantes no contexto da era industrial, mas que a nosso ver não apresentam uma relação causa e efeito direta com a noção de melhoria contínua. Na realidade estes princípios podem ser resumidos em um único: o conceito de **racionalização.**

O passado ensinou a convivência em ambientes onde os agentes econômicos têm conhecimento das variáveis que influenciam seus retornos, conhecem as preferências dos competidores, são capazes de desenhar com racionalidade os cenários futuros e suas previsões convidam à busca de lucro máximo. Nestes ambientes, os agentes são racionais e agem para maximizar seus retornos e para tirar dos recursos alocados, aí incluídos os ativos e as pessoas, o máximo de retorno. Num ambiente estável, os agentes tomam decisões mecânicas e prescindem de emoções e intuições, características que, inclusive, perturbam a decisão incluindo hesitações, comprometendo sua qualidade (Ritto, 2004).

Nos modernos ambientes de negócio, o que se observa são mercados evolutivos onde se convive com permanentes reformulações de conceitos, com o surgimento de questões novas e necessidades de novas abordagens para novas soluções e novas relações com novos e antigos agentes em convivência evolutiva nos ambientes políticos, econômicos e sociais.

Figura 1.2 – Racionalidade Econômica

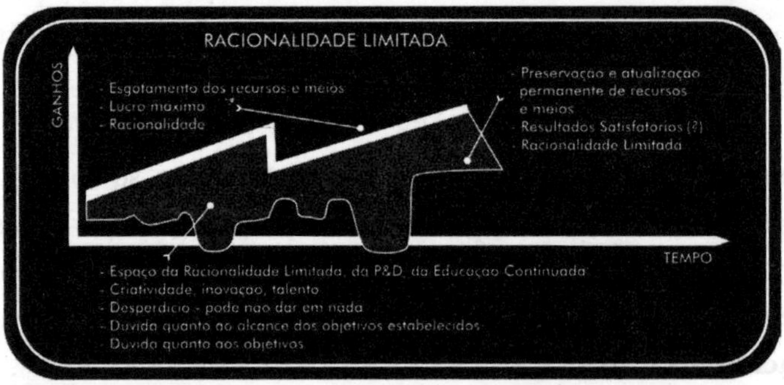

Figura 1.3 - Racionalidade Limitada

Nestes ambientes, novas hipóteses passam a considerar mercados em aprendizagem e cogitam racionalidade limitada (Figura 1.3).

Os modelos racionais e mecânicos, nestes contextos, perdem a eficácia e aspectos ligados a comportamento e à maior parte das informações e conhecimentos relevantes não são completamente dominados. Os agentes agem sob a influência da emoção.

A hipótese da racionalidade limitada exige considerar interdisciplinaridade, risco e incertezas com mais intensidade e, sobretudo, mudanças rápidas no conhecimento. Nestes ambientes se alteram os próprios objetivos dos agentes que se deslocam no tempo, perdem um pouco de sua fixação no retorno de curto prazo, e passam a valorizar a sua permanência e garantir sua passagem para o futuro.

Os agentes passam a se preocupar com a preservação dos recursos e meios, incluídos os ativos, mas, principalmente, as pessoas, agora agentes da transformação que os ambientes exigirão.

Os resultados, sem perder de vista a sobrevivência econômica, incorporam outras dimensões de resultados, incluídos o reconhecimento do mercado, o valor da marca e a capacidade da organização de digerir o novo, de estar em conformidade, compliance, e ética.

Neste novo ambiente, as preocupações incluem pesquisa e desenvolvimento, educação continuada, valorizam a criatividade, a inovação e o talento. Por ser assim, passam a ter algum desperdício. Afinal, na medida em que as pessoas se dedicam à Pesquisa e Desenvolvimento – P&D, os projetos sofrem com a incerteza e podem não ter os resultados esperados.

Há dúvidas quanto ao alcance dos objetivos e até mesmo quanto aos objetivos, doravante ameaçados por novas formulações advindas dos ambientes e das manifestações dos diversos agentes.

Conhecimento passa a ser meio de produção e cada vez é mais forte a percepção de que a organização precisa promover educação continuada e se transformar em um ente capaz de aprender continuamente. Mas há muitas questões abertas.

O que é uma organização que aprende? Como se pode definir e tratar a tensão existente no cotidiano das organizações entre a necessidade de inovação e criatividade de um lado, e a necessidade de obediência a padrões, de outro? Quais as diferenças entre uma organização hierárquica e uma organização em rede? Como se pode entender e enfrentar o desafio da interoperabilidade nas organizações em rede? Que características devem estar presentes em um modelo de aquisição de conhecimento no cotidiano das organizações?

1.8 - Cadeias Produtivas Globais de Agregação de Valor

As Cadeias Produtivas Globais de Agregação de Valor (Morais, 2012), aceleram as mudanças e convocam novas percepções:

- Produção envolve indústrias globalmente distribuídas com fragmentação das cadeias de valor através de uma arquitetura modular

- A fragmentação dos processos produtivos nas últimas décadas transformou, de maneira significativa, o comércio mundial, fazendo com que uma parte importante do intercâmbio passasse a se dar entre indústrias internacionalmente alocadas, levando a um intenso fatiamento das cadeias de valor. Isso permite que os detentores de ativos intangíveis (marca, pesquisa e desenvolvimento – P&D, desenho e concepção, comercialização) se apropriem de fatia principal do valor adicionado (VA), deixando para os países em desenvolvimento as atividades padronizadas e de menor qualificação, por sua vez submetidas à elevada competição e às baixas margens de lucro e agregação de valor

- É também o caso dos produtos da família Apple (MacBooks, iPods e iPads), que carregam um rótulo um pouco mais próximo da realidade e mencionam a ponta inicial e final da cadeia: "projetado pela Apple na Califórnia, montado na China";

- Um exportador líquido de bens finais de alta tecnologia não necessariamente agrega muito valor, especialmente se seu papel na cadeia for de mero montador

- Além da divisão organizada da produção e da codificação de processos e produtos que facilita sua fragmentação, há relações específicas entre as empresas envolvidas, necessárias para que o processo avance no sentido da integração produtiva

- Na integração produtiva, as relações entre as empresas envolvem alianças, parcerias, cooperações e acordos estratégicos com motivações, por vezes distintas, de uma lógica de curto prazo de mercado, como os acordos para transferência de tecnologia

- As cadeias produtivas globais são um sistema complexo de valor adicionado.
  - Cada produtor adquire insumos e adiciona valor ao bem intermediário na forma de lucros e remuneração para o trabalho, que, por sua vez, irão compor os custos do próximo estágio de produção

- São várias as características da indústria eletrônica que permitem que ela seja a mais dinâmica e geograficamente a mais extensa cadeia de produção global entre todos os demais setores produtivos. Uma primeira razão simples é que em partes e componentes de bens eletrônicos, bem como na maioria dos produtos finais, a relação valor-peso é elevada, o que torna o transporte de longa distância relativamente barato

- As Cadeias Produtivas Globais representam um novo modo de produzir
  - Não haverá retorno ao modelo "Fordista", do modo de produção vertical e concentrado.

As Redes de Valor evoluem agora de acordo com as possibilidades da tecnologia e com a capacidade dos projetistas e não reconhecem mais fronteiras nacionais nos processos de produção.

As redes possibilitam latência zero – percepção, ação e reação em tempo real nos ambientes econômicos e sociais.

TI, é, agora, uma commodity e sua presença e utilização não acrescenta valor estratégico às organizações, ao contrário, é a sua ausência que pode excluir uma organização do seu mercado. A diferença será a ação das pessoas e sua capacidade de usar este instrumento no desenvolvimento de suas atividades e no alargamento da percepção da realidade.

A complexidade aumenta e cada agente se comporta como um atrator, podendo ser caótico, criando a possibilidade da mudança permanente. Há abundância de informação em tempo real e seus tratamentos podem proporcionar a percepção adequada às pessoas que evoluírem em seus entendimentos e que se engajarem na coautoria do futuro. A tecnologia é indutora da rede de valor.

Este modelo, Figura 1.4, liga cada vez mais as rigorosas exigências do cliente à fabricação flexível e econômica. O trabalho de algumas funções, possivelmente, deverá ser eliminado ou terceirizado.

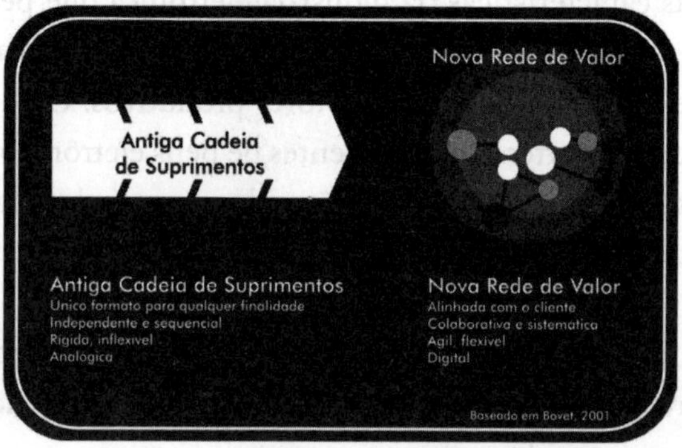

Figura 1.4 – Evolução da Rede de Valor

Numa rede de valor, a cadeia de suprimento é o modelo de negócios. A rede de valor trabalha no sentido da criação de uma arquitetura de informações que possibilite sua expansão a fim de auxiliar todos os parceiros a reagir às constantes alterações do mercado.

Os modelos de negócio da rede de valor contam com a alavancagem por parte dos parceiros. A rede cria oportunidades que demandam novas percepções e atitudes.

Nas redes obtêm-se latência zero, o que significa que, na teoria, não existe lapso de tempo entre receber uma informação crítica, analisá-la e partir para uma ação em função desta informação. A análise em tempo real será crítica para a sobrevivência das organizações na economia global atual e a análise em tempo real requer que gerentes de negócios tenham uma visão em tempo real do desempenho dos seus processos de negócios na organização e de que os processos também fazem parte da capacidade da empresa em conseguir realizar a análise com latência zero.

A natureza essencial da matéria não está em objetos, mas em interconexões. A rede é a instituição do nosso tempo: sistema aberto, estrutura dispersiva tão ricamente coerente que está em fluxo constante, a postos para remanejamento, capaz de transformação infinita. Esse modo orgânico de organização social é mais adaptável biologicamente, mais eficiente e mais 'consciente' do que as estruturas hierárquicas. A rede é plástica, flexível. De maneira efetiva, cada membro é o centro da rede (Ritto 2004).

Um produto é uma ideia em forma tangível e o serviço é uma ideia em forma intangível. Como objetos tangíveis, os produtos existem no tempo e no espaço, os serviços só existem no tempo. Por suas intangibilidades, os serviços não podem ser armazenados ou incluídos num inventário. Eles devem, portanto, ser produzidos em tempo real, no momento da entrega. Produção, entrega e consumo são virtualmente simultâneos. Do ponto de vista do cliente, o serviço não existe até ser entregue e consumido.

1.9 - Fragmentação na Prestação de Serviços

No campo dos serviços, a fragmentação se dá através da "uberização"; tarefas sob demanda – Uberização do Trabalho.

A fragmentação da prestação de serviços é antiga e a ideia do trabalho sob demanda é muita mais antiga que o Uber. Mas foi o Uber que deu nome ao processo - **uberização**.

Todavia, desde a segunda metade do século passado que os Planos de Saúde "uberizaram" os médicos e rapidamente todos os prestadores de serviços de saúde. O mesmo aconteceu, e desde a mesma época, com os serviços de transportes de carga, socorros de veículos em dificuldades e muitos outros.

Em grandes organizações, a ideia de concentração nas atividades do chamado "core business" e a contratação de terceiros para execução das demais atividades, rapidamente mudaram as relações trabalhistas e abalaram os pressupostos da própria legislação trabalhista. Grandes organizações contratavam outras empresas para prestação de determinado serviço, que, por sua vez, contratavam pessoas para suas efetivas execuções num formato de contratação de autônomos; rapidamente, relações de trabalho transformaram-se em relações empresariais – o trabalhador é pessoa jurídica.

O que aconteceu no chão de fábrica no século passado vai acontecer com a administração: os Robôs estão entrando no Escritório. Ganharão força, as profissões que envolvem criatividade, capacidade de tomada de decisão, consideração de fatores imponderáveis.

1.10 - Fragmentação por cima e por baixo - Mudanças Paradigmáticas

"Por cima", a globalização atende primordialmente a interesses corporativos e, muitas das vezes, está submetida a Grupos Econômicos. Neste ambiente, a organização social está ameaçada, de cima, pela globalização. Numa economia mundializada faltam autoridades para impor limites à atividade econômica. Capitalismos nacionais estão ligados à história de cada país; Instituições de nível mundial, Bancos, FMI e OMC impõem lógica econômica e não objetivos sociais.

No meio do caminho está a Sociedade tentando cuidar do interesse de todos, dos Direitos Sociais, dos Direitos do Cidadão, das Leis e da Racionalidade. Sociedade é a interdependência, na mesma unidade territorial, dos diversos setores da atividade coletiva.

"Por baixo", está o indivíduo com sua subjetividade, isolamento, diferenciado em seus valores, interesses de cada um, direitos humanos. A organização social está ameaçada embaixo, num apelo cada vez mais radical e apaixonado ao indivíduo e não à sociedade; as redes sociais aceleram os processos de individualização.

Constatações cotidianas do inesperado desatualizam competências e instituições e expõem a fragilidade de métodos sofisticados de planejamento. Na verdade, o planejamento se mantém necessário; quem fez um planejamento caprichado está mais bem preparado para a improvisação.

Como manter o mundo institucional em meio à vitalidade das mudanças na conjuntura, no conhecimento, nas demandas, nos ambientes políticos, econômicos e sociais? Como acomodar gestão racional (lógica determinista) com a natureza política da cúpula das organizações e com a mudança permanente, emergente, global-local? Que modelo teórico de vida social pode orientar uma reorganização social em meio a tanta diversidade? As relações sociais não são mecânicas, são caóticas. Como equalizar potenciais num trabalho em rede, fragmentado no tempo e no espaço?

Por cima das relações sociais, e mesmo de difícil alcance pelas políticas nacionais, encontram-se os elementos da Globalização da produção agora horizontalizada.

Por baixo, nas relações sociais cotidianas encontram se as redes sociais que se manifestam de formas inéditas, também criando problemas de difícil tratamento pelo aparato legal vigente; Fake news são apenas o exemplo mais exuberante.

A necessidade de mecanismos de medição, de análise, de disciplinamento de limites é imperativa. Mas, modelos e padrões antigos nem sempre servem.

1.11 - Compliance

A fragmentação provocada pelas redes gera problemas; como vimos, tanto no plano individual, pela profusão de notícias falsas e inúteis, como no plano da globalização na fragmentação da produção. Tudo muito novo em várias dimensões faz surgir a necessidade de novas normas de convivência num ambiente que está longe de encontrar o equilíbrio; continua mudando.

Difícil lidar com problemas desta magnitude em um ambiente novo de características, em grande medida, ainda desconhecidas.

No contexto das organizações globais amadurecem os conceitos e as práticas de Governança, Risco e Compliance:

- **Governança** refere-se a políticas organizacionais, práticas e diretrizes para orientar pessoas e processos de uma organização
    - Pretende colocar todos os envolvidos na mesma direção, juntos, trabalhando para um objetivo comum

- **Gestão de Riscos** se antecipa a problemas, atenta a probabilidades de situações impactarem projetos da organização
    - Considera fatores internos e externos, ameaças econômicas, ambientais, mudanças no mercado etc.

- **Compliance** - Conformidade com determinado segmento da realidade
    - Conspira, no sentido de manter os processos, de acordo com a legislação, normas e boas práticas da sua área de atuação
    - Atenção, auditoria e monitoramento contínuo para garantir e certificar a adequação

Governança, Risco e Compliance atuam de maneira integrada – princípios, valores, eficiência, transparência e resultados.

Compliance também é uma questão do Direito. As cadeias globais de valor provocam novas questões nas relações jurídicas, com destaque para aquelas relativas ao Direito Internacional do Trabalho.

Cada vez mais, emergem problemas decorrentes da interação entre pessoas públicas e privadas de diferentes nacionalidades. A demarcação entre o Direito Nacional e o Direito Internacional ficará cada vez mais imbricados.

As regulações precisam ser mais versáteis e adaptativas para serem eficazes em um ambiente comercial sustentado em cadeias globais de valor em tempo de inovação. Nestas redes, convergência, coerência e cooperação regulatória são fundamentais para garantir a possibilidade da produção e a competitividade.

Compliance significa estar em conformidade com os sistemas, normas e procedimentos vigentes para prevenção, detecção e providências a respeito de inadequações, seja no campo dos produtos e serviços, seja no campo do comportamento dos diversos agentes envolvidos nos processos; todo o desvio, erro ou não conformidade que dificulte ou impeça o alcance de uma situação desejada dentro de um processo ou subprocesso.

Compliance precisa ser um acordo coletivo, um conjunto de métodos e disciplinas que formalize regras externas (leis, normas) e internas (procedimentos, regimento, política interna, regulamentos) de uma organização, um sistema dinâmico que deve ser compreendido e obedecido por todos os agentes participantes num processo de produção.

Compliance evolui e demanda revisão permanente da legislação, nas normas da organização integradora do processo de produção, dos métodos e técnicas aplicados.

Compliance tem reflexos na sociedade (Pereira, 2018). Diante de todos os reflexos da globalização, sejam eles positivos ou negativos, vale destacar a criminalidade, em especial, o crime de corrupção, que adquiriu novas dimensões, rompeu fronteiras, assumiu características complexas e alcance global, ganhando destaque no contexto internacional.

Adicionalmente, a abertura de fronteiras, com o crescente envolvimento de diversos países no mesmo processo de produção, obrigou as organizações a observarem e respeitarem as leis de diferentes jurisdições sendo compliance um aliado eficiente para mitigar os riscos de violação de legislações, sobretudo legislações específicas de diferentes países participantes dos processos de produção.

Novas regras são implementadas no cenário internacional visando garantir maior segurança jurídica e financeira nas relações internacionais, um cenário formado por investidores cada vez mais exigentes, preocupados em mitigar seus riscos, manter sua reputação e aumentar seus lucros, com a construção de relações sustentadas em confiança, transparência e **ética**.

O risco de sofrer sanções aplicadas concomitantemente pelas autoridades dos vários países em que a organização atua, frente à aplicação extraterritorial das leis anticorrupção de diversas jurisdições, incluiu compliance na pauta de discussão das prioridades das organizações e dos organismos internacionais.

A exigência de programas de compliance robustos e efetivos é uma realidade que não se pode mais ignorar. A inexistência de programas de compliance, especialmente no cenário altamente competitivo que se antevê na atual estrutura da sociedade globalizada, afasta investidores, aumenta os riscos de envolvimento em fraudes e escândalos de corrupção com impactos negativos diretos na reputação das organizações. Além do risco de incorrer em severas multas e penalidades aplicadas pelas autoridades que podem levar, inclusive, à falência de organizações.

A inexistência de compliance coloca em risco não somente sócios, acionistas e funcionários, mas também a sociedade, que certamente será envolvida.

1.12 - Inovação - necessidades e riscos

Aprendemos que uma coletividade que não sabe o que a ameaça não tem nenhuma chance de sobreviver.
A economia desmaterializa-se e cada vez mais são frequentes as referências às empresas virtuais, ativos intangíveis, capital intelectual, produtos mais complexos, com mais conhecimento multidisciplinar agregado.

A capacidade de aprender é o diferencial estratégico da produção e é preciso tratá-la com metodologias e ferramentas apropriadas, processar adequadamente os dados, aplicar corretamente as informações e gerenciar conhecimentos (Ritto, 2004).

Inovar parece não ser mais uma opção ou uma vocação e sim um imperativo. As organizações compartilham um ambiente complexo com um conjunto grande e incontrolável de atores de toda ordem.

Neste ambiente é necessário manter vigilância tecnológica e vigilância regulatória permanente. É mandatório entender movimentos dos diversos agentes, direta ou indiretamente envolvidos no ambiente de negócios da organização. É relevante estar atento aos protótipos e produtos em desenvolvimento nos institutos de pesquisa.

É bom observar os movimentos dos clientes, fornecedores, parceiros e terceiros de toda ordem que podem fazer movimentos que venham influenciar decisões passadas, presentes ou futuras.

A figura 1.5 tenta mostrar sinteticamente este ambiente caótico, com todos os agentes em movimento permanente, do qual a organização precisa tirar a ordem possível, sempre ameaçada por maus entendimentos ou de movimentos não percebidos.

Certamente compliance pode ser um mitigador de surpresas e problemas; e quanto mais agentes estiverem envolvidos melhor.

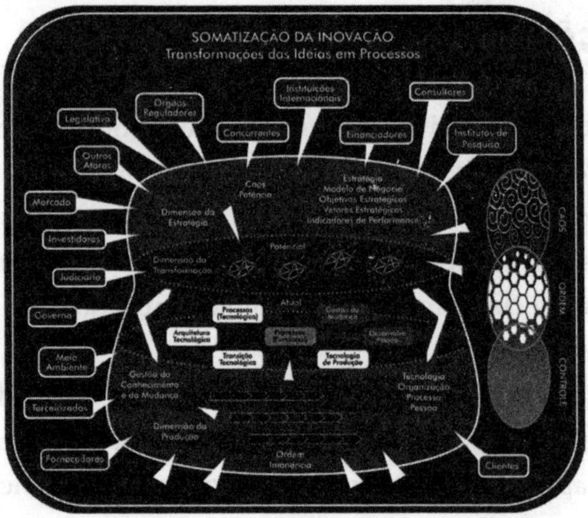

Figura 1.5 – Caos e Ordem

1.13 - Inovação para Inovar

Inovações tecnológicas impactam os diferentes setores do complexo sistema social, econômico e político das sociedades contemporâneas. A utilização de um instrumento tecnológico implica a cocriação de conhecimento; são complexos os instrumentos, normalmente são complexas suas utilizações em processos de produção compartilhada.

Mas é relevante perceber que a introdução de uma inovação confere poder sobre os processos de produção onde ela será aplicada. A repetição da aplicação de inovações técnicas "dá poder" aos grupos inovadores já que lhes concede iniciativa e capacidade de prosseguir inovando, preservando e ampliando a autonomia técnica. Esta

"acumulação de autonomia e de confiança" pode ter mais valor que uma possível acumulação de capital e mais poder de redundar em uma inovação.

É também relevante perceber que a inovação pela via tecnológica altera a relação entre emprego e trabalho, salário e renda. A reestruturação da produção decorre de dois aspectos da inovação:

- Inovação tecnológica - diversos instrumentos das TICs, sobretudo redes
- Inovação na gestão - terceirização, ilhas de produção, trabalho em equipe, condomínio industrial, UBERIZAÇÃO

Destes movimentos percebe-se:

- Salário caindo
- Desaparecimento de funções e de profissões
- Emergência de novas funções e profissões
- Trabalho mental superando o trabalho físico
- Empregos diminuindo e trabalho crescendo
- Relações trabalhistas tornam-se relações empresariais
- Prestadores de serviço disputando trabalho
- Rendimento em função do serviço prestado
- Crescimento do trabalho informal
- Mudanças na forma de se encontrar trabalho
- Empresas não querem responsabilidade com a carreira dos trabalhadores
- Empregadores não querem, como antes, exclusividade do colaborador
- Trabalhadores têm de procurar várias inserções
- Saber trabalhar em equipe aumenta o valor da pessoa
- Habilidades específicas têm vida útil curta

1.14 - Estudos da Consciência

A consciência tem sido estudada por cientistas e espiritualistas de diversas linhas de pensamento. Nas últimas décadas do século passado (1990 - década do cérebro) houve aprofundamento no saber científico a respeito do cérebro, com destaque para os estudos da consciência.

A consciência é <u>a percepção imediata do sujeito</u> daquilo que se passa, dentro ou fora dele. Consciência é uma qualidade da mente que abrange subjetividade, autoconsciência, sabedoria, capacidade de perceber a relação entre si e o ambiente.

Não há uma definição aceita pela ciência – há dúvidas e debates. Para a ciência, a consciência emana da matéria – é neuronal simplesmente.

As leis e as formas de pensamento estão comprometidas com a ideia da produção no paradigma das fábricas. Na fábrica, as pessoas se conhecem, estão sob as mesmas regras de convivência e têm um sentido de pertencimento à fábrica, ao produto e aos valores estruturantes de uma hierarquia forte e única.

Mas, estamos numa sociedade de serviço, e o modelo é o do shopping center. As pessoas trabalham nas diferentes lojas, no mesmo espaço físico, mas sem pertencimento, sem percepção da totalidade, uma sociedade sem laços.

A Dra Janaina Brizante, Neurocientista, Doutora pela Duke University e pela USP, Diretora na Nielsen Brasil, ensina que o nosso cérebro não está preparado para lidar com novas tecnologias (Brizante, 2018).

O cérebro que temos não evoluiu neste mundo tecnológico, evoluiu no meio do mato sem geladeira, supermercado e smartfone. A dor criada por uma rejeição em redes sociais equivale a um abandono real e provoca ansiedade, sofrimento, depressão, dor social. Antes, as pessoas se relacionavam cotidianamente com 20 outras pessoas no ambiente presencial, agora com 100 amigos virtuais. Nossa espécie evoluiu com contato físico – contato virtual não é igual. Crianças não têm sistema nervoso para lidar com a superficialidade e a velocidade dos smartfones ensina a Dra. Janaina.

Quanto melhor os grupos humanos conseguem se constituir em coletivos inteligentes, em sujeitos cognitivos, abertos, capazes de iniciativa, de imaginação e de reação rápidas, melhor asseguram seu sucesso no ambiente altamente competitivo. Novas competências precisam ser incorporadas a cada momento.

As novas condições conferem vantagem competitiva aos grupos em que os membros são capazes de adotar individualmente iniciativas de coordenação em lugar de se submeter à planificação vinda de cima. Esta constante mobilização de capacidades cognitivas e sociais supõe forte implicação subjetiva que, bastante individual por um lado, é ética e cooperativa de outro.

É importante perceber que o**s objetos, as tecnologias, os processos de fazer as coisas daqui a poucos anos, ainda não foram inventados; os sujeitos e seus comportamentos também não.**

1.15 - À Guisa de Conclusão

A realidade e suas possibilidades, estruturações e emergências só podem ser percebidas e tratadas pela pessoa; é a pessoa que pode, através da imaginação e criatividade, inovar e recriar a realidade atenta às suas imanências e realizando o seu potencial.

Os instrumentos e modelos que viermos a adotar serão mais interessantes se colaborarem para fazê-las coautoras da totalidade e criar condições para que se desenvolvam plenamente em influência mútua com o desenvolvimento da comunidade e da organização; reconquistar nas pessoas a sua natureza política.

Nas organizações verticais, hierárquicas, o poder é muito grande na direção, no topo, e muito pequeno nas pessoas.

Nas organizações políticas é maior o poder das pessoas. O que deve ser buscado é a criação das condições que favoreçam o desenvolvimento político da pessoa - construção de si, concomitante com a construção da organização.

Tudo está sendo construído, nada está definitivamente pronto. Novos conhecimentos estão sendo formalizados e as coisas vão continuar mudando.

E vamos continuar aprendendo, na lida, conversando acertando, errando, evoluindo.

O que se verifica não é um agente organizando os ambientes, mas os ambientes se auto-organizando. Que "leis" regem esses processos de auto-organização?

Na teoria da criação do conhecimento, duas dimensões distintas são consideradas (Figura 6):

- A **dimensão epistemológica** baseia-se na distinção entre conhecimento explícito e conhecimento tácito
- A **dimensão ontológica** que se refere ao nível organizacional (nível individual, de equipe, da organização e Interorganizacional).

A princípio, o conhecimento só pode ser criado pelos indivíduos. A organização não pode criar conhecimento *per se*, mas apenas fornecer suporte para a criatividade individual e prover um ambiente no qual os indivíduos possam criar esse conhecimento. Desse modo, a criação do conhecimento deve ser entendida como um processo que ocorre em um ciclo ascendente de comunidades de interação, passando do indivíduo até os pontos de contato da organização com o ambiente.

Nesse processo, os indivíduos são responsáveis pela criação efetiva do conhecimento e os grupos, pela síntese, enquanto a organização assume o papel de amplificadora do conhecimento, cristalizando-o como parte da sua rede de conhecimento.

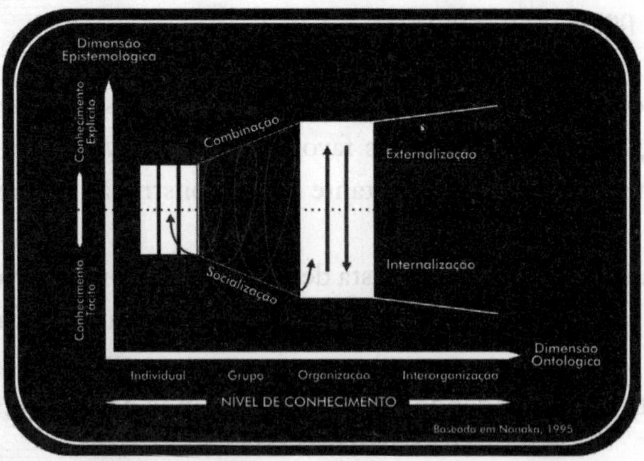

Figura 1.6 – As Dimensões do Conhecimento

Na organização criadora do conhecimento há uma relação mútua entre conhecimento explícito e conhecimento tácito. Esses conhecimentos interagem entre si e alternam-se nas atividades criativas dos indivíduos.

O modelo dinâmico de criação do conhecimento desenvolvido por Nonaka e Takeuchi está ancorado no pressuposto crítico de que o conhecimento humano é criado e expandido através da interação social entre o conhecimento tácito e o conhecimento explícito, chamada **conversão do conhecimento**. No modelo, essa conversão pode manifestar-se de quatro maneiras distintas: socialização, externalização, combinação e internalização.

- A **socialização** consiste na conversão do conhecimento tácito em conhecimento tácito. É um processo através do qual experiências são compartilhadas e, a partir daí, o conhecimento tácito é multiplicado, na forma de modelos mentais e habilidades técnicas. No dia a dia das organizações, esse processo ocorreria por meio de atividades como treinamentos *on the job*, sessões informais e *brainstorms*, interações com os clientes etc.

- A **externalização** é o processo de articular conhecimento tácito em conceitos explícitos. É o principal processo de criação do conhecimento, uma vez que permite que os conhecimentos tácitos se tornem explícitos e compartilháveis, expressos na forma de metáforas, analogias, conceitos, hipóteses ou modelos. Esse processo é disparado através do diálogo e da reflexão coletiva.

- O processo de **combinação** é a conversão do conhecimento explícito em conhecimento explícito. Envolve a junção de diferentes componentes isolados do conhecimento explícito, formando um todo novo. Baseia-se na troca de informações explícitas e relaciona-se com mídias como documentos, reuniões formais, telefonemas ou redes de comunicação computadorizadas e com a educação formal.

- A **internalização** consiste no processo de incorporação do conhecimento explícito no conhecimento tácito. Quando o conhecimento explícito

> começa a ser compartilhado na organização, os indivíduos começam a internalizá-lo, utilizando-o para ampliar, estender e reformular suas bases de conhecimentos tácitos através do desenvolvimento de modelos mentais ou *know-how* técnico compartilhados. A internalização relaciona-se com o que se convencionou chamar "aprender fazendo" (*learning by doing).*

Os processos de conversão do conhecimento descritos acima são a principal ferramenta na criação do conhecimento, pois são eles que permitem a criação, compartilhamento e incorporação do conhecimento entre as pessoas. Cada modo de conversão do conhecimento é disparado por um evento distinto.

Quem fez curso para aprender a usar as complexas e sofisticadas aplicações do Celular?

As qualidades humanas são as mais relevantes numa economia que prospera estimulada na inteligência coletiva. Escasseiam os que fabricam as coisas e seu trabalho, instrumentalizado, ampliado, mecaniza-se cada vez mais. As profissões de tratamento da informação se encontram ameaçadas, pois as redes de comunicação com inteligência incorporada realizarão, sozinhas, a maior parte das tarefas. Como última fronteira, descobrimos o humano, o não automatizável. A abertura de mundos sensíveis, a invenção, a relação, a recriação continuam sendo humanas.

Os que promovem a inteligência humana encontram-se hoje na origem da prosperidade. Mas uma sociedade sem valores é uma experiência que estamos experimentando neste momento e a vida social exige normas, aceitas, acordadas. Ética emerge da cultura - vive num espaço-tempo.

A pessoa é um ser em construção e só se realiza com o exercício da liberdade e através da educação e da cultura.

O Projeto Estudos da Consciência está dedicado a pensar nos próximos passos e pensar nas pessoas. Percebe a necessidade de uma Nova Pessoa (Ritto, 2017):

- Que conviva em rede e relacione-se com fraternidade
- Menos privada, menos competitiva e mais cooperativa
- Inclusiva, Moral e Ética
- Que conviva num hiperespaço onde entrega e recebe numa auto-organização permanente de suas estruturas e de seus processos
- Capaz de mapear sua posição neste espaço mutante e continuar atuando em cooperação com ele
- Que conviva com a permanente explosão de heterogeneidades semânticas e dissonâncias cognitivas entre os vários atores, construtores e participantes do hiperespaço.

É a esta Pessoa que dirigimos nossos Estudos da Consciência.

Referências Bibliográficas

ANTONIK, Luis Roberto; Compliance, ética, responsabilidade social e empresarial: uma visão prática - Alta Books, Rio de Janeiro, 2016.

BRASIL ESCOLA https://brasilescola.uol.com.br/psicologia/dependencia-digital.htm, visitado em julho de 2018.

BRIZANTE, Janaina. Revista Época, 16/07/2018.

CASANOVA, Pablo González; As novas ciências e as humanidades da academia à política, Editora BomTempo, São Paulo, 2006.

DE GEUS, Arie, The Living Company, Harvard Business Press, USA, 1997.
DIGERATI; O Globo 07 de julho de 2018.

MORAIS, Isabela Nogueira de Morais; Cadeias Produtivas Globais e Agregação de Valor - a posição da China na indústria eletroeletrônica de consumo; Pesquisadora do Instituto de Socioeconomia da Universidade de Genebra; Revista Tempo do Mundo, v. 4 , n. 3, Dezembro de 2012.

NONAKA, Ikujiro, TAKEUCHI, Hirotaka. Criação de conhecimento na empresa. Rio de Janeiro, Ed. Campus, 1997.

PEREIRA, Izabel de Albuquerque: Os programas de compliance e seus reflexos na sociedade. (doutoranda em Direito da Faculdade de Direito da Universidade Nova de Lisboa (UNL) e mestre em Direito Internacional pela Faculdade de Direito da Universidade do Estado do Rio de Janeiro), http://www.lecnews.com.br/blog/os-programas-de-compliance-e-seus-reflexos-na--sociedade/ LEC Community 20/03/2018.

RITTO Antonio Carlos de Azevedo. Organizações caórdicas – modelagem de organizações inovadoras. Editora Ciência Moderna, Rio de Janeiro, 2004.

RITTO, Antonio Carlos de Azevedo, Organizações em Rede - ordem e caos na estruturação do trabalho. Monografia apresentada como exigência curricular para obtenção do Diploma do Curso de Altos Estudos de Política e Estratégia, Edição ESG, Rio de Janeiro, 2004a.

RITTO, Antonio Carlos de Azevedo. Consciência, Ciência e Espiritualidade, Capítulo do Livro Estudos da Consciência - A Consciência segundo diferentes Linhas de Pensamento, Editora Ciência Moderna, Rio de Janeiro, 2017.

SENSE MIDIA, https://www.commonsensemedia.org/, visitado em julho de 2018.

WIKIPIDIA 1, https://pt.wikipedia.org/wiki/Nomofobia visitado em julho de 2018.

Capítulo 2

A Realidade da Corrupção no Brasil e os Desafios dos Pequenos Negócios: Por Uma Cultura de Compliance

Luana P. F. Pagani

2.1 - Introdução

Para Amartya Sen[1], o desenvolvimento deve ser entendido como eliminação de privações de liberdades, sendo estas entendidas como "*pobreza e a tirania, carência de oportunidades econômicas e destituição social sistemática, negligência dos serviços públicos e intolerância ou interferência excessivas de Estados repressivos*". Por sua vez, a liberdade humana assume diferentes formas substantivas específicas que se complementam, a exemplo das liberdades políticas e as liberdades econômicas, as quais incidem nas oportunidades de participação no comércio e na produção. Dentro desse contexto, Amartya Sen parte do pressuposto de que pobreza não se limita à baixa renda, vai muito além, significa privação de necessidades básicas (educação, saúde, moradia, alimentação, etc.), de forma a impactar não somente na vida das pessoas, mas, de modo desastroso, no desenvolvimento de um país.

Diversos fatores, quando conjugados, ocasionam privação de liberdades humanas, pobreza e não desenvolvimento de uma sociedade. Contudo, um fator de grande peso é o fenômeno da corrupção, cuja percepção deve contemplar seu mais amplo sentido, "*estendendo-se a todos os campos de atividades, tanto privados como públicos, e para todas as pessoas que exercem funções públicas ou privadas e adquirem uma vantagem indevida ligada ao exercício de tais funções*"[2]. As mídias e

---

[1] SEN, A.K. **Desenvolvimento como Liberdade.** Tradução Laura Teixeira Motta. São Paulo: Companhia as Letras, 2000.

[2] NILSSON, H. G., "**Substantive Criminal Law, Corruption, and Money Laundering**", In D.V. Trang

os canais sociais hoje estão focados em uma importante vertente da corrupção que é o desvio de grandes verbas públicas a partir de uma relação ilícita entre governo, políticos e empresas, porém, as vantagens indevidas podem se revestir de diversas facetas, incluindo a troca de favores e privilégios, sem que ocorra qualquer repasse de recurso financeiro. O que importa registrar é que todas as formas de corrupção obstaculizam o desenvolvimento nacional e geram mais pobreza, além de desconstruírem a credibilidade da sociedade no governo, nas empresas e até mesmo na democracia. Isso pode ser mensurado em dados escandalosos e, indubitavelmente, muitos dos estragos da corrupção vão para além dos números.

Em nível global, dados da Organização para a Cooperação e Desenvolvimento Econômico (OCDE) – recuperados pelo Programa das Nações Unidas para o Desenvolvimento (PNUD) – expressam que os custos da corrupção superam 5% do Produto Interno Bruto (PIB) global, ultrapassando a ordem de 2,6 trilhões de dólares por ano[3]. Esse custo poderia ser traduzido em benefícios, na medida em que se passa a ter conhecimento de que um investimento de US$ 116 bilhões por ano poderia acabar com a fome de, praticamente, 800 milhões de pessoas no mundo, em um pouco mais de uma década; que US$ 8,5 bilhões poderiam erradicar a malária em 15 anos; e que US$ 26 bilhões (por ano) seriam suficientes para fornecer educação básica a crianças de 46 países de baixa e média renda[4]. Pesquisa do Banco Mundial estima que até 80% de fundos públicos de saúde nunca chegam às unidades de saúde, em razão da corrupção[5]. Atendo-se à realidade brasileira, os números continuam

(Ed.). Corruption and Democracy, pp. 89–104. Budapest: Institute for Constitutional and Legislative Policy.

[3] ORGANIZAÇÃO DAS NAÇÃOS UNIDAS. Programa das Nações Unidas para o Desenvolvimento. **Corrupção custa mais de US$ 2,6 trilhões por ano, alerta PNUD.** Disponível em: https://nacoesunidas.org/corrupcao-custa-mais-de-us-26-trilhoes-por-ano-alerta-pnud/ Acesso em: 18 de julho de 2018

[4] ÉPOCA NEGÓCIOS. **O mundo perde US$ 2 trilhões com corrupção – veja 4 formas de gastar melhor esse dinheiro**. Disponível em: https://epocanegocios.globo.com/Forum-Economico-Mundial/noticia/2017/01/o-mundo-perde-us-2-trilhoes-com-corrupcao-veja-4-formas-de-gastar-melhor-esse-dinheiro.html Acesso em: 18 de julho de 2018

[5] ORAGANIZAÇÃO DAS NAÇÕES UNIDAS. Programa das Nações Unidas para o Desenvolvimento. **PNUD faz alerta sobre impacto da corrupção no desenvolvimento** http://www.br.undp.org/content/brazil/pt/home/presscenter/articles/2016/12/09/pnud-faz-alerta-sobre-impacto-da-corrup-o-no-desenvolvimento.html Acesso em 2 de agosto de 2018.

alarmantes. Apurou-se que a corrupção no Brasil custa em torno de R$ 80,3 bilhões (1,36% do PIB). Com esse valor, seria possível garantir 27,8 milhões de alunos das séries iniciais do Ensino Fundamental; construir 72,6 mil escolas; comprar 164,8 milhões de cestas básicas; construir 1,158 milhão de moradias do programa Minha Casa, Minha Vida; prover instalações de esgoto para 20 milhões de famílias/lares; dentre outros direitos fundamentais que poderiam ser assegurados[6].

Os dados acima são as referências numéricas da corrupção, porém, há efeitos que não se medem em PIB ou em valor monetário, mas causam maiores estragos. Na Coreia, em 1995, uma loja de departamentos desabou e a causa revelada foi que os contratados usaram material de baixa qualidade e que os funcionários foram subornados para permitir violação de regras de segurança[7]. Estas foram as mesmas causas que ocasionaram a morte de 1.127 pessoas em Bangladesh, com o desmoronamento de uma fábrica de vestuário em 2013[8]. Embora sejam apresentados números, os danos não são mensuráveis, não quando a conclusão é de que a corrupção mata milhares de pessoas todos os dias, seja por meio de catástrofes como as mencionadas, seja por meio do desvio de recursos que deveriam ser aplicados em saúde, educação, alimentação, moradia etc. Quantas pessoas não morrem na fila de espera por um atendimento público de saúde ou por não terem o que comer, quando essas mortes poderiam ter sido evitadas se os recursos tivessem sido destinados às suas corretas finalidades?

Diante desse cenário, mostra-se necessário entender de que forma as empresas contribuem para essa realidade, porque deve-se chamar atenção para os pequenos negócios[9] e de que modo o *compliance* pode contribuir para a mudança

---

6 FEDERAÇÃO DAS INDÚSTRIAS DO ESTADO DE SÃO PAULO. Departamento de Competitividade e Tecnologia (Decomtec). **Relatório Corrupção: custos econômicos e propostas de combate.** Disponível em: www.fiesp.org.br Acesso em: 3 ago. 2018.

7 ROSE-ACKERMAN, S.; PALIFKA, B. J. **Corruption and government:** causes, consequences, and reform. Ner York: Cambridge University Press, 2016.

8 Ibidem.

9 Para fins do presente artigo, as expressões "pequenos negócios" e "pequenas e médias empresas (PMEs)"

dessa realidade de corrupção endêmica e sistêmica. O presente artigo, portanto, focaliza nos pequenos negócios, tendo em vista que representam 99% do empresariado brasileiro. Intenta-se compreender como a corrupção ocorre no dia a dia dessas micro, pequenas e médias empresas e qual pode ser o impacto de legislações que as obrigam a implementar programas de compliance quando participarem de contratações públicas.

2.2 - A Realidade da Corrupção nos Pequenos Negócios

Os danos mensuráveis e imensuráveis da corrupção trazem à tona uma importante reflexão: de que forma as empresas contribuem para a construção de um sistema corruptivo. Para tanto, é preciso, incialmente, tecer algumas considerações sobre o tratamento dado no ordenamento jurídico brasileiro a respeito do enfrentamento à corrupção, perpassando pela perspectiva de corrupção privada e de corrupção pública. Posteriormente, busca-se analisar a participação nos pequenos negócios nesse ciclo de corrupção.

2.2.1. Corrupção privada e corrupção pública: participação das empresas

A corrupção privada é a ilicitude ocorrida entre particulares, quando "*agentes do setor privado celebram pactos ilícitos, nos quais fica estabelecido que, em razão do eventual recebimento de vantagem indevida, o corrupto descumprirá as obrigações inerentes às funções que desempenha*"[10]. O que atualmente se discute no Brasil é a não tipificação da corrupção privada como crime. Todavia, reconhece-se que a prática corruptiva não se limita ao âmbito da Administração Pública, sendo certo que a busca pela obtenção de uma vantagem indevida de modo a se corromper um sistema também é recorrente nas relações privadas, dentro das quais ocorre o chamado *pactum sceleris* (pacto do crime)[11].

serão utilizadas como sinônimos.

[10] GONTIJO, C. A. C. In.: CARTA CAPITAL **Combatida no exterior, corrupção privada não é crime no Brasil.** Disponível em: https://www.cartacapital.com.br/sociedade/combatida-no-exterior-corrupcao-privada-nao-e-crime-no-brasil Acesso em: 2de agosto de 2018.

[11] HUBER, B. La corruzione nel settore privato: diritto comparato ed internazionale. In.: ACQUAROLI, R.; FOFFANI, L. (Eds). **La corruzione tra privati: esperienze comparatistiche e prospettive di reforma.**

Em termos mais concretos, pode-se extrair do Projeto de Lei do Senado nº 455/2016, de iniciativa da Comissão Parlamentar de Inquérito do Futebol 2015, o qual propõe alterar o Código Penal para tipificar como corrupção privada a conduta de:

> (...) exigir, solicitar, aceitar ou receber vantagem indevida, o diretor, o administrador, o membro de conselho ou de órgão técnico, o auditor, o gerente, o preposto, o representante ou o empregado da empresa ou instituição privada, para favorecer a si ou a terceiros, direta ou indiretamente, ou aceitar promessa de vantagem indevida, a fim de realizar ou omitir ato inerente às suas atribuições.

Destaca-se, ainda, o Projeto de Lei da Câmara dos Deputados nº 5895/2016[12], de autoria do Deputado João Derly, o entendimento de que a corrupção privada, em sua esfera penal, pode ocorrer nos casos de concorrência desleal quando alguém "*prometer ou oferecer vantagem a outrem a fim de desviar clientela ou obter a celebração de acordo ou contrato*" e de "*receber ou aceitar a vantagem de outrem a fim de desviar clientela ou obter a celebração de acordo ou contrato*".

De toda forma, muito embora se tenha a nítida percepção de que a corrupção privada causa grandes prejuízos às empresas e que, na maioria das vezes, deve ser praticada por representante da própria empresa, não se verifica iniciativas legislativas incluindo a punição das pessoas jurídicas privadas. Dessa forma, a participação da empresa no processo privado de corrupção está condicionada à ação ou omissão de um colaborador, gestor, administrador etc., dessa empresa. Trata-se de uma contribuição indireta da empresa, mas sem dúvida alguma, com resultados atrozes.

Por sua vez, a corrupção pública é aquela que ocorre no âmbito gestão pública. Até o advento da Lei nº 12.846, de 1º de agosto de 2013 (Lei Anticorrupção),

---

Milano: Giuffrè, 2003.

[12] O Projeto de Lei nº 5895/2016 propõe a tipificação criminal da conduta de corrupção privada, por meio da alteração da Lei nº 9.279, de 14 de maio de 1996, que regula direitos e obrigações relativos à propriedade industrial.

a qual dispõe sobre a responsabilização administrativa e civil de pessoas jurídicas pela prática de atos contra a Administração Pública, nacional ou estrangeira, a corrupção pública pressupunha o envolvimento de algum agente público, que poderia contar ou não com a participação de um particular, pessoa física. Sobre o envolvimento do agente público na esfera penal[13], cita-se o crime de corrupção passiva, praticado por funcionário público contra a Administração Pública, cuja conduta é "*solicitar ou receber, para si ou para outrem, direta ou indiretamente, ainda que fora da função ou antes de assumi-la, mas em razão dela, vantagem indevida, ou aceitar promessa de tal vantagem*" (art. 317 do Código Penal); e o crime de corrupção ativa quando alguém "*oferecer ou prometer vantagem indevida a funcionário público, para determiná-lo a praticar, omitir ou retardar ato de ofício*". O envolvimento do agente público na esfera administrativa refere-se à Lei de Improbidade Administrativa – Lei nº 8.429, de 2 de junho de 1992 – podendo ser a improbidade administrativa compreendida como "*o termo técnico para designar atos de corrupção na esfera pública, os quais podem ou não ter consequências patrimoniais*"[14].

Do mesmo modo que se processa a corrupção no âmbito privado, a participação das empresas na corrupção pública ocorria somente por meio de seus integrantes e representantes. Não se configura, nessa hipótese, uma responsabilização da pessoa jurídica, contudo, não há como negar a possibilidade da participação da empresa para os resultados da corrupção pública. Esse entendimento é de fácil esclarecimento. Toma-se como exemplo a corrupção ativa, em que o diretor de determinada empresa, visando acelerar a liberação de alvará para funcionamento de seu estabelecimento, oferece pagamento de propina ao funcionário. Não obstante a ação tenha sido praticada por pessoa física, trata-se de uma iniciativa da empresa, a qual, por meio de seu diretor, pratica condutas ilícitas e desonestas para obtenção de vantagem indevida.

---

[13] Não obstante se tenha utilizado apenas o Código Penal como exemplo de normativa que criminaliza a prática da corrupção no Brasil, há que se registrar que a Lei nº 9.613, de 3 de março de 1998 – Lei de Lavagem de Dinheiro, dispõe sobre os crimes de "lavagem" ou ocultação de bens, direitos e valores e a prevenção da utilização do sistema financeiro para os ilícitos previstos na Lei.

[14] COSTA, Adriano Soares da. **Teoria da inelegibilidade e o direito processual eleitoral**. Belo Horizonte: Del Rey, 1998.

A partir de 2013, com o advento da Lei Anticorrupção, o Brasil passou a consubstanciar de forma expressa, direta e concreta a participação da empresa nos atos de corrupção, na medida em que passou a dispor sobre a responsabilização administrativa e civil de pessoas jurídicas pela prática de atos contra a Administração Pública, nacional ou estrangeira. Há anos o Brasil é signatário de diversos pactos internacionais de combate à corrupção[15] e também há diversas iniciativas normativas que se propõem ao enfrentamento da problemática, como o Código Penal, de 1940, por exemplo, mas é curioso como que somente em 2013 é que se passou a falar em uma legislação anticorrupção no país. Isso pode ser explicado pelo fato das legislações, até então vigentes, serem esparsas e não se interligarem (o que criou o modelo de microssistemas paralelos) e, especialmente, pelo fato de que nenhuma das normativas brasileiras envolviam dentro de um sistema de combate à corrupção a participação das empresas. Considerando que um significativo número de casos de corrupção envolvia (e envolve) a Administração Pública de um lado e a empresa de outro, qualquer proposta de combate à corrupção que não incluísse em sua matemática a participação da pessoa jurídica seria, máximo, parcialmente resolutiva.

2.2.2. A participação dos pequenos negócios no sistema de corrupção

Com essas breves considerações, torna-se possível compreender de que forma as empresas contribuem para os resultados negativos e alarmantes decorrentes da corrupção, seja pública ou privada. Resta, ainda, questionar o porquê de se focar nos pequenos negócios, ou seja, nas pequenas e médias empresas (PMEs)[16]. A resposta é simples: as PMES representam 99% do empresariado

[15] Convenção sobre o Combate à Corrupção de Funcionários Públicos Estrangeiros em Transações Comerciais Internacionais, da Organização para a Cooperação e Desenvolvimento Econômico (OCDE), ratificada por meio do Decreto Legislativo nº 125, de 2000, e promulgada pelo Decreto nº 3.678, de 2000; a Convenção Interamericana Contra a Corrupção, da Organização dos Estados Americanos (OEA), aprovada pelo Decreto Legislativo nº 152, de 2002, e promulgada pelo Decreto nº 4.410, de 2002; e a Convenção das Nações Unidas contra a Corrupção, da Organização das Nações Unidas (ONU), aprovada pelo Decreto Legislativo nº 348, de 2005, e promulgada pelo Decreto nº 5.687, de 2006.

[16] Os critérios atualmente utilizados para classificação de PME não são harmônicos. A Lei Complementar nº 123, de 14 de dezembro de 2006, que institui o Estatuto Nacional da Microempresa e da Empresa de Pequeno Porte, apresenta o seguinte critério: sociedade empresária, a sociedade simples, a empresa individual de responsabilidade limitada e o empresário a que se refere o art. 966 da Lei no 10.406, de 10 de janeiro de 2002 (Código Civil), devidamente registrados no Registro de Empresas Mercantis ou no Registro Civil

do Brasil, 25% do PIB brasileiro e 70% das vagas formais de emprego[17]. Dados do Serviço Brasileiro de Apoio às Micro e Pequenas (SEBRAE) empresas revelam que "*a partir da Lei Geral das Micro e Pequenas Empresas em 2006, a participação dos pequenos negócios nas licitações públicas saltou de 14% para 28%*" e, ainda, "*considerando apenas dados do Governo Federal, o volume vendido pelos pequenos negócios aumentou de R$ 2 bilhões para R$ 15 bilhões*"[18]. Fazendo um recorte no Estado do Rio de Janeiro, especificamente na seara de contratações públicas, nos anos de 2015 e 2016, de um total de 3809 empresas participantes de licitações realizadas pelo Governo, 2034 eram PMES[19]. Nesses anos, 687 PMEs foram vencedoras. Verifica-se que um número considerável de PMEs vem buscando angariar as contratações com a Administração Pública estadual do Rio.

Os números apresentados indicam, de *per si*, a importância das PMEs no Brasil. Corrobora com essa afirmativa um estudo realizado por Antonik[20], em que se verificou que embora grandes corporações na Itália tenham fracassado em determinado período, o país se mantinha dentre as sete maiores economias

de Pessoas Jurídicas, conforme o caso, que aufira, em cada ano-calendário, receita bruta igual ou inferior a R$ 360.000,00 (trezentos e sessenta mil reais) é considerada microempresa e a que aufira, em cada ano-calendário, receita bruta superior a R$ 360.000,00 (trezentos e sessenta mil reais) e igual ou inferior a R$ 4.800.000,00 (quatro milhões e oitocentos mil reais), é considerada empresa de pequeno porte. Para o Banco Nacional de Desenvolvimento Econômico e Social (BNDES), o critério é a Receita Operacional Bruta (faturamento anual): a) Microempresa: ROB anual ou anualizada inferior ou igual a R$ 2,4 milhões. Pela classificação original, a ROB de microempresa era inferior a R$ 1,2 milhões/ano; b) Pequena Empresa: ROB anual ou anualizada superior a R$ 2,4 milhões e inferior ou igual a R$ 16 milhões. Antes, esses valores variavam de R$ 1,2 milhão a R$ 10,5 milhões; c) Média Empresa: ROB anual ou anualizada superior a R$ 16 milhões e inferior ou igual a R$ 90 milhões. Originalmente, esse intervalo era de R$ 10,5 milhões a R$ 60 milhões. Já o SEBRAE entende que Micro Empresa (ME) tem receita bruta anual inferior ou igual a R$ 360 mil e Empresa de Pequeno Porte (EPP) tem limite de faturamento anual de R$ 3,6 milhões.

17 CONTROLADORIA GERAL DA UNIÃO - CGU. SERVIÇO BRASILEIRO DE APOIO ÀS MICRO E PEQUENAS EMPRESAS. SEBRAE. **Integridade para pequenos negócios.** Construa o país que desejamos a partir da sua empresa. Disponível em: http://www.cgu.gov.br/Publicacoes/etica-e-integridade/arquivos/integridade-para-pequenos-negocios.pdf Acesso em 27 de julho de 2018.

18 Ibidem.

19 Resposta à consulta formulada com base na Lei de Acesso à Informação. Resposta fornecida por meio do OF./SEFAZ/CG/Nº 616/2017, de 25 de maio de 2017. Requerimento de Acesso à Informação nº 29/2017, autuado na Secretaria de Estado de Fazenda e Planejamento do Governo do Estado do Rio de Janeiro sob nº E-04/083/162/2017.

20 ANTONIK, L. R. **A Administração financeira das pequenas e médias empresas**. Revista FAE BUSINESS, n. 8, p. 35-38, 2004.

do mundo, com grande poderio econômico. O fator de sustentação desta realidade era pura e simplesmente a representação das PMEs no mercado e na economia.

Além das informações sobreditas, agrega importância ao enfoque dado às PMEs a preocupação sobre o engajamento dessas empresas no mundo do *compliance*. Em uma publicação, resultado da parceria entre a KPMG Alemanha, a Alliance for Integrity e a Lateinamerika e.V.[21], contemplando a percepção de especialistas sobre compliance, estimaram que apenas 10% consideravam, em 2016, questões relacionadas ao assunto, tendo em vista, inclusive, que a maioria percebia as novas legislações como um "*fardo adicional às muitas obrigações que já enfrentam*". Logo, se as PMEs ocupam importante parcela da economia e do mercado nacional, sendo geradoras de renda e empregos e estando ainda um pouco à margem do engajamento em compliance, justifica-se a necessidade de destacá-las para fins de um melhor exame no cenário de combate à corrupção.

Em recente estudo sobre o "*Uso e percepção de licitude de práticas ilegais ou antiéticas de sobrevivência de micro e pequenas empresas*"[22], foi evidenciado que das 33 práticas elencadas como ilegais ou ilícitas, a maioria (29) vem sendo praticadas pelas PMEs mesmo tendo a consciência da ilicitude. Afirma-se, também, que dentre as nove irregularidades mais praticadas, cinco se referem à evasão fiscal, o que faz sentido ao se identificar, no estudo, que a carga tributária elevada é a maior causa, segundo empresários, de prejuízos às empresas. De acordo com o pesquisador Domingues Oliveira Forte

> (...) os empresários não se incomodam em estar praticando algo ilícito, pois (...) tendo em vista o cenário político e econômico

[21] **Entre a expectativa e a realidade.** A evolução de uma cultura de compliance em países selecionados. Disponível em: www.kpmg.com.br Acesso em 27 de julho de 2018.

[22] DOMINGUES, O. F. Uso e percepção de licitude de práticas ilegais ou antiéticas de sobrevivência de micro e pequenas empresas. Revista Ibero-Americana de Estratégia – RIAE. Vol. 14, N. 3, julho/setembro 2015. A proposta do artigo era responder à seguinte pergunta: quais são as práticas ilegais ou antiéticas realizadas pelas PMEs para sobreviverem e qual a percepção da ilicitude sobre essas práticas? Para tanto, a pesquisa foi feita com levantamento bibliográfico, pesquisa inicial com dez empresas, pré-teste com sete e pesquisa de campo com 102 empresas, sendo esta etapa efetivada a partir de aplicação de um questionário com 33 variáveis de práticas ilegais ou antiéticas.

> onde se sentem normalmente lesados, os micro e pequenos empresários entendem que possuem o direito de utilizarem quais forem as práticas necessárias para sobreviverem[23].

Merece destaque outra pesquisa, cujo escopo foi identificar a percepção sobre os diferentes tipos de corrupção no âmbito das relações de negócios das PMEs, razão pela qual foi realizado um *survey* com 206 respostas de PMEs no centro comercial de São Paulo. Uma das principais constatações foi a de que a corrupção não varia de acordo com o desempenho da empresa ou o domínio do empresário sobre técnicas de gestão. Três são os fatores que explicam a percepção da corrupção nas PMEs: "*a ineficiência produtiva dos recursos e capacidades organizacionais, a formação de pessoal desprovida da competência ética (no sentido de competência individual); e um ambiente interno que carece de valores éticos e morais socializados*". Dessa forma, a ocorrência de atos e práticas corruptivas no ambiente negocial das PMEs tem como principal variável a existência (ou inexistência) de uma cultura organizacional ética.

2.3. Legislações sobre compliance e pequenos negócios

A corrupção, certamente, não é um fenômeno do Século XXI, sendo certo que diversos historiadores, sociólogos e outros estudiosos apontam práticas corruptivas desde o Brasil colônia. Muitas dessas práticas eram socialmente aceitas e até mesmo legitimadas, pois não havia uma separação entre as esferas públicas e privadas, o que foi denominado por Max Weber como patrimonialismo. Juntos, clientelismo - favorecimentos políticos a determinados indivíduos com base nos enlaces afetivos e familiares, e patrimonialismo marcaram a origem e a história da corrupção no Brasil. Exemplo disso era o caso dos funcionários públicos, cuja função era fiscalização de contrabando e de violações aos interesses da coroa portuguesa, que praticavam o comércio ilegal de produtos brasileiros como pau-brasil, especiarias, tabaco, ouro e diamante[24].

---

[23] Ibidem.

[24] MOVIMENTO CONTRA A CORRUPÇÃO. **Breve história da corrupção no Brasil**. Disponível em: http://www.contracorrupcao.org/2013/10/breve-historia-da-corrupcao-no-brasil.html Acesso em: 30 de julho de 2018.

A corrupção também foi cenário de diversos romances brasileiros, em que pese, destacar o livro de Lima Barreto, "O triste fim de Policarpo Quaresma". O romance acontece no Rio de Janeiro, em 1911, durante o Governo do Marechal Floriano Peixoto e narra a história do utópico sonhador Policarpo Quaresma, um patriota convicto que queria transformar o tupiniquim em língua oficial da República brasileira. Por suas convicções e ideologias, Policarpo sofreu severas represálias políticas por se negar a entrar e contribuir para o sistema de corrupção instalado à época. Chama atenção o momento em que a alta burocracia está reunida para um jantar e um advogado renomado conta que, em breve, deverá se tornar ministro do tribunal de contas, considerando que estava investindo em "presentes" àqueles que poderiam vir a beneficiá-lo. Esta não é uma prática desconhecida atualmente.

Mas se a corrupção não é um fenômeno da modernidade, por que apenas recentemente é que passamos a falar em compliance no Brasil?

Como já foi mencionado, o Brasil, há anos, é signatário de convenções internacionais, por meio das quais se compromete a combater a corrupção. Em âmbito nacional não é muito diferente, o Código Penal do Império (1930) já criminalizava algumas ações corruptivas, como o suborno, e o atual Código Penal, vigente desde 1940, também penaliza as práticas de corrupção passiva e ativa. Porém, a palavra compliance ganha relevo com os escândalos de corrupção, em que pese destacar a Operação Lava-Jato, e a partir da promulgação da Lei nº 12.846, de 2013, a qual é resultado da insatisfação social e da pressão internacional por adoção de medidas. Com a explosão dos diversos casos de corrupção nas mais diversas mídias, começa a ser incutida a ideia de compliance, num primeiro momento, como uma exigência da sociedade por um movimento de moralização das instâncias governamentais e políticas. A Lei Anticorrupção, por sua vez, introduz os aspectos técnicos e jurídicos da percepção de integridade no âmbito das empresas e traz duas grandes inovações no ordenamento jurídico brasileiro: a) a responsabilização objetiva da pessoa jurídica de direito privado, que, em outras palavras, significa a não necessidade de se verificar a existência de qualquer culpa ou dolo por parte de quem cometeu o ato ilícito para que a empresa seja responsabilizada por corrupção; e b) o investimento em prevenção, na medida em que se passa a incentivar as empresas a implementarem programas de compliance[25].

É possível se traçar um paralelo entre os sistemas de saúde e jurídico no Brasil: do mesmo modo em que aquele ainda está focado num modelo de saúde curativa e não preventiva, este investe em medidas punitivas e não preventivas. A Lei Anticorrupção quebra esse paradigma ao estabelecer que uma vez constatada a corrupção, para fins de aplicação das sanções cabíveis, será considerada "*a existência de mecanismos e procedimentos internos de integridade, auditoria e incentivo à denúncia de irregularidades e a aplicação efetiva de códigos de ética e de conduta no âmbito da pessoa jurídica*" (art. 7º, inciso VIII, da Lei). Nota-se que a Lei não impôs a obrigatoriedade de implementação de um programa de compliance, apenas buscou motivar as empresas a partir da previsão de atenuante da sanção, que seria a existência de um programa de compliance. Isto significa que, uma vez que a empresa possua mecanismos e procedimentos para evitar ou mitigar a ocorrência da corrupção (e, por assim dizer, para demonstrar seu compromisso no enfrentamento desta problemática), deverá sua iniciativa ser levada em conta no momento de se aplicar as penalidades previstas em lei.

A Lei Anticorrupção contempla a perspectiva preventiva e motivacional, mas é somente com o Decreto nº 8.420, de 18 de março de 2015, que se delineia o programa de compliance, intitulado na legislação brasileira de programa de integridade, o qual, de acordo com o art. 41 do Decreto consiste no conjunto de mecanismos e procedimentos internos de integridade, auditoria e incentivo à denúncia de irregularidades e na aplicação efetiva de códigos de ética e de conduta, políticas e diretrizes com objetivo de detectar e sanar desvios, fraudes, irregularidades e atos ilícitos praticados contra a Administração Pública, nacional ou estrangeira.

No que tange aos parâmetros para o programa de compliance dos pequenos negócios, o Decreto nº 8.420/2015 reduziu as formalidades a serem observadas. Adotando o mesmo posicionamento, a Portaria Conjunta da Controla-

[25] Para fins do presente artigo, será adotado posicionamento de Wagner Giovaninni: o termo "programa de compliance" deve ser entendido em seu mais amplo sentido, como "Programa de Compliance e mecanismos de integridade."

doria-Geral da União e da Secretaria da Micro e Pequena Empresa nº 2.279, de 9 de setembro de 2015, estabeleceu diretrizes mais simplificadas para implementação de medidas de integridade para as micro e pequenas empresas, possibilitando um menor rigor formal, com o fito de envidar esforços ao que realmente importa: instituição de um programa que demonstre "*o comprometimento com a ética e a integridade na condução de suas atividades*" (§2º do art. 1º da Portaria Conjunta). Por essa razão, foram retirados – tanto no Decreto como na Portaria Conjunta – alguns dos parâmetros exigidos pela Lei Anticorrupção, como: padrões de conduta e políticas de integridade para terceiros; análise periódica de riscos; existência de estrutura e autoridade responsável pelo programa; canais de denúncia; diligências para a contratação de terceiros; verificação, durante os processos de fusões, aquisições e reestruturações societárias, do cometimento de irregularidades ou ilícitos ou da existência de vulnerabilidades nas pessoas jurídicas envolvidas; e monitoramento contínuo do programa. Certamente, é recomendável que as PMEs, uma vez que possam, implementem e mantenham também essas medidas, porém, é razoável que seja possibilitada a simplificação do processo, com vistas a se adequar à vivência dos pequenos negócios.

Outra não poderia ser a solução. A Lei Anticorrupção estabeleceu dezesseis parâmetros a serem observados em programas de compliance, sem considerar que a realidade entre grandes, médias, pequenas e microempresas é totalmente diferenciada. Um exemplo simples é existência de uma estrutura e a presença de uma autoridade responsável pela aplicação e fiscalização do programa. Como se exigir isso de um pequeno negócio prestador de serviços que possui em seu quadro até nove[26] funcionários? Para se assegurar a efetividade de um programa de compliance, este deve estar refletido na realidade da pessoa jurídica, caso contrário, estar-se-á falando de apenas mais uma regra que funciona no papel, mas não na prática.

---

[26] O SEBRAE também utiliza o critério por número de empregados do IBGE como critério de classificação do porte das empresas. SERVIÇO BRASILEIRO DE APOIO ÀS MICRO E PEQUENAS EMPRESAS. Dieese. **Anuário do trabalho na micro e pequena empresa.** 2013. Disponível em: www.sebrae.com.br/Sebrae/Portal%20Sebrae/Anexos/Anuario%20do%20Trabalho%20Na%20Micro%20e%20Pequena%20Empresa_2013.pdf. Acesso em 23 de julho de 2018.

Em âmbito estadual, muitos já regulamentaram a Lei nº 12.846/2013 – Alagoas[27], Distrito Federal[28], Espírito Santo[29], Goiás[30], Maranhão[31], Mato Grosso[32], Mato Grosso do Sul[33], Minas Gerais[34], Paraíba[35], Paraná, Pernambuco[36], Rio de Janeiro[37], Rio Grande do Norte[38], Santa Catarina[39], São Paulo[40] e Tocantins[41] - tendo, basicamente, reproduzido na íntegra ou de forma muito similar a legislação federal. Contudo, ressalta-se que para além desta regulamentação, Rio de Janeiro e Distrito Federal promulgaram leis próprias impondo às empresas que contratarem com o poder público estadual e distrital a implementação de programas de compliance. Cumpre fazer breve análise sobre o conteúdo destas legislações.

No caso do Rio de Janeiro, a Lei nº 7.753, de 17 de outubro de 2017, estabelece, como exigência para as empresas[42] que celebrarem contrato, consórcio, convênio, concessão ou parceria público-privada com a Administração Pública direta e indireta, a partir de R$650.000,00 (seiscentos e cinquenta mil) para compras e

---

27 Decreto nº 52.555/2017.

28 Decreto nº 37.296/2016

29 Decreto nº 3971-R/2015

30 Decreto nº 18.672/2014

31 Decreto nº 31.251/2015

32 Decreto nº 522/2016

33 Decreto nº 14.890/2017

34 Decreto nº 46.782/2015

35 Decreto nº 38.308/2018

36 Decreto nº 16.309/2018

37 Decreto nº 46.366/2018

38 Decreto nº 25.177/2015

39 Decreto nº 1.106/2017

40 Decreto nº 60.106/2014

41 Decreto nº 4.954/2013

42 O §1º do art. 1º estabelece a abrangência de aplicação da Lei nº 7.753/2017: "sociedades empresárias e às sociedades simples, personificadas ou não, independentemente da forma de organização ou modelo societário adotado, bem como a quaisquer fundações, associações de entidades ou pessoas, ou sociedades estrangeiras, que tenham sede, filial ou representação no território brasileiro, constituídas de fato ou de direito, ainda que temporariamente".

serviços e de R$ 1.500.000,00 (um milhão e quinhentos mil) para obras e serviços de engenharia, a implementação de um programa de compliance. De acordo com a Lei (art. 6º), as empresas terão o prazo de cento e oitenta dias corridos, a partir da data da celebração do contrato, para implantarem seus programas de compliance, sob pena de lhe serem aplicadas uma multa de 0,02% (dois centésimos por cento) do valor contratual a cada dia de descumprimento da exigência[43].

Também está previsto na Lei do Rio de Janeiro que a Administração Pública estadual, por meio da figura do gestor do contrato, irá fiscalizar a implantação do programa de compliance da empresa, sem que isso signifique interferência na gestão empresarial ou ingerência nas suas competências (art. 11, *caput* c/c inciso I e §2º)[44]. No que diz respeito ao programa de compliance, a Lei nº 7.753/2017 estabeleceu, em seu art. 5º, exatamente os mesmos parâmetros de avaliação elencados no Decreto nº 8.420/2015, apenas incluindo o critério de "*ações comprovadas de promoção da cultura ética e de integridade por meio de palestras, seminários e workshops, debates e eventos da mesma natureza*".

Nota-se, curiosamente, que embora a Lei nº 7.753/2017 tenha inovado no Brasil com a exigência de implementação de um programa de compliance na esfera das contratações públicas, o regulamento estadual do Rio de Janeiro em relação à Lei nº 12.846/2013 (legislação federal), aprovado pelo Decreto nº 46.366, somente foi promulgado em 19 de julho de 2018, ou seja, poste-

[43] De acordo com o §1º do art. 6º da Lei nº 7.753/2017, a multa não poderá ultrapassar o valor máximo de 10% do contrato.

[44] Importante registrar que o texto original do Projeto de Lei nº 2041, de 2016, que deu origem à Lei nº 7.753/2017, apenas dispunha sobre o poder de fiscalização da administração pública sobre os programas das empresas, sem ressalvar que isso não implicaria interferência na gestão empresarial. Em relação a esse assunto, participei da audiência pública realizada no dia 9 de maio de 2016 pela Comissão de Economia, Indústria e Comércio da Assembleia Legislativa do Rio de Janeiro, manifestando-me, em representação à Federação das Indústrias do Estado do Rio de Janeiro, contrariamente a esse dispositivo. Também, por meio da Firjan, apresentei Nota Técnica expondo os motivos da contrariedade ao texto original. O entendimento foi de que a competência do fiscal do contrato para "*fiscalizar a implantação do Programa de Integridade, garantindo a aplicabilidade da Lei*" legitima uma intervenção indevida na gestão da futura contratada, afrontando, desta forma, o princípio da autonomia privada e da livre iniciativa, consagrados no art. 1º, inciso III e art. 170, da Constituição Federal, como fundamento da ordem econômica. Ressaltou-se, na ocasião, que o interesse público não autorizaria a administração a interferir na atividade empresarial da contratada. A Ata da 1ª Audiência Pública com o tema "Instituição dos Programas de Integridade nas empresas" está publicada, na íntegra, no Diário Oficial do Estado do Rio de Janeiro (ANO XLIII - Nº 238, QUARTA-FEIRA, 27 DE DEZEMBRO DE 2017).

riormente à legislação estadual – Lei nº 7.753/2017. Com isso, gerou-se certa contradição quanto à implementação do programa de compliance, visto que a Lei estadual de 2017 estabeleceu, *ipsis litteris*, os mesmos parâmetros da Lei nº 12.846/2013, sem qualquer distinção para as PMEs, ao passo que o Decreto estadual regulamentador desta lei federal seguiu precisamente a o Decreto nº 8.420/2015 Portaria Conjunta nº 2.279/2015, de modo a reduzir as formalidades e os parâmetros impositivos para as PMEs. Em resumo, o cenário normativo do Rio de Janeiro, está, no momento, delineado da seguinte forma: a Lei nº 7.753/2017 impõe a instituição do programa de compliance nas empresas que contratarem com a Administração Pública estadual, prevendo a observância dos dezesseis parâmetros do Decreto Federal nº 8.420/2015, os quais devem ser aplicados por todas as empresas, independentemente do porte. Por outro lado, o Decreto Estadual nº 46.366, que regulamenta, de forma mais abrangente, a responsabilização administrativa e civil de pessoas jurídicas pela prática de atos contra a Administração Pública, a partir da Lei Federal nº 12.846/2015, estabelece menos parâmetros para o programa de compliance das PMEs.

No tocante ao Distrito Federal, a Lei nº 6.112, de 2 de fevereiro de 2018, prevê de modo muito semelhante à Lei do Rio de Janeiro, a obrigatoriedade de implementação do programa de compliance a todas as empresas[45] que celebrarem contrato, consórcio, convênio, concessão ou parceria público-privada com a Administração Pública direta e indireta, "*cujos limites de valor sejam, iguais ou superiores aos da licitação na modalidade de tomada de preço, estimados entre R$80.000,00 e R$650.000,00 (...) e o prazo seja igual ou superior a 180 dias*". Cumpre ressaltar, todavia, que a Lei está com sua entrada em vigência prorrogada[46], ou seja, com sua eficácia suspensa.

A Lei do Distrito Federal determina que, em caso de seu descumprimento, será

[45] O art. 2º da Lei nº 6.112/2014 prevê a abrangência de sua aplicação "*às sociedades empresárias e às sociedades simples, personificadas ou não, independentemente da forma de organização ou modelo societário adotado, bem como a quaisquer: a) fundações; b) associações civis; c) sociedades estrangeiras que tenham sede, filial ou representação no território brasileiro, constituídas de fato ou direito, ainda que temporariamente*".

[46] A Lei nº 6.176, de 16 de julho de 2018, alterou a Lei nº 6.112, 2018, para que o *caput* do art. 5º passe a vigorar com a seguinte redação: "A implantação do Programa de Integridade no âmbito da pessoa jurídica se dá a partir de 1º de junho de 2019".

aplicada a multa de 0,1% por dia, com base no valor do contrato, limitando-se ao montante de 10% (art. 8º, *caput* c/c §1º). Também, prevê, a exemplo da Lei do Rio de Janeiro, que cabe ao gestor do contrato da Administração Pública fiscalizar a implantação do programa de compliance, porém, essa fiscalização não pode implicar interferência na gestão e nas competências da empresa (art. 13, inciso I c/c §2)[47].

Diferentemente do Estado do Rio de Janeiro, o Distrito Federal primeiramente regulamentou a Lei nº 12.846/2013, por meio do Decreto nº 37.296/2016, e depois promulgou a Lei nº 6.112/2018, dispondo sobre a obrigatoriedade de implantação do programa de compliance nas empresas que contratarem com a Administração Pública distrital. No tocante ao programa de integridade, o Decreto seguiu, com exatidão, o Decreto nº 8.420/2015 e a Portaria Conjunta nº 2.779/2015, dispensando às PMEs do cumprimento de sete dos dezesseis parâmetros a serem contemplados no programa de integridade. Com certa estranheza, a Lei nº 6.112/2018, não observou a Portaria Conjunta nem, por consequência, ao Decreto distrital regulamentador da Lei Federal nº 12.846/2015. Novamente, constata-se uma contradição entre as normativas que tratam do mesmo assunto, qual seja, parâmetros a serem observados quando da implementação do programa de compliance.

Cabe destacar, ainda, que tanto a Lei nº 7.753/2017 (art. 2º), do Rio de Janeiro, quanto a Lei nº 6.112/2018 (art. 3º), do Distrito Federal, incluíram dispositivo de igual teor, versando sobre o objetivo da exigência da implementação do programa de compliance. Cumpre colacionar seu conteúdo:

> (...) A exigência da implantação do Programa de Integridade tem por objetivo:
>
> I - proteger a Administração Pública distrital dos atos lesivos que resultem em prejuízos financeiros causados por irregularidades, desvios de ética e de conduta e fraudes contratuais;
>
> II - garantir a execução dos contratos em conformidade com a lei e com os regulamentos pertinentes a cada atividade contratada;

[47] Sobre o assunto, cumpre remeter à consideração feita na nota 24.

> III - reduzir os riscos inerentes aos contratos, provendo maior segurança e transparência em sua consecução;
> IV - obter melhores desempenhos e garantir a qualidade nas relações contratuais.

De um modo geral, percebe-se que a intenção da iniciativa legislativa é proteger a Administração Pública estadual e distrital, sem, todavia, ter se expressado a finalidade ou mesmo a preocupação em se estabelecer uma cultura de integridade pública e uma cultura empresarial de compliance.

2.4 - Compliance: Cultura Organizacional não Pode Ser Requisito para Contratação Pública

Inicialmente, ressalta-se que, ao se exigir que as empresas contratantes com o poder público instituam programas de compliance, estar-se-á buscando a imposição de um comportamento por meio de lei, sob a justificativa de mitigar os riscos relacionados às crises financeiras e aos escândalos corporativos ocorridos nos últimos anos. Além de se mostrar uma medida ineficaz, tal iniciativa contraria completamente o espírito da implementação de um programa de compliance, pois este deve partir do pressuposto de que a ética permeia toda a rotina empresarial, passando pela convergência do compartilhamento de valores, governança, transparência, responsabilidade social e justiça. Trata-se de cultura organizacional, a qual não se impõe via coercitiva, sob pena de se ter, como resultado, programas proforma.

O que se visualiza com as medidas legislativas do Rio de Janeiro e do Distrito Federal é uma possível e provável ineficácia de uma iniciativa que intenta tornar normativa a conduta que, em essência, é moral. Sobre a eficácia da norma, cumpre evocar as preciosas lições de Bobbio[48]:

> O problema da eficácia de uma norma é o problema de ser ou não seguida pelas pessoas a quem é dirigida (os chamados destinatá-

[48] Bobbio, Noberto. *Teoria da Norma Jurídica*. São Paulo: Edipro, 2001. Pág. 47-48.

> rios da norma jurídica) (...). **Que uma norma exista como norma jurídica não implica que seja também constantemente seguida**. Não é nossa tarefa aqui indagar quais possam ser as razões para que a norma seja mais ou menos seguida. Limitamo-nos a constatar que há normas que são seguidas universalmente de modo espontâneo (e são mais eficazes), outras que são seguidas na generalidade dos casos somente quando estão providas de coação e, outras enfim, que são violadas sem que nem sequer seja aplicada a coação (e são as mais ineficazes). **A investigação para averiguar a eficácia ou a ineficácia de uma norma é de caráter histórico-sociológico, se volta para o estudo do comportamento dos membros de um determinado grupo social** (...) (g.n.)".

A eficácia normativa, portanto, está eminentemente vinculada ao comportamento dos membros ou do grupo a que se destina e, por isso, o fato de ser válida e justa não significa que será cumprida. Ou seja, uma vez que a norma não alcance a esfera comportamental do indivíduo ou do grupo de indivíduos, estará fadada a ser ineficaz. Claramente, isso não se aplica a todo e qualquer contexto, mas, certamente se aplica ao cenário em debate, qual seja, de que o programa de compliance se reveste, em forma e conteúdo, de uma norma de caráter moral.

Genericamente, a ética pode ser definida como o "*conjunto de valores que orientam o comportamento do homem em relação aos outros homens na sociedade em que vive, garantindo, outrossim, o bem-estar social*"[49], ou seja, ética é a forma pela qual o homem se comporta no seu meio social. Ética corporativa é a maneira de "ser" de uma organização. Significa que sua conduta pública se orienta por princípios de valor consensuais, que caracterizam um perfil próprio. De uma ética corporativa, resulta o efetivo engajamento de pessoas com as organizações – a vontade ou o orgulho de pertencer ao quadro da empresa. É imprescindível o sentimento de admiração para que exista uma identificação com a

[49] MOTTA, Nair de Souza. *Ética e vida profissional.* Rio de Janeiro: Âmbito Cultural, 1984.

causa[50]. A ética corporativa retrata a cultura organizacional, que é a responsável por reunir os hábitos, comportamentos, crenças, valores éticos e morais e as políticas internas e externas de uma empresa[51].

Dentro da ética corporativa, é fundamental deixar claro a cultura organizacional, pois funcionários que não estão diretamente ligados a esta, podem acabar tendo comportamentos incompatíveis com o que sua empresa deseja transmitir, e, sendo representante da empresa, qualquer colaborador desalinhado é suficiente para causar uma má impressão do negócio.

É preciso salientar que o custo da conduta antiética pode ir muito além das penalidades legais, das notícias veiculadas na imprensa e dos prejuízos que as organizações terão com o boicote dos consumidores e clientes, das prisões de executivos e empresários, dentre outros prejuízos responsáveis pela solidez ou não de uma empresa. A falta de ética gera insegurança, comete injustiças, gera ressentimentos, apreensão e descontentamentos, situações que solapam o respeito mútuo, a confiança e o bom funcionamento da empresa[52]. Em verdade, a conduta antiética está diretamente ligada à qualidade moral de um colaborador, gestor ou não gestor, e pode impactar mais no sucesso de uma empresa do que muitas outras qualidades, como competências e habilidades. Esse era o pensamento de Stuart Mill[53] ao tratar das condicionantes do grau de produtividade dos agentes de produção:

> O sucesso na produção, como a maior parte dos outros tipos de sucesso, depende mais das qualidades dos agentes humanos do que das circunstâncias em que operam [...]. As qualidades morais dos trabalhadores são tão importantes para a eficiência e o valor de seu trabalho quanto as intelectuais.

---

[50] Matos, Francisco Gomes de. *Ética: profunda revisão da cultura corporativa.* http://www.bb.com.br/portalbb/page3,139,9186,23,0,1,8.bb?codigoMenu=6018&codigoNoticia=9276&codigoRet=6015&bread=2

[51] SILVA, Reinaldo O. da. *Teorias da administração.* São Paulo: Pioneira Thomson Learning, 2008.

[52] PASSOS, Elizete. Ética nas organizações. São Paulo, Atlas, 2006.

[53] MILL, J.S. Princípios da economia política. São Paulo: Abril Cultural, 1983. *Apud* DE PAULA, M. A. Efeitos da corrupção para o desenvolvimento. DE PAULA, M.A; DE CASTRO, R.P.A. **Compliance, gestão e combate à corrupção.** Integridade para o desenvolvimento. Belo Horizonte: Fórum, 2018.

Por isso, a cultura organizacional deve ser construída, fortalecida e lembrada no dia a dia, envolvendo todos os setores da empresa. Isso porque, de acordo com Peter Singer[54], se tem uma coisa que a ética não seria, é um sistema teoricamente ideal, mas não aproveitável na prática. Ainda que se tenham severas leis de combate à corrupção, é sabido que se seu efetivo combate perpassa, obrigatoriamente, pela educação e cultura, a ser desenvolvida e cultivada na empresa, mas não por meio de uma imposição legal. Isso porque o funcionário, ao ir trabalhar não se despe de seus valores pessoais, razão pela qual se afirma que "*o compliance começa na dimensão do indivíduo e se reflete, ao final do dia, na dimensão da empresa*"[55].

Entende-se, desta feita, que leis voltadas para a imposição legal da integridade já nascem fadadas ao fracasso e contrariam a essência do compliance, o qual se traduz em comportamento, em compartilhamento de valores, em postura ética, em transparência. Integridade, portanto, pressupõe atuar acreditando que o modo de agir é o correto, pois "*a ideia de viver de acordo com padrões éticos está ligada à ideia de defender o modo como se vive, de dar-lhe uma boa razão de ser, de justificá-lo*"[56]. Essa atuação pode se dar em termos intuitivos, utilizando-se o bom senso e a razoabilidade que conduzem à percepção de honestidade/desonestidade; em termos culturais, os quais permitem um balizamento a partir daquilo que é social e moralmente esperado; ou em termos de conformidade, no sentido de se observar previsões legais, orientações e diretrizes, padrões éticos corporativos etc.

Para Claus Peter Polzin, "*compliance é postura, comportamento ético, moral e transparente na nossa vida cotidiana e no exercício de nossas profissões*"[57]. As-

[54] SINGER, P. **Ética prática.** São Paulo: Martins Fontes, 2002.

[55] ALLIANCE FOR INTEGRITY. **Prevenção à corrupção.** Um guia para empresas. Disponível em:https://www.allianceforintegrity.org/wAssets/docs/publications/Own-Publications/20161215_Compliance-Handbook-Brazil.pdf Acesso em 2 de agosto de 2018.

[56] SINGER, P. **Ética prática.** São Paulo: Martins Fontes, 2002.

[57] ALLIANCE FOR INTEGRITY. **Prevenção à corrupção.** Um guia para empresas. Disponível em:https://www.allianceforintegrity.org/wAssets/docs/publications/Own-Publications/20161215_Compliance-Handbook-Brazil.pdf Acesso em 2 de agosto de 2018.

sim sendo, como seria possível uma lei produzir esse efeito comportamental? Como poderia uma legislação que foca na proteção da Administração Pública sem se ater à promoção de uma cultura de integridade gerar ou motivar esse tipo de comportamento? Mais ainda, "*seguir uma norma escrita e responder um checklist são suficientes*"[58]? A provocação busca demonstrar que de nada adianta a existência de um programa de integridade com observância de todos os parâmetros exigidos em lei se os profissionais daquela empresa não estiverem engajados nesses projetos. Passa-se, a partir dessa perspectiva, compreender como que programas instituídos para fins de cumprimento de uma lei deixam de consistir em mecanismos de integridade e passam a se revestir de armas de proteção, conforme defendido por Wagner Giovanini. O referido autor confronta os preceitos de integridade e proteção, prelecionando que a integridade se refere a "*fazer o certo, independentemente da lei, código ou normas. Relaciona-se com caráter, honestidade, ética, moral*", ao passo que a proteção busca "*fazer o que for preciso, para evitar responsabilização. Relaciona-se com o cumprimento da lei ou com a blindagem contra riscos inerentes do seu não atendimento*"[59].

Infere-se que a Lei do Rio de Janeiro nº 7.753/2017 e a Lei do Distrito Federal nº 6.112/2018 ao imporem a obrigatoriedade de instituição de programas de compliance, desconsiderando a dimensão cultural da integridade, conduzem as empresas a possuírem mecanismos de proteção e não mecanismos de integridade. Ao mesmo tempo, valoriza, no âmbito de Administração Pública, a vertente protecionista, pois o propósito maior é se proteger contra a corrupção. De que forma? Não cultivando uma cultura de integridade pública e delegando parte de sua responsabilidade às empresas, ao determinarem que desenvolvam e executem ferramentais de compliance.

Essa concepção de integridade na esfera pública vai de encontro, inclusive, à

[58] GIOVANINI, W. Programa de Compliance e Anticorrupção: importância e elementos essenciais. In: DE PAULA, M.A; DE CASTRO, R.P.A. **Compliance, gestão e combate à corrupção.** Integridade para o desenvolvimento. Belo Horizonte: Fórum, 2018.

[59] GIOVANINI, W. Mecanismo de integridade ou arma para a proteção? In: DE PAULA, M.A; DE CASTRO, R.P.A. **Compliance, gestão e combate à corrupção.** Integridade para o desenvolvimento. Belo Horizonte: Fórum, 2018.

"Recomendação do Conselho da OCDE sobre Integridade Pública"[60], tanto no que diz respeito ao conceito do termo "integridade pública" quanto no que toca às recomendações propriamente ditas. Cumpre, portanto, colacionar a definição do termo: *"integridade pública refere-se ao alinhamento consistente e à adesão de valores, princípios e normas éticas comuns para sustentar e priorizar o interesse público sobre os interesses privados no setor público"*. Ora, se estar-se a falar em adesão a valores, princípios e normas éticas, estar-se a falar em conduta voltada para comportamento íntegro. Realça-se a vertente comportamental em detrimento do caráter meramente técnico e metodológico, consubstanciado num *checklist* procedimental.

Ademais, a proposta do Conselho da OCDE prioriza uma visão estratégica de integridade pública, com ênfase na simplificação dos processos ao invés de destacar a necessidade de criação de regras mais rígidas. De forma muita clara, expressa-se a finalidade de deslocar o cerne da integridade pública de abordagem *ad hoc* para a vertente comportamental, propondo-se cultivar uma cultura de integridade em toda a sociedade.

Em suma, as legislações do Rio de Janeiro e do Distrito Federal obrigam as empresas a terem programas de compliance sem incentivarem a cultura ética empresarial e pública. O resultado não deve ser a busca por um programa de compliance efetivo, mas sim, fabricado para atender a uma exigência legal. Passa-se a uma precificação de elaboração de código de condutas, políticas anticorrupção e programas de compliance. Ao contrário dessa inciativa, deveriam as leis promovem a motivação à cultura ética, por meio de incentivos e prevenção, a exemplo do que fez a própria Lei nº 12.846/2013. Por sua vez, deveriam as instâncias governamentais investir em sensibilização e em criação de redes de integridade que contassem com a participação ativa das empresas. O mercado estava caminhando nesse sentido: com a promulgação da Lei nº 12.846/2013 e a queda de vários "impérios" empresariais, que começaram a ser fiscalizados, investigados e punidos por suas práticas corruptivas, as grandes

---

[60] COMITÊ DE GOVERNANÇA PÚBLICA DA OCDE. Recomendação do Conselho da OCDE sobre Integridade Pública. Disponível em: https://www.oecd.org/gov/ethics/integrity-recommendation-brazilian-portuguese.pdf Acesso em 28 de julho de 2018.

empresas estavam não apenas implementando seus programas de compliance, como também estavam movimentando as relações negociais ao privilegiarem contratações com outras empresas que também possuíam mecanismos de integridade. Inclusive, esse movimento natural que se pode chamar de fator competitivo e autorregulação do mercado, estava engajando as PMEs que desejavam contratar com as empresas âncoras. É o caminho natural: a moralização nos negócios empresariais.

Todavia, legislações como as do Estado do Rio de Janeiro e a do Distrito Federal atropelam esse processo e invertem as prioridades: precisa-se ter um programa de compliance antes mesmo de se desejar possuir mecanismos de integridade.

Além do entendimento apresentado, no sentido de que a imposição legal de implementação de programas fere a essência própria da significação de compliance, há que se ponderar que tal medida coloca a licitação e a contratação com o poder público como ferramenta para o alcance de certas finalidades públicas, e não somente para busca da proposta mais vantajosa. Trata-se de extrapolar a função regulatória da licitação. Ainda que a exigência de implementação do programa de compliance pelas Leis nº 7.753/2017 (Rio de Janeiro) e nº 6.112/2018 (Distrito Federal) se dê em fase contratual, acaba por servir de condicionante à participação de empresas às contratações públicas.

Insta, entretanto, verificar em que medida a utilização da atividade licitatória e contratual como instrumento público de fomento social pode acabar prejudicando o alcance da sua principal finalidade: a garantia da isonomia entre os licitantes e a obtenção da proposta mais vantajosa para a Administração Pública[61], assegurando, sobretudo, a mais ampla participação entre os agentes econômicos interessados. Isso porque, em primeiro lugar, o estabelecimento de determinados requisitos que restringem a contratação pública, ainda que não seja em fase licitatória, tende a comprometer a competitividade e, consequentemente, a dis-

[61] O art. 3º da Lei nº 8.666, de 21 de junho de 1993, que regulamenta o art. 37, inciso XXI, da Constituição Federal, e institui normas para licitações e contratos da Administração Pública, prevê que a finalidade da licitação é "*garantir a observância do princípio constitucional da isonomia, a seleção da proposta mais vantajosa para a administração e a promoção do desenvolvimento nacional sustentável*".

puta entre os participantes por meio da redução dos respectivos preços ofertados à administração. O favorecimento de determinados setores ou a imposição de critérios de qualidade, em regra, oneram os custos de produção ou de execução do objeto contratado[62]. Sobre o assunto, solicita esclarecer que "*o compliance poderia acarretar, por outro lado, a elevação no preço de bens e serviços, uma vez que a criação dessas estruturas pode ser apta a elevar o custo empresarial, refletindo-se no preço dos bens e serviços*", haja vista que "*a implementação e o funcionamento do compliance importam despesas adicionais aos orçamentos das empresas*"[63].

Há que se ponderar, ainda, a possibilidade de a empresa ganhar a licitação e não implementar o programa de compliance, ocasionando custos à Administração Pública. No caso da Lei nº 6.112/2018 se prevê expressamente que o não cumprimento da exigência acarretará rescisão contratual com a Administração Pública do distrito federal. Quanto à Lei nº 7.753/2017, nada dispõe sobre o assunto, porém, independentemente da lacuna, é fácil se pressupor que deva ocorrer a rescisão, por descumprimento contratual, caso contrário, decreta-se automaticamente a ineficácia de norma, vez que a empresa poderá participar da licitação, não implementar o programa e apenas pagar a multa de 10% sobre o valor do contrato. Logo, sobrevindo a rescisão contratual, a administração incorre no risco de descontinuidade do serviço e necessidade de arcar com os gastos de uma licitação frustrada em seu objetivo. A depender da circunstância, será convocado o segundo colocado na licitação ou será preciso recomeçar todo o processo. Em todo caso, o prejuízo é certo.

Desta forma, infere-se que qualquer exigência desmedida realizada no âmbito da contratação pública, mesmo sob a premissa de alcance de finalidade de proteção à ocorrência de corrupção, possui consequências outras que não somente o impacto social. Nesse sentido, o Procurador do Estado do Rio de Janeiro,

---

[62] Embora se tenha o claro entendimento e que a instituição de um programa de compliance deve ser percebida como um importante investimento para empresas e, mormente, para as PMEs, tem-se a ciência de que demanda despesas para que seja elaborado, implementado e estruturado. Quando a implantação do programa ocorre por meio de imposição normativa, dificilmente as empresas enxergam a iniciativa como investimento, mas sim, como custo desarrazoado.

[63] GUIMARÃES, F.V.; REQUI, E.M.S. Exigência de programa de integridade nas licitações. **In: DE PAULA, M.A; DE CASTRO, R.P.A. Compliance, gestão e combate à corrupção. Integridade para o desenvolvimento. Belo Horizonte: Fórum, 2018.**

Flávio Amaral Garcia, ao se referir às exigências desmedidas - sem se ater aos programas de compliance, sustenta que:

> (...) não é no campo das contratações administrativas que se deva fazer comprimir esta norma, sob pena do desvio de finalidade do instituto da licitação (...) Fato é que no campo das contratações administrativas, esta exigência pode se afigurar restritiva da competividade além de não revelar qualquer pertinência lógica com o tema das licitações públicas[64].

No mesmo contexto, invocam-se os ensinamentos de Fernando Guimarães e Érica Requi ao analisarem a exigência do compliance como requisito de participação na licitação, ainda que tenham considerado que pode a licitação e contratação públicas servirem a um propósito de função extraeconômica:

> Pode-se entender que não há, atualmente na legislação geral sobre licitações e contratos, previsão explícita à exigência de demonstração de programas de integridade como requisito de habilitação. Também não se poderia acolhê-lo como mera condição de participação, pois uma vez que se relaciona com as condições particulares do sujeito que pretende contratar com o Poder Público, equipara-se a requisito de habilitação. Enquadrá-lo como mero requisito de participação com vistas a submetê-lo a outro regime poderia significar uma fuga de sua disciplina própria[65].

A impossibilidade jurídica de se incluir o compliance como requisito às contratações públicas e o impacto que isso ocasiona tanto para a Administração Pública (elevação dos custos das contratações) e para as empresas (custos adicionais para instituição e implementação de programas de compliance) devem ser levados em conta para fins de revisão das legislações do Rio de Janeiro e do

[64] Parecer nº 04/05 – FAG proferido no âmbito da Procuradoria Geral do Estado do Rio de Janeiro em 28 de fevereiro de 2005.

[65] GUIMARÃES, F.V.; REQUI, E.M.S. Exigência de programa de integridade nas licitações. **In: DE PAULA, M.A; DE CASTRO, R.P.A. Compliance, gestão e combate à corrupção. Integridade para o desenvolvimento. Belo Horizonte: Fórum, 2018.**

Distrito Federal, devendo-se, inclusive considerar o atual cenário econômico e político do país e o fato de que o impacto é ainda maior para as PMEs. É importante lembrar que o Brasil e, mormente, o Estado do Rio de Janeiro (especialmente após a queda da Petrobrás) ainda estão, a duras penas, tentando se reerguer de uma grave crise econômica que vem assolando o País e o Estado desde 2015, quando o cenário se agravou. O Índice de Confiança do Empresário Industrial Fluminense (Icei-RJ), da Federação das Indústrias no Estado do Rio de Janeiro (FIRJAN), demonstra que o pessimismo do empresariado local se mantém em relação às condições da economia regional: após três meses seguidos de crescimento, o ICEI-RJ recuou em abril, registrando pessimismo (47,5 pontos) pelo 37º mês consecutivo e a motivação é clara:

> A dificuldade de aprovação das reformas necessárias ao país e, principalmente, a ausência de perspectivas concretas quanto à resolução da grave crise fiscal do estado determinaram a menor confiança do empresário fluminense. Importante notar que o empresário industrial fluminense continua mais pessimista em relação à conjuntura local do que à nacional, com a confiança na economia brasileira apresentando mais de 10 pontos de vantagem sobre a fluminense. Nos demais estados da região sudeste, por exemplo, não há essa diferença[66].

No que diz respeito ao mercado de trabalho, os dados também não são animadores:

> No mercado de trabalho o estado registrou fechamento de postos de trabalho em março - 7,9 mil pelo 24º mês consecutivo. **<u>O resultado foi o pior dentre todas as unidades da federação e mais intenso que o observado no mesmo mês de 2016 (-13,1 mil)</u>**. Desta forma, no acumulado do primeiro trimestre, o Rio de Janeiro também foi o estado com maior número de vagas fechadas (-52,2 mil), com todos os setores apresentando saldos negativos.

[66] FEDERAÇÃO DAS INDÚSTRIAS DO ESTADO DO RIO DE JANEIRO. **Boletim Econômico.** Edição Maio/2017. Disponível em: http://www.firjan.com.br/lumis/portal/file/fileDownload.jsp?fileId=2C908A8A5B87A2C7015BF92999B66E7F&inline=1. Acesso em 7 de julho de 2018.

> Para se ter uma ideia da intensidade da crise econômica no estado, 8 em cada 10 postos de trabalho fechados no Brasil foram fechados no Rio de Janeiro[67].

Nessa esteira, diversas são as consequências da crise econômica, desde fechamento de estabelecimentos e dos postos formais de trabalho até a não contratação com os órgãos e entidades públicas, ante à realidade de que o poder público vem cada vez mais desonrando seus compromissos contratuais. A imposição de um programa de compliance, ao invés de ser atrativa e servir de alavanca para as economias regionais pode, ao contrário, consistir em mais um obstáculo para a melhoria do cenário econômico-financeiro.

No momento, garantir que a única margem de flexibilidade das Leis nº 7.753/2017 e nº 6.112/2018 seja a liberdade de escolha das empresas em não contratar com a Administração Pública estadual e distrital é um perigoso e delicado risco para a economia desses entes federados. Possibilita-se, num contexto de largo e justificado pessimismo do empresariado local - aliado a uma política severa de retenção de custos que inclui o fechamento dos postos de trabalho, duas únicas opções: a) contratar com a Administração Pública desde que se institua um programa de compliance; b) ou não contratar com a Administração Pública. Parece latente que a escolha recaia sobre a segunda opção. Isso, por si só, gera um ciclo vicioso: menos contratações com o Estado, pioram as chances de reativação da economia; piora na economia, maior queda das contratações com o Estado e daí adiante.

É de conhecimento notório que a crise que assola o país tem impacto sobre todas as empresas, de todos os portes e setores de atuação, porém, não resta qualquer dúvida de que abala ainda mais as PMEs. Em uma pesquisa realizada pela empresa ContaAzul (2016)[68], a partir da aplicação de questionários a 1.250 empreendedores de pequenos negócios. Um dos pontos de maior atenção se

---

[67] Ibidem

[68] CONTAAZUL. **Termômetro ContaAzul.** Insights sobre as pequenas empresas no Brasil. Março de 2016 1ª Edição: Como os pequenos empresários brasileiros percebem a crise. Disponível em: https://blog.contaazul.com/termometro-contaazul-1a-edicao Acesso em 10 de agosto de 2018.

refere às vagas de emprego, posto que 53,1% das pequenas empresas consultadas demitiram funcionários em 2015. Embora 47,7% das PMEs estejam investindo em novas possibilidades de mercado, 36,8% acreditavam que não seria possível auferir lucro em 2016 e 15,6% estavam considerando a possibilidade de encerrarem suas atividades. Outro dado interessante é a percepção sobre como as mudanças tributárias podem impactar nos negócios e pior que isso, 8,3% reconhecem riscos de quebra ou estímulo a sonegação.

A pesquisa de Sobrevivência realizada pelo Serviço Brasileiro de Apoio às Micro e Pequenas Empresas (SEBRAE)[69], a partir de duas mil e seis entrevistas (2016), revelou a expectativa de que 600 mil empresas abertas em 2014 fechariam as portas até dezembro de 2017. Os dados evidenciam que 31% dos empresários que já fecharam o seu negócio apresentaram como principais motivos as despesas com taxas e impostos, os custos e os juros; 29% dos entrevistados apontaram como elementos prejudicadores a baixa clientela e a forte concorrência também prejudicaram 29% dos entrevistados e 25% indicaram problemas financeiros, inadimplência e falta de linhas de crédito como fator que contribuiu para a quebra da empresa.

Indaga-se, a partir desse cenário, de que modo poderia uma legislação que impõe mais uma obrigação às empresas, sobretudo às PMEs, contribuir para a superação econômica e para a melhoria da qualidade das contratações públicas. Se as PMEs estão focadas em sobreviver, como poderiam priorizar o programa de compliance sem antes terem sido sensibilizadas para o tema e sem antes entenderem que o programa pode ser um investimento ao invés de um custo. Antes disso, como poder-se-ia impor que arquem com os custos para estruturar o compliance dentro de uma perspectiva econômica de crise cujos danos ainda se fazem presentes em 2018.

Ante o exposto, infere-se que a obrigatoriedade imposta às PMEs de institucionalização de um programa de compliance, quando intentarem contratar

[69] Para fins da pesquisa foram processados os dados da SRF das empresas constituídas nos anos de 2008 a 2012 e foram realizadas 2.006 entrevistas com empresas entre julho e agosto de 2016, com uma amostra representativa das empresas constituídas em 2011 e 2012. Serviço Brasileiro de Apoio às Micro e Pequenas Empresas. Sobrevivência das empresas no Brasil. / Marco Aurélio Bedê (Coord.) – Brasília: Sebrae, 2016.

com a Administração Pública contraria, latentemente, a Lei Complementar nº 123, de 14 de dezembro de 2016, a qual institui o Estatuto Nacional da Microempresa e da Empresa de Pequeno Porte. Mais especificamente, a contradição diz respeito ao art. 44 da Lei, *in verbis*: "*Nas licitações será assegurada, como critério de desempate, preferência de contratação para as microempresas e empresas de pequeno porte*". No mínimo, há uma incongruência entre o dever de conferir às PMEs privilégios legítimos para que possam participar de licitações públicas e a obrigatoriedade de que, para tanto, instituam programas de compliance, visto que esta exigência justamente provoca o efeito contrário, ou seja, afasta as PMEs das contratações, na medida em que cobram destas empresas requisitos de difícil (e custoso) cumprimento. Se as PMEs não possuem condições de investir em compliance, seja pela situação econômico-financeira, seja pela percepção de que não se trata de assunto importante, simplesmente não participarão do certame. Estar-se-á, ao invés de conferir condições de preferência, obstaculizando sua participação.

2.5 - Considerações Finais

Muito embora a publicidade esteja, hoje, com os holofotes do desvendar da corrupção nas grandes empresas, sabe-se que os pequenos negócios não estão isentos de práticas corruptivas. Ao contrário, permeiam e participam da corrupção endêmica e sistêmica. O que agrava essa realidade é o fato de que as PMEs constituem a esmagadora maioria do empresariado brasileiro, ou seja, caso não seja conferida a devida atenção para a realidade destas empresas, não se torna possível efetivamente combater a corrupção, pois estaria ignorando a base de sustentação das relações de comércio, indústria e serviço no país.

O maior desafio reside em como motivar os pequenos negócios para que criem, implementem e valorizem uma cultura organizacional ética, íntegra e transparente. Os obstáculos não são poucos, tampouco pequenos ou sem qualquer complexidade. Dificuldades financeiras, alta carga tributária, burocracia excessiva, ausência ou restrição de incentivos e benefícios por parte do poder público, aumento da competitividade, crise econômico-financeira, funcionários desmotivados, cultura do jeitinho brasileiro, dentre tantas outras dificuldades que contribuem para a percepção de que o compliance não está na lista de prioridades das PMEs.

Uma primeira inciativa já foi lançada: a Lei nº 12.846/2013 foi a primeira normativa de combate à corrupção que contemplou as empresas, tendo seu Decreto regulamentador (Decreto nº 8.420/2013) alcançado e destacado as PMEs. Ora, se estas não representassem significativamente o mundo empresarial, não haveria porque as normas se debruçarem sobre o assunto e instituírem diferenciais para os pequenos negócios. Talvez este seja o indicativo mais sutil, porém, mais óbvio, que justifique dar realce às PMEs no sistema de enfrentamento à corrupção. Todavia, a Lei e seu regulamento preveem a responsabilização administrativa das empresas apenas na relação público-privada, ou em outras palavras, no que concerne à corrupção pública. Mostra-se necessário, ainda, refletir e adotar medidas sobre a corrupção privada, não somente na esfera de criminalização, como vem sendo feito pelas proposições legislativas em andamento, mas igualmente na esfera de participação das empresas, incluindo-se, sobremaneira, os pequenos negócios.

Nesse contexto, a moralização das relações negociais e das contratações públicas se classifica como premente. A institucionalização de uma política de integridade pública e de uma cultura organizacional deve ser a primordial preocupação do Governo e das empresas, independentemente do porte, da natureza jurídica e do setor de atuação. Deve-se, para tanto, investir em campanhas de sensibilização, oferecimentos de capacitações, fornecimento de incentivos e criação de uma rede de moralização que permeie a ética nas relações: público-público, público-privado e privado-privado. Todavia, esse caminho a ser construído não deve ser estabelecido por meio de coerção normativa, isto é, mediante condicionantes que provoquem o mero cumprimento legal sem efetivamente espelhar a ética corporativa.

A imposição, por meio de leis, de implementação de programas de compliance viola crucialmente a essência e significação do compliance, o qual pressupõe a existência de uma cultura organizacional voltada para o compartilhamento de valores, condutas íntegras e transparência da atuação. Quando essa imposição consubstancia uma condição para as empresas contratarem com a Administração Pública, a exemplo da Lei nº 7.753/2017 (Rio de Janeiro) e da Lei nº 6.112/2018 (Distrito Federal), além de induzir à elaboração e implementação de programas proforma (teoricamente existentes, porém não praticáveis), agrava a realidade das PMEs, afastando-as de participar de licitações e contratações públicas. Ademais, gera-se uma incongruência com a Lei Complementar nº 123/2006, na medida em que esta contempla privilégios legítimos para a inclusão dos pequenos negócios nas contratações públicas e aquelas conduzem justamente ao efeito contrário, ao criarem dificuldades e obstáculos para sua participação nas relações com a Administração Pública.

Ante o exposto, entende-se que enquanto a) as iniciativas pública e privada não incorporarem o delineamento do compliance como comportamento individual e como ética corporativa; e b) não forem concentrados esforços e atenção necessários sobre a realidade e importância dos pequenos negócios; e, especialmente, c) não forem repensadas políticas de sensibilização, motivação e capacitação em compliance especificamente para os pequenos negócios; não será possível alcançar um efetivo sistema de combate à corrupção no país.

Referências Bibliográficas

ALLIANCE FOR INTEGRITY. **Prevenção à corrupção.** Um guia para empresas. Disponível em: https://www.allianceforintegrity.org/wAssets/docs/publications/Own-Publications/20161215_Compliance-Handbook-Brazil.pdf Acesso em 2 de agosto de 2018.

ANTONIK, L. R. **A Administração financeira as pequenas e médias empresas.** Revista FAE BUSINESS, n. 8, p. 35-38, 2004.

BOBBIO, N. **Teoria da Norma Jurídica.** São Paulo: Edipro, 2001. Pág. 47-48.

BRASIL. **Lei nº 8.666, de 21 de junho de 1993.** Regulamenta o art. 37, inciso

XXI, da Constituição Federal, e institui normas para licitações e contratos da Administração Pública.

BRASIL. **Lei nº 12.846, de 1º de agosto 2013**. Dispõe sobre a responsabilização administrativa e civil de pessoas jurídicas pela prática de atos contra a administração pública, nacional ou estrangeira, e dá outras providências.

BRASIL. **Decreto nº 8.420, de 18 de março de 2015**. Regulamenta a Lei no 12.846, de 1o de agosto de 2013, que dispõe sobre a responsabilização administrativa de pessoas jurídicas pela prática de atos contra a administração pública, nacional ou estrangeira e dá outras providências.

CÂMARA DOS DEPUTADOS. **Projeto de Lei nº 5895/2016**. Autoria do Deputado João Derly. Tipifica criminalmente a conduta de corrupção privada, alterando a Lei nº 9.279, de 14 de maio de 1996.

COMITÊ DE GOVERNANÇA PÚBLICA DA OCDE. **Recomendação do Conselho da OCDE sobre Integridade Pública**. Disponível em: https://www.oecd.org/gov/ethics/integrity-recommendation-brazilian-portuguese.pdf Acesso em 28 de julho de 2018.

CONTAAZUL. **Termômetro ContaAzul.** Insights sobre as pequenas empresas no Brasil. Março de 2016 1ª Edição: Como os pequenos empresários brasileiros percebem a crise. Disponível em: https://blog.contaazul.com/termometro-contaazul-1a-edicao Acesso em 10 de agosto de 2018.

CONTROLADORIA GERAL DA UNIÃO. SERVIÇO BRASILEIRO DE APOIO ÀS MICRO E PEQUENAS EMPRESAS. SEBRAE. **Integridade para pequenos negócios.** Construa o país que desejamos a partir da sua empresa. Disponível em: http://www.cgu.gov.br/Publicacoes/etica-e-integridade/arquivos/integridade-para-pequenos-negocios.pdf Acesso em 27 de julho de 2018.

CONTROLADORIA GERAL DA UNIÃO E SECRETARIA DA MI-

CRO E PEQUENA EMPRESA. **Portaria Conjunta CGU/SMPE Nº 2279, de 9 de setembro de 2015**. Dispõe sobre a avaliação de programas de integridade de microempresa e de empresa de pequeno porte.

COSTA, Adriano Soares da. **Teoria da inelegibilidade e o direito processual eleitoral**. Belo Horizonte: Del Rey, 1998.

DISTRITO FEDERAL. **Lei nº 6.112, de 2 de fevereiro de 2018**. Dispõe sobre a obrigatoriedade da implantação do Programa de Integridade nas empresas que contratarem com a Administração Pública do Distrito Federal, em todas esferas de Poder, e dá outras providências

DISTRITO FEDERAL. **Lei nº 6.176, de 16 de julho de 2018**. Altera a Lei nº 6.112, de 2 de fevereiro de 2018, que dispõe sobre a obrigatoriedade da implantação do Programa de Integridade nas empresas que contratarem com a Administração Pública do Distrito Federal, em todas esferas de Poder, e dá outras providências.

DISTRITO FEDERAL. **Decreto nº 37296, de 29 de abril de 2016**. Disciplina, no âmbito da Administração Pública do Distrito Federal a aplicação da Lei nº 12.842/2013, que dispõe sobre a responsabilização administrativa e civil de pessoas jurídicas pela prática de atos contra a administração pública, nacional ou estrangeira, e dá outras providências.

DOMINGUES, O. F. **Uso e percepção de licitude de práticas ilegais ou antiéticas de sobrevivência de micro e pequenas empresas**. Revista Ibero-Americana de Estratégia – RIAE. Vol. 14, N. 3, julho/setembro 2015.

ÉPOCA NEGÓCIOS. **O mundo perde US$ 2 trilhões com corrupção – veja 4 formas de gastar melhor esse dinheiro**. Disponível em: https://epocanegocios.globo.com/Forum-Economico-Mundial/noticia/2017/01/o-mundo-perde-us-2-trilhoes-com-corrupcao-veja-4-formas-de-gastar-melhor-esse-dinheiro.html Acesso em: 18 de julho de 2018

FEDERAÇÃO DAS INDÚSTRIAS DO ESTADO DE SÃO PAULO. Departamento de Competitividade e Tecnologia (Decomtec). **Relatório Corrupção: custos econômicos e propostas de combate.** Disponível em: www.fiesp.org.br Acesso em: 3 de agosto de 2018.

GONTIJO, C. A. C. In.: CARTA CAPITAL **Combatida no exterior, corrupção privada não é crime no Brasil.** Disponível em: https://www.cartacapital.com.br/sociedade/combatida-no-exterior-corrupcao-privada-nao-e-crime-no-brasil Acesso em: 2 de agosto de2018.

GIOVANINI, W. Mecanismo de integridade ou arma para a proteção? In: DE PAULA, M.A; DE CASTRO, R.P.A. **Compliance, gestão e combate à corrupção.** Integridade para o desenvolvimento. Belo Horizonte: Fórum, 2018.

GIOVANINI, W. Programa de Compliance e Anticorrupção: importância e elementos essenciais. In: DE PAULA, M.A; DE CASTRO, R.P.A. **Compliance, gestão e combate à corrupção.** Integridade para o desenvolvimento. Belo Horizonte: Fórum, 2018.

GUIMARÃES, F.V.; REQUI, E.M.S. Exigência de programa de integridade nas licitações. In: DE PAULA, M.A; DE CASTRO, R.P.A. **Compliance, gestão e combate à corrupção. Integridade para o desenvolvimento.** Belo Horizonte: Fórum, 2018.

HUBER, B. La corruzione nel settore privato: diritto comparato ed internazionale. In.: ACQUAROLI, R.; FOFFANI, L. (Eds). **La corruzione tra privati: esperienze comparatistiche e prospettive di reforma**. Milano: Giuffrè, 2003.

KPMG. **Entre a expectativa e a realidade.** A evolução de uma cultura de compliance em países selecionados. Disponível em: www.kpmg.com.br Acesso em 27 de julho de 2018.

MATOS, F. G. **Ética: profunda revisão da cultura corporativa**. http://www.bb.com.br/portalbb/page3,139,9186,23,0,1,8.bb?codigoMenu=6018&codigoNoticia=9276&codigoRet=6015&bread=2

MILL, J.S. Princípios da economia política. São Paulo: Abril Cultural, 1983. *Apud* DE PAULA, M. A. Efeitos da corrupção para o desenvolvimento. DE PAULA, M.A; DE CASTRO, R.P.A. **Compliance, gestão e combate à corrupção.** Integridade para o desenvolvimento. Belo Horizonte: Fórum, 2018.

MOTTA, N. S. **Ética e vida profissional**. Rio de Janeiro: Âmbito Cultural, 1984.

MOVIMENTO CONTRA A CORRUPÇÃO. **Breve história da corrupção no Brasil**. Disponível em: http://www.contracorrupcao.org/2013/10/breve-historia-da-corrupcao-no-brasil.html Acesso em: 30 de julho de 2018.

NILSSON, H. G., **"Substantive Criminal Law, Corruption, and Money Laundering"**, In D.V. Trang (Ed.). Corruption and Democracy, pp. 89–104. Budapest: Institute for Constitutional and Legislative Policy.

ORGANIZAÇÃO DAS NAÇÃOS UNIDAS. Programa das Nações Unidas para o Desenvolvimento. **Corrupção custa mais de US$ 2,6 trilhões por ano, alerta PNUD.** Disponível em: https://nacoesunidas.org/corrupcao-custa-mais-de-us-26-trilhoes-por-ano-alerta-pnud/ Acesso em: 18 de julho de 2018

ORGANIZAÇÃO DAS NAÇÕES UNIDAS. Programa das Nações Unidas para o Desenvolvimento. **PNUD faz alerta sobre impacto da corrupção no desenvolvimento** http://www.br.undp.org/content/brazil/pt/home/presscenter/articles/2016/12/09/pnud-faz-alerta-sobre-impacto-da-corrup-o-no-desenvolvimento.html Acesso em 2 de agosto de 2018.

PASSOS, E. **Ética nas organizações**. São Paulo, Atlas, 2006.

PROCURADORIA GERAL DO ESTADO DO RIO DE JANEIRO. **Parecer nº 04/05** – FAG proferido no âmbito da Procuradoria Geral do Estado do Rio de Janeiro em 28 de fevereiro de 2005.

RIO DE JANEIRO. **Lei nº 7.753, de 17 de outubro de 2017**. Dispõe sobre a instituição do programa de integridade nas empresas que contratarem com a Administração Pública do Estado do Rio de Janeiro e dá outras providências.

RIO DE JANEIRO. **Decreto nº 46.366, de 19 de julho de 2018**. Regulamenta, no âmbito do Poder Executivo estadual, a responsabilização objetiva administrativa de pessoas jurídicas pela prática de atos contra a Administração Pública Estadual de que trata a Lei Federal nº 12.846/2013.

ROSE-ACKERMAN, S.; PALIFKA, B. J. **Corruption and government:** causes, consequences, and reform. Ner York: Cambridge University Press, 2016.

SECRETARIA DE ESTADO DE FAZENDA E PLANEJAMENTO DO GOVERNO DO ESTADO DO RIO DE JANEIRO. **OF./SEFAZ/CG/ Nº 616/2017, de 25 de maio de 2017**. Requerimento de Acesso à Informação nº 29/2017, autuado na Secretaria de Estado de Fazenda e Planejamento do Governo do Estado do Rio de Janeiro sob nº E-04/083/162/2017.

SEN, A.K. **Desenvolvimento como Liberdade.** Tradução Laura Teixeira Motta. São Paulo: Companhia das Letras, 2000.

SENADO FEDERAL. **Projeto de Lei nº 455/2016**. CPI do Futebol – 2015. Altera o Código Penal para prever o crime de corrupção privada.

SERVIÇO BRASILEIRO DE APOIO ÀS MICRO E PEQUENAS EMPRESAS. Dieese. **Anuário do trabalho na micro e pequena empresa.** 2013. Disponível em: www.sebrae.com.br/Sebrae/Portal%20Sebrae/Anexos/Anuario%20do%20Trabalho%20Na%20Micro%20e%20Pequena%20Empresa_2013.pdf. Acesso em 23 de julho de 2018.

SERVIÇO BRASILEIRO DE APOIO ÀS MICRO E PEQUENAS EMPRESAS. **Sobrevivência das empresas no Brasil.** / Marco Aurélio Bedê (Coord.) – Brasília: Sebrae, 2016.

SILVA, R. O. **Teorias da administração**. São Paulo: Pioneira Thomson Learning, 2008.

SINGER, P. **Ética prática**. São Paulo: Martins Fontes, 2002.

O Projeto de Lei nº 5895/2016 propõe a tipificação criminal da conduta de corrupção privada, por meio da alteração da Lei nº 9.279, de 14 de maio de 1996, que regula direitos e obrigações relativos à propriedade industrial.

Capítulo 3

Compliance no Setor Financeiro

Luciano Porto Barreto

3.1 - Introdução

Dinheiro é fonte de diversos problemas e soluções. Famoso ditado popular lhe atribui, inclusive, a felicidade. Seja qual for a ótica, lidar adequadamente com dinheiro pode ser uma tarefa bastante difícil e complexa, principalmente nos dias atuais. A decisão entre comprar à vista ou a prazo, em que instrumento investir o dinheiro mensal excedente ou aquisição de um empréstimo são exemplos de escolhas cotidianas laboriosas com efeitos marcantes no orçamento doméstico, poupança e evolução patrimonial de grande parte da população.

A quantidade de informação (e desinformação) disponibilizada por redes e mídias sociais torna cada vez mais árdua a tarefa de tomar decisões financeiras. A complexidade crescente dos instrumentos financeiros cria verdadeiros continentes de siglas e índices de difícil compreensão. O intrincado e hermético jargão financeiro aliado à profusão de visionários especialistas e gurus internautas desequilibra ainda mais essa equação. Assim, vivenciamos o paradoxo do profundo desconhecimento causado pelo excesso de informação.

Por sua vez, os modismos e convívio social influenciam significativamente as decisões dos investidores. A nefasta tendência em seguir o grupo (efeito manada) e outras situações de notável irracionalidade se refletem igualmente no plano financeiro. Apostar em grupo num prêmio acumulado de loteria pelo "medo de ficar de fora" é um dos muitos exemplos de decisões consideravelmente ilógicas, mas que nos proporcionam certa dose de conforto emocional. Comportamento semelhante emerge da compra e venda de diversos ativos financeiros. Assim, estudos na área da economia comportamental ou das finanças comportamentais (Kahneman 1979) têm sido conduzidos no intuito de procurar entender a mente humana frente à tomada de decisões envolvendo mercados financeiros (Tomaselli 2007, CVM 2015).

Nessa esteira, as iniciativas de educação financeira têm papel relevante no esclarecimento dos produtos e riscos aos investidores. Cite-se, à guisa de exemplo, a Semana Nacional de Educação Financeira (ENEF) organizada por instituições como BACEN, SUSEP, PREVIC, CVM, B3, FEBRABAN, ANBIMA, CNSEG e SEBRAE, que contou em, 2017, com 1.826 ações presenciais e *online* atendendo a 1.9 milhão de pessoas. Cartilhas e programas de popularização de informações financeiras têm igualmente atribuição valorosa na elucidação de dúvidas e orientação ao público sobre as novidades e opções de investimento mais adequados ao seus objetivos patrimoniais, perfil de interesse e apetite ao risco.

Entretanto, a opção da orientação nem sempre se mostra suficiente para reduzir a exposição ou minimizar os riscos de possíveis prejuízos sofridos por investidores face ao uso de práticas abusivas ou irresponsáveis pelos agentes do mercado. Torna-se primordial estabelecer um conjunto sólido de salvaguardas que funcionem como camada de blindagem ao consumidor frente a tais práticas.

Nessa perspectiva, emerge a necessidade do estabelecimento de regras e procedimentos de boas práticas para a governança corporativa do setor financeiro. Boa parte dessas ações são implementadas por meio de programas institucionais de integridade, conformidade ou, utilizando o estrangeirismo mais amplamente adotado: *compliance*. Em verdade, o termo *compliance* advém do verbo "*to comply*" que denota, em tradução livre, aderir ou equiparar-se a um conjunto de regras preestabelecido.

Entregar dinheiro a terceiros é ato de extrema confiança, apesar de hoje não refletirmos atentamente para esse fato. Deixar o equivalente monetário de um período de trabalho sob custódia de terceiros, deveria ser mais desafiador, ao menos do ponto de vista da consciência desse ato de desprendimento e confiança.

Conhecer melhor a instituição financeira, através de critérios objetivos e mensuráveis, representa desafio considerável para seus clientes. Imagine fazê-lo com uma pessoa física; um conhecido. De certo, a escolha seria pautada em critérios qualitativos (confiança, bom nome na praça, conhecidos que já o fizeram antes etc.) e quantitativos (reservas financeiras, valor dos bens de que dispõe, liquidez, experiência de trabalho nessa função, precauções e cuidados de segurança etc.). Pressupondo uma pessoa jurídica, tais parâmetros seriam provavelmente bastante similares, porém, o cliente perpassa essa categoria de julgamento ou ponderação em relação aos grandes bancos, para citar algumas dessas instituições. As razões são diversas.

Inicialmente, assumimos que grandes e conhecidas instituições possuem, além de boa reputação no trato com seus clientes, diversos mecanismos de salvaguarda para lidar com a gestão de nosso patrimônio financeiro. Apesar de legítimo, em termos práticos, faz pouco sentido ao cliente indagar ou investigar os detalhes de funcionamento do seu banco, até porque o conhecimento técnico para avaliar a "saúde financeira" demanda qualificação e uma equipe habilitada para tal responsabilidade, não somente uma pessoa. Não obstante tal complexidade, desejamos tanto que o banco, assim como um conhecido que se propõe a gerir ou custodiar nossas finanças, forneça, ao menos, garantias e salvaguardas mínimas para cumprimento dessa missão da forma mais adequada, competente e segura possível.

Uma das formas de poupar a sociedade de tal complexidade e *expertise* consiste em delegar a tarefa de avaliação desses critérios para entidades de supervisão, auditoria ou regulação. Isto posto, em geral, as regras de compliance são estabelecidas por entidades de padronização internacional, consórcios internacionais de empresas, governos e associações empresariais. Portanto, a despeito da crença comum, os mandamentos de compliance não têm gênese exclusiva em normativos e preceitos governamentais.

Assim como em outras atividades humanas, a definição de critérios de segurança e salvaguarda na seara financeira são motivados e evoluem em razão, principalmente, de desastres e crises. Neste ramo de atividade, tais fatos se concretizam por meio de perdas de capital de terceiros, falências, fechamento de negócios, desemprego em massa e outras consequências trágicas. Acontecimentos notórios incluem o *crash* da Bolsa de Valores norte-americana em 1929 e a crise internacional pós 2008. A repercussão e a dimensão social e política de tais eventos são incontestes catalisadores para o surgimento de normativos e regras de *compliance*. Lamentavelmente, parcela considerável desses desastres decorrem da má gestão ou da má fé das instituições financeiras através da exposição excessiva dos clientes à risco, golpes, fraudes, desvio de recursos, dentre outras práticas inapropriadas, imorais ou ilícitas.

Portanto, a tomada de consciência por gestores das instituições do setor financeiro constitui aspecto basilar da prevenção de tais calamidades. Destarte, espera-se dos gestores, boa-fé e cumprimento diligente de suas obrigações, voltadas sempre ao melhor interesse do cliente.

É importante ressaltar que o leque de exigências éticas que a sociedade tem imposto às empresas vem gradualmente crescendo nos mais diversos setores. Nessa esteira, espera-se que as empresas cuidem do meio ambiente (e.g. através de projetos ou iniciativas "verdes"), invistam e se relacionem com instituições idôneas, tratem seus empregados com civilidade e honestidade, dentre outros requisitos. Portanto, práticas como o assédio moral e sexual, lavagem de dinheiro, financiamento ao terrorismo e atividades ilícitas tornaram-se inaceitáveis em grande parte das sociedades modernas. Atitudes corporativas dessa natureza maculam profundamente a imagem e reputação das instituições, além de expô-las aos mais variados tipos de sanções administrativas e penais, com impactos financeiros deletérios e significativos para o seu capital patrimonial. Não basta, portanto, apenas gerir adequadamente os recursos e interesses dos clientes em sua área de expertise e atuação. É preciso fazer valer o termo compromisso social em sua acepção ampla, incorporando às suas políticas administrativas o papel social da empresa.

Por óbvio, implementar e, principalmente, manter um sistema interno de procedimentos e controles representa um desafio, mesmo para corporações e gestores comprometidos com esse objetivo (e.g. através da alocação de recursos humanos e financeiros). Primeiro, é necessário o estabelecimento e disseminação de uma política corporativa clara e de fácil entendimento, estimulada por campanhas de conscientização e treinamento adequado. Segundo, salvo se detectados riscos mensuráveis de sanções legais, penais ou administrativas, o investimento em programas dessa natureza tendem a somente aumentar os custos empresariais, dificultando sobremaneira sua adoção de forma ampla e plena.

3.1.1 - Integridade: peça-chave do compliance

De certa forma, assim como a imposição da comunicação em Português no Brasil, os investidores são compelidos a participar do sistema financeiro nacional (eventualmente o internacional) e, por conseguinte, aceitar suas regras e limitações. Tal "imperativo econômico" rememora a hipossuficiência da maioria da população em relação às grandes corporações. Assim sendo, a margem de negociação frente aos entes do mercado financeiro é bastante restrita, limitando-se a parcas opções permitidas por estas instituições.

A máxima "*Too big to fail*" ilustra com propriedade o descontentamento da sociedade diante de certo grau de condescendência governamental em relação aos maus feitos dessas grandes corporações, tais quais os procedimentos de socorro ao sistema financeiro americano pós-crise de 2008. Por outro prisma, seguiu-se a concepção de regras mais duras com o fito de coibir e repreender estes exemplos de irresponsabilidades financeiras.

Exemplos de regras incluem garantias sobre administração dos recursos dos clientes, sua proteção e privacidade. Para responder e atender de forma satisfatória a esses e outros requisitos, faz-se necessário a constituição de regras mínimas de controle na gestão do negócio associado às instituições financeiras.

É essencial que a preocupação e elaboração de programas de integridade corporativa não estejam limitadas a ações de *marketing* empresarial interno e externo, mas correspondam a atos concretos de melhoria dos procedimentos da instituição.

Para isso, a integridade institucional é peça-chave. A forma e critérios para definir, implementar e auditar compõem o conjunto de técnicas e procedimentos do *compliance* moderno. Além de ofertarem lucro, resultado, crescimento e atendimento de metas, as instituições devem fazê-lo de forma proba e lícita.

Em verdade, quase toda a população está sujeita direta ou indiretamente a programas de *compliance*. Para aprovação do financiamento de um imóvel ou um seguro de carro, por exemplo, o prestador do serviço analisa o perfil do cliente a fim de gerenciar o risco de assumir essa obrigação. Tal análise deve estar estruturada em um conjunto de regras de negócio, e também vinculada a critérios éticos e legais que extrapolam somente a esfera da gestão de risco e retorno econômico. A instituição seguradora figura como garantidora de um bem ou serviço e isso confere credibilidade ao tomador. O mesmo pode ser associado aos instrumentos financeiros como títulos, cartas de crédito e outros.

Nos últimos anos, o Brasil tem mostrado avanços legislativos consideráveis no tocante à integridade corporativa. Exemplos notórios incluem a Lei Anticorrupção e a Lei das Estatais. O papel desses normativos não deve ser visto apenas como mecanismo sancionador e punitivo, mas, também, como elemento capaz de induzir as organizações e governos, juntamente com seus indivíduos, a adotarem comportamentos institucionalmente íntegros.

O papel institucional consiste em estimular, da melhor maneira possível, que seus funcionários trabalhem mediante a adoção de parâmetros de conduta íntegros. Ainda que tais programas não resolvam ou previnam toda sorte de desvio ético e jurídico, será possível elencar indicadores e métricas aptas a identificar as áreas críticas onde se vislumbra uma necessidade mais urgente de atuação em função do risco associado.

Em termos concretos, nos últimos anos, diversas empresas e instituições têm avançado na área do compliance, principalmente através da adoção e elaboração de instrumentos normativos como as Políticas de Integridade Corporativa e Códigos de Ética e Conduta.

3.1.2 - Compliance como instrumento de cooperação e confiança-mútua

O ambiente internacional e globalizado de negócios força naturalmente as instituições financeiras a se relacionar com contrapartes em diversas localidades e jurisdições para realização de negócios, intercâmbio de informações e movimentação de divisas. Nessa conjuntura, é previsível a eflorescência justificada de múltiplos questionamentos acerca dos critérios que estabelecem as bases dessa relação de confiança. Dada a criticidade das informações do setor financeiro, é primordial a definição de critérios mínimos que facilitem e viabilizem a interoperação entre instituições de jurisdições e países distintos.

A redução de conflitos representa um ponto importante na cooperação entre entidades distintas (Ribeiro 2015). Visões muito diferentes sobre uma mesma prática comercial ou cálculos financeiros são exemplos de entraves para a cooperação e aumentam os custos da continuidade dos negócios (Fiani 2011). Uma forma de mitigação dessas despesas consiste no estabelecimento de valores e boas práticas comuns entre as partes. A partir desse ponto, as negociações entre elas tendem a fluir de modo mais confortável e transparente. Nesse contexto favorável, a aderência a um programa de *compliance* pode ser considerada como um selo ou atestado de confiança padronizado que permite interoperações e consenso entre partes distintas.

3.1.3 - Marcos históricos e práticas no compliance financeiro

Com o passar o tempo, diversas práticas e normativos foram desenvolvidos com o intuito de aprimorar os processos organizacionais associados ao funcionamento íntegro de instituições do setor financeiro. Nesta seção faremos um breve apanhado dos marcos históricos, normativos e práticas balizadoras da elaboração de programas de compliance, sem a pretensão de exaurir o assunto. A história de várias dessas iniciativas de compliance não foram simples. Muitas delas foram acusadas de serem excessivamente restritivas e dispendiosas, o que poderia resultar em entraves à inovação e ao desenvolvimento do setor financeiro, ao invés de sua melhoria. Portanto, o leitor não deve simplesmente considerar que tais iniciativas foram de fácil implementação e consolidação no mercado financeiro. Ademais, sua manutenção ainda representa desafios à indústria por conta da sua constante evolução e consequente necessidade de aumento de recursos financeiros e humanos para ajustes aos novos patamares. Assim sendo, o equilíbrio entre a necessidade e sua implementação é preocupação permanente e relevante no estabelecimento de regras e os respectivos programas de compliance. Neste âmbito, outro ponto de atenção indispensável reside na agenda cultural do país em que as normas de compliance são adotadas.

3.1.3.1 - Os Acordos da Basileia I, II e III

A Conferência de Haia, realizada em 1930, criou o *Bank for International Settlements* (BIS) cujo objetivo principal consistia no fomento à cooperação entre os bancos centrais mundiais. O Comitê de Supervisão Bancária da Basileia, por sua vez, foi instituído em 1975 pelo BIS com o objetivo de fomentar a discussão e a cooperação sobre regulação bancária prudencial em nível mundial. De forma simplificada, grande parte dos bancos se enquadra nas categorias de instituições bancárias de crédito ou de poupança. Os bancos de crédito têm a função primordial de financiar (i.e. emprestar) dinheiro às empresas e ao público, ao passo que os bancos de poupança são tipicamente captadores de recursos aplicados por estes mesmos clientes. Assim, o bom funcionamento e liquidez do mercado depende da exposição destes entes bancários.

O primeiro Acordo de Capital da Basileia (conhecido por Basel I) foi publicado em 1988, estabelecendo exigências mínimas de capital para instituições financeiras, visando evitar riscos de crédito. A segunda versão do acordo (Basel II) foi divulgada em 2006, tendo como foco os grandes bancos, e estabelecia objetivos centrados em três pilares principais e complementares:

- Pilar 1: requisitos de capital para risco de crédito, mercado e operacional;
- Pilar 2: revisão pela supervisão do processo de avaliação da adequação de capital dos bancos; e
- Pilar 3: disciplina de mercado.

A crise financeira mundial do período 2007-2009 demonstrou a incapacidade dos acordos de Basileia I e II em impedir a alavancagem excessiva dos bancos. A resposta regulatória a esta crise internacional foram recomendações de melhores práticas para aprimoramento da qualidade e quantidade de capital. Os objetivos principais visaram tornar o sistema financeiro mais resiliente, reduzir custos das crises bancárias e amparar o crescimento sustentável.

Assim, em 2009, o Comitê endureceu alguns aspectos na exigência de capital para risco de mercado, com salvaguardas de liquidez para suportar períodos de estresse de curto prazo. A reserva mínima exigida pulou de 2,5% para 7%, ou mais, dependendo do nível de risco do banco.

No Brasil, os efeitos dos normativos advindos do Comitê da Basileia se concretizaram de diversas formas. No âmbito regulatório, em 2013, o Acordo de Basileia III produziu quatro resoluções do Conselho Monetário Nacional (CMN) e quinze circulares do Banco Central do Brasil, principalmente no tocante à nova estrutura de capital.

Outros arcabouços legais reforçaram o compromisso com as diretrizes dos acordos da Basileia e normativos conexos. Toma-se, por exemplo, a Lei no 9.613/98, conhecida como Lei de Combate aos Crimes de Lavagem de Dinheiro, que estabeleceu o Conselho de Controle de Atividades Financeiras (COAF) – órgão vinculado ao Ministério da Fazenda – responsável pela aplicação de penas administrativas e identificação de atividades ilícitas.

Alinhado com as recomendações do Comitê de Supervisão Bancária da Basileia, o Banco Central do Brasil (BACEN) publicou a resolução 2.554/98, estatuindo que as instituições financeiras sob sua alçada definam e implementem sistemas de controles internos e gestão de riscos:

> *Art. 1º Determinar às instituições financeiras e demais instituições autorizadas a funcionar pelo Banco Central do Brasil a implantação e a implementação de controles internos voltados para as atividades por elas desenvolvidas, seus sistemas de informações financeiras, operacio-*

> *nais e gerenciais e o cumprimento das normas legais e regulamentares a elas aplicáveis.*
> *Parágrafo 1º - Os controles internos, independentemente do porte da instituição, devem ser efetivos e consistentes com a natureza, complexidade e risco das operações por ela realizadas. Parágrafo 2º- São de responsabilidade da diretoria da instituição:*
> *I - a implantação e a implementação de uma estrutura de controles internos efetiva mediante a definição de atividades de controle para todos os níveis de negócios da instituição;*
> *II - o estabelecimento dos objetivos e procedimentos pertinentes aos mesmos;*
> *III - a verificação sistemática da adoção e do cumprimento dos procedimentos definidos em função do disposto no inciso II.*
> *Art. 2o. Parágrafo 7º Em qualquer das situações previstas neste artigo, a instituição deve manter à disposição e garantir o acesso irrestrito do Banco Central do Brasil aos papéis de trabalho, relatórios e quaisquer outros documentos elaborados pela auditoria interna da instituição. (BACEN, 1998)*

Os Princípios Fundamentais da Basileia definem 25 pilares necessários à efetividade de um sistema de supervisão (BIS 2006). Esses princípios podem ser separados em sete grupos: objetivos, independência, poderes, transparência e cooperação (princípio 1); autorização e estrutura (princípios 2 a 5); regulação prudencial e requerimentos (princípios 6 a 18); métodos de supervisão bancária contínua (princípios 19 a 21); contabilidade e divulgação (princípio 22); ações corretivas e poderes formais dos supervisores (princípio 23); supervisão consolidada e entre países (princípios 24 e 25).

Dentre estes, podemos destacar os seguintes princípios:

- Princípio 13 – Riscos de Mercado: Os supervisores precisam se assegurar de que os bancos possuem políticas e processos adequados para identificar, medir, monitorar e controlar de forma precisa os riscos de mercado; os supervisores devem possuir poderes para impor limites específicos e/ou impor um requerimento de capital específico sobre exposições a risco de mercado, se for necessário.

- Princípio 14 – Risco de Liquidez: Os supervisores devem se assegurar de que os bancos adotem uma estratégia de gerenciamento de liquidez que leva em conta o perfil de risco da instituição, com políticas e processos prudentes para identificar, medir, monitorar e controlar o risco de liquidez, e para gerenciar a liquidez diariamente. Os supervisores devem exigir que os bancos possuam planos de contingência para resolver problemas de liquidez.

- Princípio 15 – Risco operacional: Os supervisores devem se assegurar de que os bancos adotem políticas e processos de gerenciamento para identificar, avaliar, monitorar e controlar/mitigar o risco operacional. Essas políticas e processos devem ser compatíveis com o porte e a complexidade do banco.

- Princípio 17 – Controles internos e auditoria: Os supervisores devem se assegurar de que os bancos adotem controles internos adequados ao porte e complexidade de seus negócios. Isso deve incluir regras claras para delegação de autoridade e responsabilidade; separação das funções que envolvem decisões para a assunção de compromissos pelo banco, que dispõem de seus fundos, e que contabilizam seus ativos e passivos; reconciliação desses processos; proteção dos ativos do banco; e funções de auditoria interna independente e de verificação de conformidade apropriadas para testar a aderência a esses controles bem como a leis e regulamentos aplicáveis.

- Princípio 18 – Integridade do setor bancário: Os supervisores devem se assegurar de que os bancos adotem políticas e processos adequados, incluindo regras rígidas do tipo "conheça seu cliente", que promovam altos padrões éticos e profissionais no setor financeiro e evitam que o banco seja usado, intencionalmente ou não, para atividades criminosas.

- Princípio 22 – Contabilidade e divulgação: Os supervisores devem se assegurar de que cada banco mantenha registros adequados realizados de acordo com políticas e práticas contábeis amplamente aceitas internacionalmente, e publique regularmente informações que refletam fielmente sua condição financeira e sua rentabilidade.

3.1.3.2 - Foreign Corrupt Practices Act (FCPA)

Segundo levantamento da ONU (ONU 2016), cerca de 1 trilhão de dólares por ano são destinados ao pagamento de propinas. Iniciativa importante no combate à corrupção e aprimoramento da confiança mútua entre países foi a promulgação, em 1977, da Lei Americana Anticorrupção no Exterior – *Foreign Corrupt Practices Act* – , conhecida como FCPA (FCPA 2004). Este instrumento jurídico proíbe que empresas ou indivíduos ofereçam ou realizem o pagamento de verbas ilícitas a funcionários estrangeiros, com o intuito de obter vantagem comercial (DOJ-SEC 2012). Além disso, coíbe a contabilidade falsa ou imprecisa. Sua elaboração foi motivada pela descoberta do suborno de políticos em países como Japão, Holanda e Itália. Na época, partiu-se do pressuposto de que o investidor norte-americano estava sendo prejudicado pelo uso indevido de recursos escondidos das contas para tais pagamentos.

Importante frisar que não obstante seja uma lei federal americana, as disposições da FCPA alcançam empresas estrangeiras emitentes de títulos de valores mobiliários nos Estados Unidos (i.e. registrados na *Securities and Exchange Commision*, SEC). Por conseguinte, indivíduos e empresas estrangeiras têm sido processados e condenados por atos de violação à FCPA, o que inclui, por exemplo, a devolução dos ganhos impróprios acrescidos de juros e o pagamento de multas vultosas. Do ponto de vista processual, cabe à SEC proceder a ação civil/administrativa enquanto a ação penal fica a cargo do Departamento de Justiça americano (*Department of Justice*, DOJ).

A seguir, destacamos alguns trechos relevantes da lei:

(...)

> (b) Forma de relatório; livros contábeis, registros e contabilidade interna; diretivas

(2) Todo emissor que possua uma classe de valores mobiliários registrados de acordo com a seção 78l deste título e todo emissor obrigado a apresentar relatórios de acordo com a seção 78o(d) deste título, deverá—

(A) preparar e manter livros contábeis, registros e contas que, com um nível razoável de detalhe, reflitam, de forma completa e precisa, as transações e as disposições dos ativos do emissor; e

(B) criar e manter um sistema interno de controles contábeis, suficiente para fornecer garantias razoáveis de que—

(i) as transações sejam executadas de acordo com a autorização geral ou específica da direção da empresa;

(ii) as transações sejam registradas conforme necessário para (I) permitir o preparo de demonstrações financeiras em conformidade com os princípios contábeis geralmente aceitos ou quaisquer outros critérios aplicáveis a tais demonstrações e (II) manter uma prestação de contas dos ativos;

(iii) o acesso aos ativos seja permitido somente de acordo com a autorização geral ou específica da direção da empresa; e

(iv) o registro de prestação de contas dos ativos seja comparado com os ativos existentes a intervalos razoáveis e que as medidas apropriadas sejam tomadas com respeito a quaisquer diferenças.

Exemplos de empresas acionadas pela SEC no âmbito da FCPA incluem IBM, Johnson & Johnson, Siemens, Pfizer, Avon, HP, Akamai, JP Morgan. Algumas empresas brasileiras também já fizeram acordos no contexto da FCPA, tais como: Embraer ($205 milhões, 2016) e Braskem S.A. ($957 milhões, 2016). Fato relevante e entristecedor é que o Brasil passou a figurar no 5º lugar no ranking de pagamentos contabilizados decorrentes de violações às regras da FCPA, reflexo das importantes investigações, condenações e divulgação do envolvimento de grandes empresas nacionais em práticas de corrupção.

3.1.3.3 - Sarbanes-Oxley

Um dos marcos para o compliance, para o setor financeiro, foi a aprovação da lei Sarbanes-Oxley (SOX 2002), também conhecida por SOX, nos Estados Unidos, após o resultado de escândalos financeiros que provocaram danos catastróficos a diversos clientes e instituições nos primórdios dos anos 2000. Os casos mais emblemáticos envolveram as companhias Enron e WorldCom, nas quais milhares de empregados e investidores perderam todas as suas economias e fundos de aposentadoria devido à conduta inadequada de gestores financeiros e executivos. O propósito central consistiu em determinar controles efetivos contra as fraudes recorrentes constantes nos relatórios financeiros e adoção de boas práticas de governança corporativa.

O escopo da lei abrange não somente as companhias de capital aberto nos Estados Unidos, inclusive estrangeiras, mas igualmente qualquer prestador de serviços financeiros a estas companhias. O atendimento às regras da SOX requer a implementação de controles internos que assegurem e atestem a confiabilidade e integridade das informações financeiras (Byington 2005). Para tanto, é primordial manter os dados seguros de forma auditável, de maneira que os executivos tenham confiança plena na acurácia e confiabilidade das informações descritas nos relatórios financeiros sob sua responsabilidade.
As duas seções mais relevantes para implementação e avaliação de conformidade à norma residem nas seções 302 e 404. Segue descrição sumária de alguns dos controles presentes nessa seção:

- Seção 302.2: Estabelecer salvaguardas para prevenção de adulteração de dados.

- Seção 302.3: Estabelecer salvaguardas para criação de linhas de tempo (timelines).
- Seção 302.4.B: Estabelecer controles verificáveis para rastreamento de acesso aos dados.
- Seção 302.4.C: Garantir que as salvaguardas estejam em funcionamento.
- Seção 302.4.D: Reportar periodicamente a efetividade das salvaguardas.
- Seções 302.5.A e B: Detectar falhas de segurança.
- Seção 404.A.1.1: Reportar salvaguardas de segurança aos auditores.
- Seção 404.A.2: Reportar falhas de segurança aos auditores.
- Seção 404.B: Reportar falhas nas salvaguardas de segurança aos auditores.

Um dos principais avanços resultou na responsabilização dos CEOs e CFOs (ou executivos equivalentes) das empresas por erros em auditorias contábeis. Assim, tais executivos devem certificar-se pessoalmente sobre a completude e lisura dos registros financeiros. Em caso de violações, os diretores executivos estão sujeitos a penalidades de até 20 anos de reclusão, além de outras sanções civis aplicáveis.

Demais disso, o *Public Company Accounting Oversight Board* (PCAOB) foi criado para supervisionar os registros contábeis das empresas. Outros pontos relevantes incluem regras e vedações explícitas para auditores internos, obrigação dos advogados relatarem evidências de violações importantes quando da prestação de serviços, proibição de empréstimos empresariais a funcionários graduados, divulgação das transações relevantes envolvendo a diretoria e principais acionistas, bem como a proteção de empregos e garantias para denunciantes das companhias (os chamados *whistleblowers*).

Assim como outros normativos de *compliance*, os custos de implantação do SOX sempre foram objeto de discussão e reclamações por parte das empresas, especialmente por conta da amplitude dos requisitos. Por isso, um ponto fundamental na implementação de um programa de compliance dessa natureza reside na adaptação dos requisitos ao contexto e porte da organização (SEC 2005).

Diversas pesquisas foram realizadas para aferição dos custos e efetividade da implantação de SOX. A maioria das grandes corporações (cerca de 83%) reconheceu que a SOX aumentou a confiança do investidor. Um terço dessas reportou que a SOX foi eficaz na redução de fraudes. Outra pesquisa com mais de 1.000 instituições de capital aberto norte-americanas revelou que o custo anual médio de implementação da SOX variou entre $ 650.000 e $ 1.56 milhão em 2017, e entre $ 750.000 e $ 1.67 milhão em 2018 (Protiviti 2018).

3.1.3.4 - PCI DSS: cartões de crédito

O setor de cartões de crédito representa um dos maiores, complexos e diversos mercados de produtos financeiros ao consumidor final. Segundo o *Consumer Financial Protection Bureau* (CFPB 2017), o volume anual de compras com cartão de crédito superou 3.1 bilhões de dólares em 2017, com mais de 434 milhões de contas individuais (varejo de propósito geral). No final dos anos 90, o crescimento da Internet e seu uso para a realização de pagamentos promoveu o crescimento da indústria de crédito, porém contribuiu para atração de fraudadores e criminosos. Em 2000, o acumulado de perdas devido às fraudes atingiu 1.5 bilhão de dólares, tendo esse custo triplicado no decorrer dessa década. Em 2001, a VISA noticiava que as taxas de fraude de cartão de crédito *online* eram quatro vezes superiores às transações convencionais. Inicialmente, VISA e Mastercard adotavam seus próprios padrões e requisitos para auxiliar os comerciantes a aprimorar a segurança das operações com cartões de crédito.

Ao final de 2004, o primeiro padrão unificado chamado de *Payment Card Industry Data Security Standard* (PCI DSS) 1.0, era suportado pelas cinco maiores indústrias de cartão de crédito. O objetivo principal é prover a segurança e confidencialidade das operações com cartão de crédito.

O padrão especifica diversas medidas preventivas e cuidados que devem ser seguidos pelos processadores de pagamento e seus terceirizados. Dados sensíveis de autenticação (códigos de verificação do cartão, valores, PINs etc.), por exemplo, não devem ser armazenados após a autorização do pagamento. Os provedores de serviços e software devem utilizar senhas adequadas e proteções quando houver acesso remoto aos terminais de pontos de venda e efetuar o registro (*log*) das operações, dentre outros requisitos.

A partir de então, a conformidade ao PCI passou a ser obrigatória para os partícipes do ciclo de vida do processamento de pagamento, incluindo-se neste rol todas as entidades que processam, armazenam e transmitem informações sobre o titular do cartão ou pagamento, a exemplo dos comerciantes, instituições financeiras, pontos de venda e desenvolvedores de software e hardware que provêm soluções à indústria de pagamentos. Desde 2006, a governança e desenvolvimento do PCI são administrados por um conselho composto pelas principais entidades do setor, incluindo Visa, Mastercard, American Express, Discover e JCB.

O PCI DSS estabelece doze requisitos principais agrupados em seis objetivos de controle, conforme descrito na Tabela 3.1. A forma e método de implementação dos requisitos e objetivos de controle depende do papel exercido pela organização na cadeia de processos de pagamento. Estes parâmetros constituem as linhas mestras para auditoria e avaliação de conformidade concernente ao padrão.

Objetivo de Controle	**Requisitos**
Construir e manter uma rede segura	1. Utilizar firewalls para proteger dados dos titulares do cartão. 2. Não utilizar senhas e configurações padrão fornecidas pelos vendedores.
Proteger as informações do titular do cartão	3. Proteger as informações armazenadas do titular do cartão. 4. Usar criptografia na transmissão de dados dos titulares quando realizada através de redes públicas.

Manter um programa de gerenciamento de vulnerabilidades	5. Utilizar e manter atualizado software de proteção antimalware. 6. Desenvolver e manter sistemas e aplicações seguras.
Implementar medidas efetivas de controle de acesso	7. Restringir acesso de funcionários aos dados de cartões de crédito segundo sua necessidade de acesso (need to know). 8. Designar identificadores únicos para cada usuário. 9. Restringir o acesso físico aos dados do cartão.
Monitorar e testar as redes frequentemente	10. Rastrear e monitorar todos os acessos aos recursos de rede e dados de cartões de crédito. 11. Testar regularmente a segurança de sistemas e dos processos.
Manter uma política de segurança da informação	12. Definir uma política dirigida a segurança da informação para todos os funcionários.

Tabela 3.1: Objetivos de Controle e Requisitos do PCI DSS

Neste contexto, as instituições que lidam diretamente com pagamentos através de cartões de crédito devem estar em conformidade com o PCI. Dessa forma, bancos e diversas instituições financeiras atendem (ou devem atender) a este padrão. Caso contrário, as administradoras de cartão de crédito podem se recusar a emitir cartões ou aplicar multas. Os requisitos de atendimento ao padrão dependem basicamente do volume de transações executadas pela empresa.

3.1.3.5 - Iniciativas de Prevenção à Lavagem de Dinheiro e Financiamento ao Terrorismo

Um estudo do Fundo Monetário Internacional (FMI 1998) estimou o tamanho total relacionado à lavagem de dinheiro entre 2% e 5% do produto interno bruto mundial, algo entre $ 600 bilhões e $ 1.5 trilhão de dólares, em valores da época. Já em outro estudo (Walker 1999, 2009), com metodologia bastante distinta e baseada em estatísticas criminais, este custo foi estimado em $ 2.8 trilhões de dólares.

EM 1989, o G-7 constituiu uma força-tarefa intergovernamental, chamada de Financial Action Task Force (FATF), para combater a lavagem de dinheiro e o financiamento do terrorismo através da articulação política, legislativa e regulatória.

Os ataques terroristas do 11 de setembro de 2001 foram igualmente fatores motivadores para o desenvolvimento de estratégias e regras de controle contra a lavagem de dinheiro e o financiamento do terrorismo. Tais iniciativas desaguaram no amadurecimento e criação de novas regras para instituições financeiras.

O intuito principal do *Foreign Account Tax Compliance Act* (FATCA), aprovado pelo Congresso Americano em 2010, é incrementar a transparência e reduzir da evasão fiscal nos EUA através, por exemplo, da identificação de contas de residentes norte-americanos mantidas fora daquele país. Uma das obrigações das instituições financeiras concerne ao estabelecimento de contrato com a autoridade fiscal dos EUA e a indicação de um diretor responsável pelo seu cumprimento e supervisão (*FATCA Responsible Officer*), além de enviar relatos ao IRS (Receita Federal norte-americana) sobre investidores.

O decreto Nº 8.506/15 promulgou um acordo entre o Brasil e EUA quanto à implementação e aderência aos termos do FATCA. A não adesão ao FATCA pode acarretar a retenção de 30% sobre qualquer rendimento ou provento bruto da venda de qualquer ativo financeiro que produza rendimento de fonte nos EUA, além de restrições quando da contratação de serviços de distribuição de títulos e valores mobiliários naquela jurisdição.

Nos EUA, o FinCEN (*Financial Crimes Enforcement Network*) é o órgão vinculado ao Departamento do Tesouro Americano responsável pela salvaguarda do sistema financeiro no tocante aos ilícitos associados à lavagem de dinheiro e financiamento do terrorismo. Em 2012, o FinCEN determinou um conjunto de diretrizes para que as instituições financeiras efetuassem análises sobre seus clientes (*Customer Due Diligence*) com o objetivo de detectar o uso e movimentações suspeitas de recursos, dentre outros aspectos (FinCEN 2012).

A FINRA (*Financial Industry Regulatory Authority*) é outra instituição norte-americana vinculada a este tipo de programa de avaliação. Sua norma de número 3310 requer que as instituições-membro desenvolvam e implementem um programa escrito contra a lavagem de dinheiro (*Anti-Money Laundering*, AML), em conformidade com o *Bank Secrecy Act* e outros normativos promulgados pelo Departamento do Tesouro Americano. Em termos práticos, as instituições devem testar a acurácia de seus controles, através de medidas como a criação de clientes que praticam atividades suspeitas, a fim de avaliar se o monitoramento e investigações estão adequados (FINRA 2017).

3.1.4 - Gestão e responsabilidades pelo compliance

Nos primórdios da adoção de procedimentos de compliance, as organizações efetuavam operações de verificação, controles internos e auditoria de forma descentralizada, em áreas específicas da instituição. Era comum que a área de fiscalização ou controle financeiro não se relacionasse com as demais áreas da organização. À medida em que mais áreas vão estabelecendo seus métodos de controle e apuração, tal diversidade de parâmetros resulta em falhas de comunicação interna e, principalmente, com a alta administração. Como resultado, a gestão de compliance local tende a se distanciar do direcionamento estratégico e, consequentemente, passa a não mais influenciar o processo de tomada de decisão dos conselhos diretores e alta administração.

Em outra frente, a introdução gradativa da cultura de análise de riscos nas organizações modernas também gera impactos nesse contexto. Assim, torna-se bastante desejável que o setor responsável pelos procedimentos de compliance esteja alinhado à estratégia de gestão de riscos institucionais. Isso porque o referido setor tem por objetivo típico a mitigação da ocorrência de eventos futuros e incertos que comprometam significativamente a imagem, os ativos, e a operação da instituição.

A evolução desse modelo resultou, no caso de diversas empresas, na fusão das áreas de Governança Corporativa, Gestão de Riscos e Compliance/Conformidade dentro do mesmo componente organizacional, comumente referido pela tríade GRC (Governança, Risco e Compliance). A governança tem o papel de direcionar e supervisionar o cumprimento de metas institucionais do negócio. A gestão de riscos, de seu turno, visa subsidiar a tomada de decisões tanto em relação a riscos positivos (promotores de ganhos mensuráveis à empresa), quanto no tocante a riscos negativos (causadores potenciais de prejuízo).

A uniformização dos procedimentos de compliance e sua integração com as áreas de risco e governança corporativa trazem diversos benefícios. Em primeiro lugar, a disseminação da cultura de compliance aos funcionários é realizada de forma integrada e consistente. Segundo, os recursos e conhecimentos obtidos e necessários à implementação das regras de compliance são compartilhados e discutidos na esfera de um mesmo componente organizacional, minando resistências e provendo agilidade na execução e tomada de decisões. Por fim, a elaboração, acompanhamento, melhoria e reporte de métricas são realizadas de forma harmônica e consistente para a instituição e partes interessadas (clientes, fornecedores, parceiros, órgãos e agências reguladoras etc.).

A estrutura, formato e responsabilidades dessa centralização de gestão de *compliance* requer arranjo institucional específico, pois é, por natureza, variável em função da dinâmica, porte e cultura organizacional. O sucesso desse modelo de gestão requer mandatoriamente o envolvimento da alta administração como patrocinador e, mais que isso, cliente preferencial dessas áreas na medida da sua necessidade e responsabilidade na tomada de decisões, frente aos desafios dos regulamentos, do mercado e da concorrência.

3.1.5 - Desafios atuais do compliance no setor financeiro

O ritmo frenético da transformação digital também tem afetado diretamente as instituições financeiras e seus clientes. Notáveis são o surgimento de plataformas digitais de pagamento, bancos puramente digitais, cartões de crédito virtuais e outros produtos e serviços que visam descomplicar a burocracia e facilitar o acesso aos serviços financeiros. Por óbvio, a meta desses avanços consiste em obter lucros advindos de novos produtos, captação de clientes ou redução de custos, operações e risco.

Conhecidas como Fintechs (*Financial Technologies*), as empresas tecnológicas da área financeira têm sido o *locus* principal dessas inovações. São ambientes perfeitos para experimentação e criação de novos modelos de negócios e serviços. Grandes corporações têm, inclusive, investido na construção ou capitalização de empresas e startups desvinculadas de sua marca principal, a fim de angariar novos públicos (especialmente os mais jovens), geralmente através de serviços ofertados por meio de aplicativos móveis e tarifas inexistentes ou reduzidas.

Nesse ambiente de inovação, as regras burocráticas e onerosas do compliance tradicional podem representar empecilho fatal ao crescimento e à própria sobrevivência das Fintechs. Uma alternativa reside na construção de projetos em ambiente chamados de *Sandbox*. O termo funciona como uma analogia às caixas de areia, onde as crianças têm permissão para brincar à vontade e em segurança. Neste caso, a segurança deve servir não somente à empresa, mas, principalmente, ao investidor que utiliza o serviço dessas empresas de forma experimental. As empresas aprovadas para funcionar neste regime estão geralmente isentas do cumprimento de diversas obrigações legais de compliance. Tais dispensas são temporárias e autorizadas geralmente pelo regulador do mercado em questão. A avaliação das experiências de sucesso e fracasso em *sandboxes* pode servir para o melhor entendimento dos impactos positivos e negativos dessas inovações no setor financeiro.

A valorização espantosa dos preços dos criptoativos, como Bitcoin, especialmente no segundo semestre de 2017, despertou o interesse e provocou a entrada de milhares de investidores nesse mercado. O mercado de criptoativos supera a casa dos bilhões de dólares e atrai cada vez mais o público de varejo em busca de ganhos extraordinários, provenientes da especulação e volatilidade desses ativos. A falta de regulação, critérios de segurança e volatilidade dos ativos são alguns dos fatores de risco associados a este investimento. Diversos casos de fraude, golpes e ataques cibernéticos lesaram investidores em escala mundial.

As instituições financeiras e suas tecnologias tornaram-se alvos preferenciais dos atacantes cibernéticos como meta para atingir os ativos de seus clientes. A digitalização de serviços e sua disponibilização em larga escala via Internet posicionou um alvo na direção das instituições financeiras. A tecnologia de processamento e armazenamento em nuvem (*cloud*) tem sido outro elemento importante na redução das despesas das empresas tradicionais e Fintechs do setor financeiro, devido à disponibilização rápida e a baixo custo de novos serviços. Contudo, essa mesma tecnologia tem aumentado a exposição das empresas e suscitado questionamentos e preocupações sobre a guarda de dados sensíveis, em locais remotos, eventualmente sujeitos a efeitos de outras jurisdições.

Ataques cibernéticos são frequentemente lançados com o intuito de comprometer tanto clientes quanto a infraestrutura das instituições financeiras. Ademais, o planejamento de tais ataques demanda menos riscos e despesas do que o furto ou roubo de ativos físicos como cédulas de dinheiro e barras de ouro. Ainda podem ser direcionados a diversas entidades a qualquer hora do dia ou da noite, simultaneamente, e serem aperfeiçoados com a experiência. Tais vantagens têm incrementado o comércio, a troca e parceria de produtores e compradores de armas cibernéticas e atraído progressivamente setores tradicionais do crime organizado.

Nesse ambiente de hostilidade digital em larga escala, espera-se que as instituições disponham de procedimentos mínimos de resiliência cibernética para conter e recuperar-se de tais ataques, preservando tanto a continuidade do serviço, quanto a consistência e integridade das informações dos seus clientes. De fato, a confiança inerente ao cliente numa instituição financeira advém da crença de que suas informações são críveis, pois seus recursos financeiros atualmente se resumem a números armazenados em computadores (intangíveis) e não cédulas, metais ou objetos preciosos guardados em salas-cofre.

O surgimento de novos fatores de risco, decorrentes da inovação pulsante do setor financeiro, sempre chamam a atenção para a necessidade de criação e observância de regras mínimas de conduta, a fim de assegurar garantias e segurança aos participantes desses mercados, seja como clientes ou fornecedores. Entretanto, o ritmo de implementação e adoção de tais práticas não é trivial e deve ser cautelosa e adequada, de forma a evitar custos excessivos ou desnecessários às organizações, sob pena de se tornar um remédio amargo e dispendioso.

3.1.6 - Considerações finais

A implementação de práticas de compliance nas instituições financeiras deve ser encarada como desafio constante. Ainda que a melhoria contínua dos programas e normas tenha impactos negativos nos custos dos negócios, sua crescente adoção tem resultado em benefícios sensíveis, muito além dos financeiros. Longe da pretensão de serem perfeitas, regras de *compliance* adequadas à realidade fática são importantes instrumentos de salvaguarda para empresas, funcionários, governos e, sobretudo, para a população em geral.

Diversas iniciativas internacionais têm fortalecido e aprimorado a cultura de compliance em muito setores, em especial o financeiro, devido ao impacto direto na economia dos países e suas populações. Os estudos e produção de indicadores do Banco Mundial (Banco Mundial 2016) e OECD (OECD 2014) sobre a relação entre governança e corrupção e boas práticas são referências importantes para a compreensão da evolução de temas dessa relevância em distintos países.

No Brasil, alguns normativos legais têm incrementado a responsabilidade empresarial e fomentado a instituição de programas de compliance. O exemplo mais recente ocorreu após a promulgação da Lei 12.846/13, apelidada de Lei Anticorrupção, que previu a constituição de um programa de compliance estruturado, aplicado e atualizado em consonância com as características e riscos atuais das atividades da pessoa jurídica. Seus principais elementos incluem a elaboração de um sistema de auditoria interna, canal de denúncias e treinamento de funcionários sobre o Código de Conduta, aplicado a todos os funcionários e dirigentes. No mesmo diapasão, a Lei Estadual nº 7.753/17 estabeleceu a exigência do Programa de Integridade às empresas que celebrarem contrato, consórcio, convênio, concessão ou parceria público-privado com a administração pública direta, indireta e fundacional do Estado do Rio de Janeiro, cujos limites em valor sejam superiores ao da modalidade de licitação por concorrência, sendo R$ 1.5 milhão para obras e serviços de engenharia e R$ 650 mil para compras e serviços.

Do acima exposto, não é difícil concluir porque o tema em estudo vem despertando interesse mundial. Primeiro, porque impacta diretamente a organização financeira das instituições, promovendo melhorias relacionadas inclusive à segurança de suas operações. Segundo, porque tem o condão de estabelecer uma mudança paradigmática de comportamento entre as partes envolvidas, fomentando a confiança e o equilíbrio entre interesses aparentemente inconciliáveis, quais sejam: o lucro e o investimento em práticas destinadas a preservar a integridade corporativa. Por tal razão, a evolução dos procedimentos, regras e cultura de compliance nas instituições financeiras funciona como agente propulsor de mudança e implementação de novos parâmetros éticos condizentes com as responsabilidades inerentes à gestão financeira, bem como ao desenvolvimento econômico e proteção dos recursos e interesses dos governos, empresas e investidores.

Referências Bibliográficas

Banco Central do Brasil (Bacen). *Auditoria Interna e Compliance na visão do BACEN: Perspectiva e Responsabilidade.* 8º Congresso FEBRABAN de Auditoria Interna e Compliance, 2007.

Banco Mundial. Stolen Asset Recovery (StAR) Initiative: Challenges, Opportunities, and Action Plan. Jun, 2007. Disponível em: https://siteresources.worldbank.org/NEWS/Resources/Star-rep-full.pdf.

Bank for International Settlements (BIS). Compliance and the Compliance Function in Banks, Basle Committee on Banking Supervision, April, 2005.
Bank for International Settlements (BIS). Framework for Internal Control Systems in Banking Organizations, Basle Committee on Banking Supervision, September 1998.

Bank for International Settlements (BIS). *Princípios Fundamentais para uma Supervisão Bancária Efetiva.* Comitê da Basileia para Supervisão Bancária. Outubro, 2006. (tradução livre disponibilizada pelo Banco Central do Brasil). Disponível em https://www.bcb.gov.br/fis/supervisao/docs/core_principles_traducao2006.pdf

Byington, J. e Christensen, J. SOX 404: How do you control your internal control? *The Journal of Corporate Accounting & Finance*, 2005, vol. 16, pp 35-40.
COSO (Committee of Sponsoring Organizations of the Treadway Commission). *Internal Control - Integrated Framework.* Jersey City, NJ: AICPA. 1994.
Consumer Financial Protection Bureau (CFPB). *The Consumer Credit Card Market*, 2017. pp. 352.

Comissão de Valores Mobiliários (CVM). *Vieses do Investidor.* Série: CVM Comportamental. Vol 1. Comissão de Valores Mobiliários, 2015.

DOJ-SEC. Department of Justice and Securities and Exchange Commission. *A Resource Guide to the FCPA U.S. Foreign Corrupt Practices Act.* Nov. 2012.

Disponível em: https://www.justice.gov/sites/default/files/criminal-fraud/legacy/2015/01/16/guide.pdf.

FIANI, R. *Cooperação e conflito: instituições e desenvolvimento econômico*. Rio de Janeiro, Elsevier, 2011.

FinCEN. Financial Crimes Enforcement Network. *Customer Due Diligence Requirements for Financial Institutions*. 77 FR 13046. Mar, 2012.

Financial Industry Regulatory Authority (FINRA). *Report on FINRA Examinations Findings*. Dec, 2017.FCPA. Department of Justice. *Cláusulas Anti--Suborno e sobre Livros e Registros Contábeis da Lei Americana Anti-Corrupção no Exterior*: Atualizada até a Lei de Direito Público Pub. L. 105-366. Jul. 2004. Disponível em: <https://www.justice.gov/sites/ default/files/criminal-fraud/legacy/2012/11/14/fcpa-portuguese.pdf>.

Kahneman, D.; Tversky, A. Prospect Theory: An Analysis of Decision under Risk. Econometrica, 1979, vol. 47, n. 2, pp. 263-292.

Manzi, Vanessa A. *Compliance no Brasil - Consolidação e Perspectivas*. Saint Paul, São Paulo, 2008.

Newton, A. "The Handbook of Compliance - making ethics work in financial services". Prentice-Hall, 1998. 336 pp.

Organization for Economic Co-operation and Development (OECD). *CleanGovBiz: Integrity in Practice*. 2014. Disponível em: https://www.oecd.org/cleangovbiz/49693613.pdf

Protiviti. *Benchmarking SOX Costs, Hours and Controls*. 2018. 39 pp. Disponível em : https://www.protiviti.com/sites/default/files/2018-sox-survey-protiviti.pdf

Ribeiro, M. C. P.; Diniz, P. D. F. Compliance e Lei Anticorrupção nas Empresas. Revista de Informação Legislativa. n. 205, jan/mar 2015.

Rediker, E. K. The Foreign Corrupt Practices Act: Judicial Review, Jurisdiction, and the "Culture of Settlement". *Seton Hall Legislative Journal*, v. 40, n.1, 2015, p. 53-87.

Tomaselli, T. R. ; Oltramari, L. C. A Psicologia do mercado acionário: representações sociais de investidores da BOVESPA sobre as oscilações dos preços. *Estudos de Psicologia*, 2007, 12(3), pp. 275-283.

The Institute of Internal Auditors (IIA). White Paper: Internal Auditing's Role in Sections 302 & 404 of the U.S. Sarbanes-Oxley Act.

Sarbanes-Oxley: Financial and Accounting Disclosure Information. Disponível em: http://www.sarbanes-oxley.com/.

Sarbanes-Oxley Act of 2002 (SOX). An act to protect investors by improving the accuracy and reliability of corporate disclosures made pursuant to the securities laws and for other purposes, United States Congress. 2002.

Securities and Exchange Commission (SEC). Sarbanes-Oxley Section 404: A Guide for Small Business. 2008. Disponível em: http://www.sec.gov/info/smallbus/404guide.pdf.

Svensson, J. Eight Questions about Corruption. *Journal of Economic Perspectives*. Vol. 19, n.3, 2005, pp. 19-42.

Walker, J. How Big is Global Money Laundering? *Journal of Money Laundering Control*. Vol. 3, n.1, 1999, pp.25-37.

Walker, J; Unger, B. How Big is Measuring Global Money Laundering: "The Walker Gravity Model". *Review of Law and Economics*. Vol. 5, n.2, 2009, pp.25-37.

Capítulo 4

A Jornada para o *Compliance*: O Caso Furnas

Luiz Fernando Cunha Lino

4.1 - Introdução

Conformidade - do inglês *Compliance*, termo que acabou incorporado ao nosso vocabulário de gestão - passou a integrar a agenda do mundo corporativo a partir da descoberta nos EUA, em 2001, de fraudes nas demonstrações financeiras da empresa de energia Enron nas quais também estava envolvida a firma de auditoria Arthur Andersen.

Esse e outros episódios semelhantes em empresas norte-americanas dos setores de energia e de telecomunicações levaram à promulgação da Lei Sarbanes-Oxley (SOX) em julho de 2002, cujo propósito é o de assegurar transparência na gestão, estabelecendo mecanismos de controle que garantam a acuracidade das demonstrações financeiras.

Por algum tempo, *Compliance* esteve associado à aderência a atos legais ou regulatórios; um sistema de *Compliance*, no entanto, tem uma abrangência mais ampla, assumindo, segundo Wheeler (2011), três formas:

1. *Compliance* regulatório, que se refere a leis às quais a organização está submetida;
2. *Compliance* comercial, que envolve os requisitos colocados para a empresa por seus parceiros, consumidores e cadeia de suprimentos; e
3. *Compliance* organizacional, que é regido por forças que variam da necessidade de preservar a equidade dos acionistas ao desejo de demonstrar responsabilidade social corporativa.

As motivações para que uma organização implemente um programa de *Compliance* não devem estar restritas, portanto, à preocupação com sua imagem junto aos seus investidores.

Se, por um lado, a comprovação da aplicação de boas práticas de governança seja condição para captação de recursos financeiros, tanto junto ao mercado de capitais quanto junto a instituições financeiras, há, por outro lado, diversos fatores que podem comprometer a própria sobrevivência da organização.

Como apontam Coimbra e Binder (2010, pág.4), "os custos de não conformidade são elevados e abrangem:

- Danos à reputação da organização, dos seus funcionários e perda do valor da marca;
- Má alocação de recursos e redução da eficiência e da inovação;
- Cassação da licença de operação;
- Sanções administrativas, pecuniárias e, dependendo do caso, criminais às organizações e aos indivíduos, e
- Custos secundários e não previstos (exemplos: advogados, tempo da alta gerência, entre outros)".

A mitigação desses riscos está longe de ser fácil e não pode ser atribuída a uma única área da organização; uma estrutura de *Compliance* tem vários componentes envolvidos na prevenção, detecção e resposta nas "três linhas de defesa", a saber:

- Primeira linha de defesa: responsáveis pelos processos de negócio;
- Segunda linha de defesa: funções de *Compliance* e de gestão de riscos; e
- Terceira linha de defesa: auditoria interna.

O modelo de três linhas de defesa (KPMG, 2017), ao mesmo tempo em que promove a agilidade de *Compliance*, proporciona a identificação de riscos emergentes e ajuda a estabelecer os pontos fortes e fracos do Programa de *Compliance*.

A implementação de um programa de *Compliance*, qualquer que seja sua motivação inicial, é um esforço de toda a organização, em todos os seus níveis, envolvendo mudanças culturais, alterações em processos e revisão de papéis.

Contar a história da evolução do *Compliance* em Furnas Centrais Elétricas S.A. é o propósito deste trabalho.

4.2 - Governança, Controles Internos, Gestão de Riscos e Compliance: A Base para a Integridade Corporativa

Falar de *Compliance* implica falar de outros dois conceitos complementares e indissociáveis para o alcance da integridade corporativa: Governança e Gestão de Riscos Corporativos.

Na definição da Organização para a Cooperação e Desenvolvimento Econômico (OCDE), mencionada por Weill e Ross (2006), Governança deve ser entendida como o estabelecimento de uma estrutura para determinar os objetivos organizacionais, bem como para monitorar o desempenho visando assegurar a concretização desses objetivos.

O Código de Melhores Práticas de Governança Corporativa do Instituto Brasileiro de Governança Corporativa (IBGC) relaciona quatro vertentes como linhas mestras das boas práticas de governança (Assi, 2017):

- **Prestação de Contas (accountability)**, que diz respeito não só à precisão nas prestações de contas pelos administradores, como também à sua responsabilização por seus atos;

- **Transparência**, que consiste na disponibilização de informações para as partes interessadas (*stakeholders*), abrangendo não só aquelas relacionadas aos aspectos econômico-financeiros, mas contemplando os fatores que norteiam a ação gerencial;

- **Equidade**, que significa aplicar-se um tratamento justo e isonômico a acionistas e demais stakeholders; e
- **Responsabilidade corporativa,** que se relaciona com o zelo dos administradores pela viabilidade econômico-financeira da organização, traduzido em normas e outros documentos organizacionais.

Subjacente a esses princípios de governança destaca-se o papel de Controles Internos, no mapeamento de processos, seu monitoramento e melhoria contínua, e estabelecimento de todo o arcabouço normativo da organização.

Gestão de Riscos compreende a identificação, bem como a aferição da probabilidade de ocorrência de riscos a que a organização está sujeita.

Compliance, por sua vez, na definição de Coimbra e Binder (2010, pág.2), reforçando os conceitos já enunciados na introdução deste trabalho, significa "o dever de cumprir, de estar em conformidade e fazer cumprir leis, diretrizes, regulamentos internos e externos, buscando mitigar o risco atrelado à reputação e o risco legal/regulatório".

4.3 - Frameworks de Governança e de Compliance

Órgãos reguladores ou fiscalizadores, como a Comissão de Valores Mobiliários (CVM), Agências Reguladoras e Tribunais de Contas Municipais, Estaduais e Federais, baseiam suas avaliações do ambiente de controle das organizações em frameworks de governança, dentre os quais destacam-se aqueles definidos pelo COSO - The Committee of Sponsoring Organizations of the Treadway Commission – que abrangem Gestão de Riscos Corporativos e Controles Internos, além do COBIT - Control Objectives For Information end Relatet Technology – que cobre a governança de Tecnologia da Informação, tendo em vista que parte significativa dos processos de negócio de uma organização apoiam-se em sistemas de informação.

A adesão a práticas definidas nesses *frameworks* é, também, base para a Certificação exigida pela SOX.

4.3.1 - COSO

O COSO – Committee of Sponsoring Organizations of the Treadway Commission – é uma iniciativa conjunta de cinco organizações privadas: American Accounting Association (AAA), American Institute of Certified Public Accountants (AICPA), Financial Executives International (FEI), The Association of Accountants and Financial Professionals in Business (IMA) e The Institute of Internal Auditors (IIA). Suas áreas de interesse são Governança Corporativa, Ética de Negócios, Controles Internos, Gestão de Riscos Corporativos, Fraudes e Relatórios Financeiros. Seus frameworks relativos à Gestão de Riscos Corporativos e Controles Internos são referência mundial.

4.3.1.1 - Gestão de Riscos Corporativos

Em relação à Gestão de Riscos Corporativos, o COSO emitiu em 2004 o relatório "Enterprise Risk Management - Integrated Framework" (Controles Internos e *Framework* Integrado), ou ICIF, que viria a ser atualizado em 2017 sob o título de "Enterprise Risk Management–Integrating with Strategy and Performance," (Gestão de Riscos Corporativos – Integrando com Estratégia e Performance), que destaca a importância de considerar os riscos tanto no processo de formulação da estratégia quanto no desempenho de sua implementação.

O gerenciamento de riscos corporativos trata de riscos e oportunidades que afetam a criação ou a preservação de valor, sendo definido pelo COSO como um processo conduzido pelo conselho de administração, diretoria e demais empregados de uma organização; abrange o estabelecimento de estratégias que busca identificar, em toda a organização, eventos com potencial capacidade de afetá-la, a administração dos riscos e sua manutenção em níveis compatíveis com seu apetite a risco visando a garantia razoável do cumprimento dos seus objetivos.

A partir dessa definição, entende-se o gerenciamento de riscos corporativos como (*PricewaterhouseCoopers*, 2007):

- um processo contínuo e que flui através da organização;
- conduzido pelos profissionais em todos os níveis da organização;
- aplicado à definição das estratégias;
- aplicado em toda a organização, em todos os níveis e unidades, e inclui a formação de uma visão de portfólio de todos os riscos a que ela está exposta;
- formulado para identificar eventos em potencial, cuja ocorrência poderá afetar a organização, e para administrar os riscos de acordo com seu apetite a risco;
- capaz de propiciar garantia razoável para o conselho de administração e a diretoria
- executiva de uma organização;
- orientado para a realização de objetivos em uma ou mais categorias distintas, mas
- dependentes.

4.3.1.2 - Controles Internos

Em Setembro de 1992, o COSO publicou um relatório intitulado "Internal Control -Integrated Framework" (Controles Internos - Estrutura Integrada), ou ICIF, que viria a ser atualizado e reeditado em Maio de 2013.

Na mesma linha do gerenciamento de riscos, controle interno é definido como um processo, conduzido pelo conselho de administração, gerências e demais funcionários da organização, projetado para fornecer garantia razoável sobre a realização de objetivos relacionados a operações, relatórios e conformidade (KPMG,2013).

Projetado para ser utilizado na avaliação da eficácia do sistema de controles internos, o ICIF propõe três categorias de objetivos:

- objetivos de operações – relacionados à efetividade e eficiência das operações da entidade, incluindo metas operacionais e financeiras de desempenho;
- objetivos de comunicação – relacionados com a comunicação financeira e não financeira interna e externa às partes interessadas, que englobariam confiabilidade, prazo, transparência ou outros termos estabelecidos por reguladores, padrões ou políticas da organização;
- objetivos de conformidade – relacionados à observância de leis e regulamentos que a organização deve seguir

A estrutura do ICIF consiste em cinco componentes relacionados entre si, que fornecem uma estrutura efetiva para descrever e analisar o sistema de controles internos usado por uma empresa:

- Ambiente de Controle (postura da organização e conscientização das pessoas);
- Avaliação de Riscos (identificação e análise de riscos relevantes para alcançar os objetivos definidos);
- Atividades de Controle (políticas e processos em todos os níveis para garantir a observância das diretrizes e medidas de prevenção dos riscos);
- Informações e Comunicações (fluxos das informações e comunicações dentro da corporação);
- Monitoramento (processos de monitoramento e avaliação do sistema e dos demais processos).

4.3.2 - COBIT

Concebido em 1996, nos EUA, por uma iniciativa conjunta da Information Systems Audit and Control Association (ISACA) e do IT Governance Institute (ITGI), o COBIT – Control Objectives for Information and Related Technologies é um conjunto de diretrizes, indicadores, processos e melhores práticas para a governança e gestão de TI.

Em sua versão 5, o COBIT integra o conteúdo dos principais frameworks publicados pela ISACA, a saber (Dourado, 2015):COBIT 4.1;

- Val IT, utilizado para criar valor para o negócio por meio de investimentos de TI, constituindo-se de um conjunto de princípios orientadores e de processos e melhores práticas;
- Risk IT, dedicado a auxiliar no gerenciamento de riscos relacionados a TI;
- Business Model for Information Security (BMIS), uma abordagem holística e orientada ao negócio para a gestão de segurança da informação;
- IT Assurance Framework (ITAF), um modelo que fornece orientações sobre a concepção, realização e relatório de auditoria de TI, definindo termos e conceitos específicos para garantia de TI;
- Taking Governance Forward (TGF);
- Board Briefing on IT Governance 2nd Edition, que apresenta uma descrição abrangente dos conceitos de governança de TI como um livreto de referência ou como uma ferramenta para educar a alta administração e a gerência executiva.

Adicionalmente, o COBIT 5 alinha-se a outros padrões de mercado como o *Information Technology Infrastructure Library* (ITIL), *International Organization for Standardization* (ISO), *Body Project Management of Knowledge* (PMBOK), PRINCE2 e The *Open Group Architecture Framework* (TOGAF).

Essa atualização do *framework* fundamenta-se em 5 (cinco) princípios de governança corporativa de TI (Dourado, op.cit, pág. 11):

- Atender as necessidades dos *stakeholders* (partes interessadas);
- Cobrir a organização de ponta a ponta;
- Aplicar um *framework* (modelo) único e integrado;
- Permitir uma abordagem holística;
- Distinguir a governança da gestão;

Em consonância com o princípio de permitir uma abordagem holística para a governança e gestão de TI, o COBIT 5 define um conjunto de 7 (sete) categorias de habilitadores, quais sejam:

- Princípios, políticas e frameworks;

- Processos;
- Estruturas organizacionais;
- Cultura, ética e comportamento;
- Informação;
- Serviços, infraestrutura e aplicações;
- Pessoas, habilidades e competências.

Os 37 (trinta e sete) processos de TI, definidos no modelo de referência de processo do COBIT 5, estão agrupados em duas principais áreas de atividade – governança e gestão - que se subdividem em domínios de processos, conforme a figura a seguir:

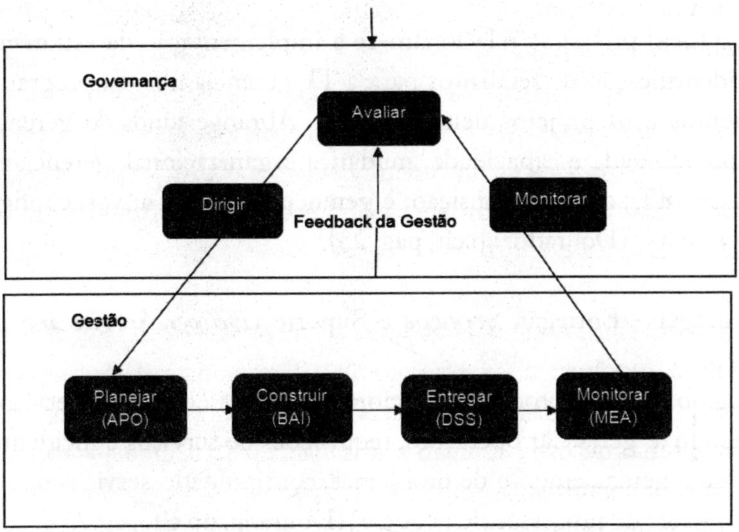

Figura 4.1 – Áreas chave de governança e gestão

Fonte: Dourado, op. Cit, pág.22

4.3.2.1 - Processo de Governança

Os domínios do grupamento de governança – Avaliar, Dirigir e Monitorar – constituem um único domínio com 5 (cinco) processos que definem as responsabilidades da alta direção no que se refere a avaliação, direcionamento e monitoração do uso dos ativos de TI.

4.3.2.2 - Processos de Gestão

Os domínios de Gestão estão organizados segundo os seguintes propósitos e grupamento de processos:

- Planejar – Alinhar, Planejar e Organizar (*Align, Plan and Organise* - APO): Contém 13 (treze) processos relacionados com a definição da "estratégica e táticas de TI, arquitetura corporativa, inovação, gerenciamento de portfólio, orçamento, qualidade, riscos e segurança" (Dourado, op.cit, págs.22 e 23);

- Construir - Construir, Adquirir e Implementar (*Build, Acquire and Implement - BAI*):

Seus 10 (dez) processos relacionam-se à implementação da estratégia, a partir da identificação de requisitos para a TI, gerenciando seu programa de investimentos e os projetos dele derivados. Abrange ainda "o gerenciamento da disponibilidade e capacidade; mudança organizacional; gerenciamento de mudanças (TI); aceite e transição; e gerenciamento de ativos, configuração e conhecimento" (Dourado, op.cit, pág. 23).

- Entregar - Entregar, Serviços e Suporte (*Deliver, Service and Support - DSS*):
  Engloba 6 (seis) processos relacionados com a entrega de serviços, que se referem a "gerenciar operações, requisições de serviços e incidentes, assim como o gerenciamento de problemas, continuidade, serviços de segurança e controle de processos de negócio" (Dourado, op.cit, pág.23);

- Monitorar - Monitorar, Avaliar e Analisar (*Monitor, Evaluate and Assess - MEA*):
  Contendo 3 (três) processos, busca o monitoramento dos processos de TI, visando garantir a conformidade com os objetivos e requisitos externos.

A abordagem de implementação do COBIT 5 baseia-se na melhoria contínua e requer, segundo Dourado (op.cit, 2015):

- A criação de um ambiente apropriado para a implementação;
- O reconhecimento dos pontos de dor e dos eventos que os desencadeiam;
- A adoção de um ciclo de vida de implementação;
- A elaboração de um caso de negócios (*business case*) para a implementação e melhoria da governança e gestão de TI.

Previamente à sua implementação, ainda segundo Dourado (op.cit, pág. 26), a organização deve desenvolver um road map ou plano de implementação próprio, considerando sua realidade, contextualizada segundo fatores dos seus ambientes interno e externo, tais como:

- Ética e cultura;
- Leis, regulamentos e políticas aplicáveis;
- Missão, visão e valores;
- Políticas e práticas de governança;
- Plano de negócios (*business plan*) e intenções estratégicas;
- Modelo de funcionamento e nível de maturidade;
- Estilo de gestão;
- Apetite ao risco;
- Capacidades e recursos disponíveis;
- Práticas da indústria.

4.3.3 - ITIL

Desenvolvida no final da década de 80, por iniciativa do governo britânico, a ITIL – *Information Technology Infrastructure Library*, reúne um conjunto com melhores práticas para o gerenciamento de serviços de TI, descritas em 5 (cinco) livros.

A proposta da ITIL é de que as atividades de gerenciamento de serviços sejam estruturadas com base no ciclo de vida do serviço desde a sua concepção até a sua descontinuação, conforme ilustrado na Figura 4.2.

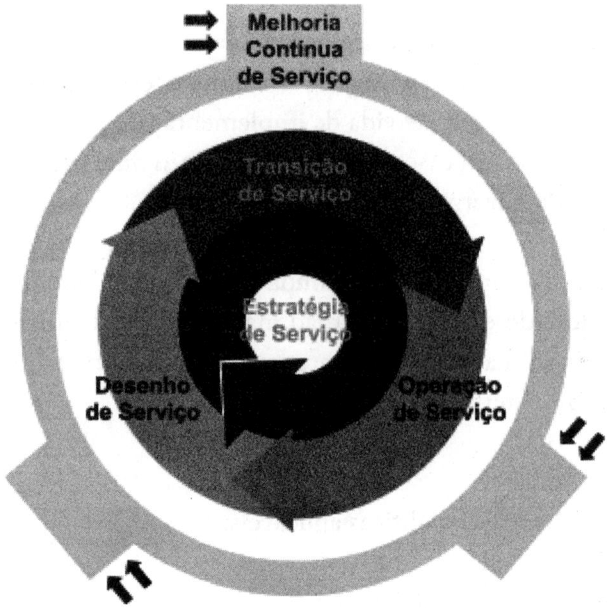

Figura 4.2 - O Ciclo de Vida do Serviço

Fonte: ITSM na prática. Acesso em: https://www.itsmnapratica.com.br/tudo-sobre-itil/

Cada livro trata um estágio específico do ciclo de vida do serviço:

4.3.3.1 - Estratégia de Serviço (ITIL *Service Strategy*)

Considerado um dos mais importantes livros da biblioteca, tem como foco o direcionamento estratégico dos serviços, definindo quem é e que serviços serão disponibilizados para a clientela de TI.

As questões relacionadas à estratégia são tratadas nos seguintes processos:

- Gerenciamento estratégico para serviços de TI;
- Gerenciamento de relacionamento do negócio;
- Gerenciamento do portfólio de serviço;
- Gerenciamento financeiro para serviços de TI;
- Gerenciamento da demanda.

4.3.3.2 - Desenho de Serviço (ITIL *Service Design*)

O desenho de um novo serviço ou a modificação de um serviço já existente é o objetivo deste estágio do ciclo de vida, organizado em 7 (sete) processos:

- Coordenação do desenho;
- Gerenciamento de nível de serviço;
- Gerenciamento do catálogo de serviço;
- Gerenciamento de fornecedores;
- Gerenciamento da disponibilidade e capacidade;
- Gerenciamento da continuidade de serviços de TI;
- Gerenciamento da Segurança da Informação;

4.3.3.3 - Transição de Serviço (ITIL *Service Transition*)

Esse estágio tem o propósito de planejar e gerenciar as mudanças em serviços, tratando sua implementação no ambiente produtivo nos seguintes processos:

- Planejamento e suporte da transição;
- Gerenciamento de mudanças;
- Gerenciamento da configuração e ativos de serviço;
- Gerenciamento de liberação e implantação;
- Gerenciamento do conhecimento;

4.3.3.4 - Operação de Serviço (ITIL *Service Operation*)

Esse estágio contempla as atividades e processos necessários para a entrega aos clientes, dispostas nos seguintes processos:

- Gerenciamento de eventos;
- Gerenciamento de incidentes;
- Cumprimento de requisição;
- Gerenciamento de problemas;
- Gerenciamento de acesso.

4.3.3.5 - Melhoria de Serviço Continuada (ITIL *Continual Service Improvement*)

Esse estágio do ciclo de vida busca manter o alinhamento permanente de cada serviço de TI com as necessidades dos clientes, desenvolvendo de maneira continuada atividades que buscam, com base num ciclo de PDCA:

- Identificar, ou ajudar a identificar oportunidades de melhoria;
- Priorizar as melhorias identificadas;
- Definir e executar, ou ajudar a definir e executar, iniciativas de melhoria.

A exemplo dos demais *frameworks* examinados neste trabalho, as práticas do ITIL constituem-se em referência para o aprimoramento da governança e o sucesso de sua adoção depende de fatores como:

- Entendimento claro da natureza do negócio, o que possibilita adequar as práticas às reais necessidades da organização;
- Um *road map* de implementação que priorize as ações sobre os pontos mais críticos da governança e da gestão, de forma a apresentar resultados mais rápidos e conseguir a adesão de toda a organização;
- Capacitação dos envolvidos, acompanhada de uma competente gestão da mudança organizacional;
- Monitoramento permanente, para garantir a efetiva adoção das práticas, bem como sua melhoria contínua.

4.4 - A Jornada para o Compliance em Furnas Centrais Elétricas S.A.

Criada em 1957, Furnas, empresa subsidiária da Eletrobras – Centrais Elétricas Brasileiras S.A., opera e mantém um parque gerador composto por 21(vinte e uma) usinas hidrelétricas, das quais 2(duas) em parceria com a iniciativa privada e 9(nove) em regime de participação em Sociedades de Propósitos Específicos (SPEs), suprindo 18mil MW ao mercado de energia elétrica, além de um sistema de transmissão que abrange 55 subestações próprias e 27 em regime de parceria em SPEs, com capacidade de transformação de 136.487 MVA.

Sua área de atuação estende-se pelos Estados de São Paulo, Minas Gerais, Rio de Janeiro, Paraná, Espírito Santo, Goiás, Mato Grosso, Pará, Tocantins, Rondônia, Rio Grande do Sul, Santa Catarina, Rio Grande do Norte, Ceará e Bahia, além do Distrito Federal.

4.4.1 - Os primeiros passos

Em 2005, em atendimento a uma decisão da holding Eletrobras que iniciava as tratativas para negociação de suas ações na Bolsa de Nova Iorque, Furnas empreendeu os esforços para adequar-se aos requisitos da SOX.

Com apoio de consultoria contratada pela holding, realizou-se uma verificação dos controles internos vinculados à geração das demonstrações contábeis, buscando avaliar sua aderência à SOX.

Obtida, em 31/10/2008, a aprovação de suas demonstrações contábeis pela *Securities and Exchange Commission* – SEC, a equivalente norte-americana à CVM, a Eletrobrás foi qualificada e passou a ter suas ações comercializadas no pregão NYSE, por intermédio de ADR-Nível II.

A manutenção desse registro está condicionada à certificação anual, concedida por auditoria independente, de que os controles existentes nos processos para a geração das suas demonstrações contábeis atendem aos requisitos da SOX. Isso levou a Eletrobras a constituir, no início de 2009, um projeto, desdobrado em cada uma de suas subsidiárias, com o seguinte escopo:

- Diagnosticar a existência e eficácia de controles internos adequados para a geração das Demonstrações Contábeis das Empresas do Sistema Eletrobrás;

- Evidenciar suas não conformidades de acordo com os requisitos exigidos pelo artigo 404 da SOX;

- Documentar os controles SOX, bem como a macrodescrição dos processos SOX em que tais controles estiverem inseridos;
- Promover testes que identifiquem a existência de evidências que comprovem que os controles SOX foram executados durante o exercício de 2009;
- Elaborar e implementar planos de ação para eliminação das não conformidades verificadas em controles internos para atendimento dos requisitos da Lei SOX.

O projeto tinha como objetivos:

- Adequar os controles internos para geração de demonstrações contábeis, ao preconizado pela Lei SOX, visando a certificação destes controles ao estabelecido em seu artigo 404;
- Implantar cultura de gestão dos riscos em controles para geração de demonstrações contábeis;
- Manter ADR-Nível II conquistado em 31/10/2008 com a listagem das ações na Bolsa de NY (NYSE);
- Obter a certificação SOX até dezembro de 2010 e manutenção da mesma a partir de então.

Concluído em junho de 2010, o projeto promoveu ajustes nos controles considerados fora de conformidade. Desde então, a cada ano repete-se o ciclo de avaliação representado na Figura 4.3, a seguir.

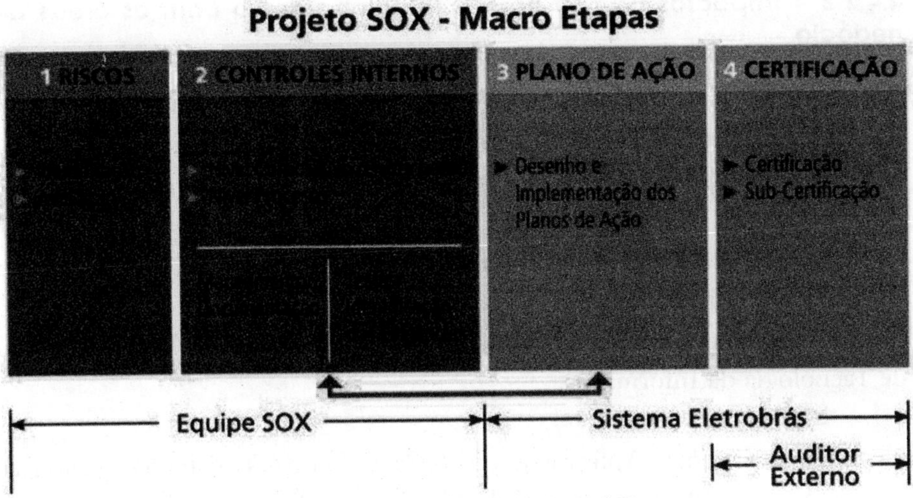

Figura 4.3 – Macroetapas do Projeto

4.4.2 - SOX em Furnas

4.4.2.1 - O início

O desdobramento em Furnas do projeto concebido pela Eletrobras teve seu início em maio de 2009, sob coordenação da Diretoria Financeira.

Composta por profissionais de Auditoria e de TI, além de profissionais da empresa de consultoria contratada pela Eletrobras, a equipe produziu o mapeamento e efetuou os testes de 508 (quinhentos e oito) controles, em 27 (vinte e sete) processos de negócio, abrangendo as áreas de Finanças e Controladoria, Suprimentos, Operação e Manutenção, e Recursos Humanos, além de 3 (três) processos de Tecnologia da Informação (Gerenciamento de Mudanças, Controle de Acesso e Operações de TI).

Destaque-se que, como mencionado no item 4.4.1 acima, desde 2005 as empresas do Grupo Eletrobras buscavam adequar seus controles aos requisitos impostos pela SOX, o que proporcionou um nível de maturidade importante para a celeridade exigida pelo projeto.

4.4.2.2 - Impactos na TI e no seu relacionamento com as áreas de negócio

Não obstante todas as áreas de negócio de Furnas tenham sido afetadas e participado do esforço demandado pelo projeto, cabe destacar seus efeitos sobre os processos de TI e no relacionamento da área com as demais áreas da empresa.

Para que se entenda a dimensão dos impactos sobre a área, faz-se necessária uma breve descrição do ambiente de TI, por ocasião do início do projeto, cujo escopo abrangeu dois grandes blocos: Sistemas/Aplicativos e Ambiente Geral de Tecnologia da Informação.

No bloco de Sistemas/Aplicativos o foco era os controles existentes nas aplicações, enquanto o Ambiente Geral de TI compreendia:

Gerenciamento de Mudanças, abrangendo o desenvolvimento e mudanças em sistemas;
Controles de Acesso, em que estavam incluídos o Ambiente Geral e Físico (CPD), Administração de Usuário e Gerenciamento de Configuração; e
Operações de TI, envolvendo Backup e Recuperação de Dados, e *Batch Interface* (Produção).

Como se trata de dimensões bastante diferentes, embora interconectadas, é conveniente que se descreva cada uma delas em separado.

4.4.2.2.1 - O ambiente de sistemas e aplicativos

Com um processo construído com base no *Rational Unified Process (RUP)*, Furnas adotava, àquela ocasião, o que de mais atual havia no estado da arte de desenvolvimento de software.

Apoiado por um conjunto de ferramentas que cobriam todas as fases do desenvolvimento, do levantamento de requisitos à sua implantação no ambiente produtivo, o processo de desenvolvimento foi concebido com o propósito de conferir maior agilidade e aumentar a qualidade do software produzido; para estar em conformidade com a SOX, faltava introduzir um nível de controle no que diz respeito ao relacionamento com as áreas usuárias.

Até então, as solicitações para desenvolvimento, e mais predominantemente para manutenção em sistemas e aplicativos, eram tratadas sem nenhum nível de formalidade, em sua maioria, numa relação direta dos usuários com os analistas, muitas vezes sem o conhecimento das gerências tanto da área de negócio quanto da de desenvolvimento. Isto, se por um lado, é um complicador para a gestão, especialmente no que toca à alocação de recursos, dilui, por outro lado, a responsabilidade, ferindo um princípio básico de governança: *accountability*.

Cabe ressaltar que, quanto a isso, Furnas não era uma exceção no mundo de TI, e menos ainda no Grupo Eletrobras.

Para corrigir essa deficiência, criaram-se, então, normas para regular o processo, atribuindo-se aos gestores das áreas de negócio a responsabilidade por solicitação e homologação de desenvolvimento ou manutenção de soluções.

Isto, que parecia ser uma simples atualização nas práticas de gestão, não se implementou sem vencer fortes resistências tanto dos usuários quanto dos próprios analistas. O argumento, de ambos os lados, era de que se estava introduzindo um procedimento burocrático que traria maior lentidão ao processo.

Com o passar do tempo, as equipes passaram a perceber os ganhos para a gestão advindos da adoção desses controles, evidenciados por uma preocupação maior dos usuários em refletir mais profundamente quanto à necessidade da demanda e, ainda, no seu comprometimento com a solução, já que sua implantação no ambiente produtivo dependia do seu aceite formal.

Não obstante todo esse esforço de adotarem-se as práticas mais atuais para o desenvolvimento de software, o ambiente de operação dos sistemas e aplicativos era de grande complexidade.

Constituído, predominantemente, por sistemas desenvolvidos em plataforma *mainframe*, construídos em diversas linguagens, com bases de dados dispersas em dois gerenciadores de banco de dados, caracterizava-se por ser um ambiente com baixa integração o que dificultava a rastreabilidade das operações, tendo representado um peso relevante nos esforços para atender à certificação, já que a recuperação de dados exigiu, em muitos casos, o desenvolvimento de programas que também eram auditados.

Vários desses sistemas tiveram que ser adaptados para atender ao princípio de segregação de função e, alguns deles, para que se introduzissem mecanismos para o controle de acesso. Isso trouxe mais um impacto para a TI, que precisou se desdobrar no atendimento a essas manutenções e nas demandas por novas soluções.

Como dito anteriormente, conformidade com a SOX era um tema já incorporado ao dia a dia de Furnas, desde 2005. O ano de 2009, no entanto, teve contornos mais especiais, por dois motivos: primeiro porque, desta vez, a avaliação objetivava a obtenção da certificação e, segundo, porque se encontrava em curso o projeto de implementação do Sistema Integrado de Gestão, o SAP-ERP, que envolveu uma equipe de mais de cem pessoas de todas as áreas da empresa.

Implantado em janeiro de 2010, o SAP-ERP colocaria Furnas num novo patamar tecnológico. Por se tratar de um sistema adotado em escala global, já tem alguns requisitos da SOX atendidos nativamente, como o de segregação de funções, além de, por ser um sistema com alto grau de integração entre seus módulos, facilitar a rastreabilidade e recuperação de dados.

Por uma decisão de projeto, o módulo de controle de acesso – GRC-AC – só viria a ser implantado em dezembro de 2013. Com a implantação desse módulo, foram aprimorados os processos de concessão e revogação de acesso ao sistema, minimizando-se os riscos de não conformidade com a SOX. O tema controle de acesso será retomado mais adiante, ao tratarmos do ambiente geral de TI.

4.4.2.2.2 - O ambiente geral de TI

Da mesma forma que o RUP serviu de base para o processo de desenvolvimento de software, para a gestão dos serviços de TI tomou-se por base, também, um modelo que trouxesse as melhores práticas, neste caso o ITIL.

Concebido no início de 2004, o Projeto ITIL, em seu *road map* de implantação dos princípios do ITIL, contemplou, inicialmente, os seguintes processos:

- Gerenciamento de Demanda;
- Gerenciamento de Mudanças;
- Gerenciamento de Configuração e Ativos de Serviços;
- Gerenciamento de Incidentes;
- Gerenciamento de Problemas;
- Gerenciamento de Acesso.

Esses processos, numa feliz coincidência, contemplavam todo o escopo de avaliação previsto para o projeto de certificação SOX; seu nível de maturidade, no entanto, ainda era baixo, com pouca automação, o que, a exemplo do observado no ambiente de sistemas e aplicativos, dificultava a rastreabilidade das operações. Além disso, apresentavam algumas deficiências que precisaram ser remediadas com seu redesenho.

Um capítulo à parte na remediação dessas deficiências coube ao controle de acesso tanto a aplicações quanto ao ambiente geral de TI e neste sentido, criaram-se normas regulando a concessão e revogação de acesso, eliminando-se práticas, como o acesso por desenvolvedores a bases de dados no ambiente produtivo por meio de utilitários dos gerenciadores de banco de dados.

Com a implantação do módulo GRC-AC, o processo de concessão e revogação de acesso ao SAP-ERP passou a ser uma responsabilidade dos gestores de cada processo de negócio, sem interferência das equipes de TI. A automação dos procedimentos para revogação, como nos casos de demissão ou transferência de área, trouxe maior segurança, mitigando riscos de acesso indevido.

Os processos de Tecnologia da Informação são extremamente relevantes para a SOX, já que podem resultar em no que se denomina como "deficiência significativa" ou mesmo "fraqueza material", comprometendo a obtenção da certificação.

4.4.3 - Compliance além da SOX

Embora tenha tido como ponto de partida a necessidade de adequação de seus processos aos requisitos para certificação SOX, obtida em 2010, a atuação de *Compliance* em Furnas não ficou restrita a isso, como veremos pelas ações apresentadas a seguir.

Em 2012, com a criação da Superintendência de Gestão de Riscos e Controles Internos, subordinada à Diretoria Financeira, a função de controles internos deixa de estar vinculada à Auditoria Interna.

A criação desta Superintendência representou um passo importante de Furnas na construção de seu sistema de integridade corporativa.

Para atender à Lei 12.846, de 1° de agosto de 2013, conhecida como Lei Anticorrupção Brasileira, bem como à Foreign Corrupt Practices Act (FCPA - Lei contra Práticas de Corrupção no Exterior), a qual estão sujeitas a ela e suas subsidiárias por terem suas ações listadas e negociadas na Bolsa de Valores de Nova York a Eletrobras elaborou, em fins de 2104, o **Manual de *Compliance* referente à Política Anticorrupção das Empresas Eletrobras**, estendendo sua adoção a todas as empresas.

Em atendimento ao preconizado no referido Manual, Furnas promoveu, no início de 2015, uma alteração de sua estrutura organizacional com a criação da Superintendência de Conformidade e Gestão de Riscos, em substituição àquela criada em 2012, composta por duas Gerências: Gestão de Ricos e Controles Internos, e Conformidade. A esta Superintendência estava vinculada, ainda, a coordenação das iniciativas relacionadas com Segurança de Informação sem, no entanto, um órgão em sua estrutura com esta atribuição, que cabia a um colaborador vinculado ao Gabinete da Superintendência. Colocado desta forma, o tema não merecia a devida atenção, o que viria a ser corrigido em 2017.

Naquela ocasião, dava-se início a uma série de ações para o aprimoramento da governança com o propósito de atender às exigências das legislações brasileira e norte-americana no combate à fraude e corrupção.

Ainda em 2015, Furnas participaria, juntamente com a Eletronorte, o Banco do Nordeste do Brasil e a Empresa Brasileira de Correios e Telégrafos de um projeto-piloto, conduzido pela Controladoria Geral da União (CGU), que objetivava a avaliação da integridade de empresas estatais, bem como promover seu aprimoramento com vistas a reduzir o risco de corrupção e fraudes.

Os resultados deste projeto auxiliaram na elaboração do Guia de Integridade da CGU, além de terem resultado no Relatório de Integridade nº 201504023, que contém uma série de sugestões de melhorias para potencializar o sistema de integridade, que deram origem ao Plano de Implantação do Sistema de Integridade de Furnas.

Dentre as sugestões constantes do Plano, constava a exigência de elaboração de um Plano de Ação para o aprimoramento dos mecanismos de integridade.

Em março de 2016, a Diretoria Colegiada de Furnas aprovou o Plano de Ação Global de Integridade Corporativa (PAGIC), do qual resultaram as elaborações, ao longo de 2017, do Mapa de Riscos de Compliance, do Mapa de Relacionamento com o Setor Público, do Plano de Comunicação, da Política de Conflito de Interesses, da Política de Integridade e do Plano de Treinamento Trianual, destinado à capacitação em graus diferentes da Alta Administração, Gerências de áreas consideradas sensíveis e aos demais colaboradores.

Ainda em 2017, atendendo a exigências constantes da Lei nº 13.303/2016 (Lei das Estatais) e de seu decreto regulamentador, criou-se a Gerência de Segurança e Gestão da Informação, subordinada à Superintendência de Conformidade e Gestão de Riscos. A esta nova Gerência está atribuída a missão de cuidar para que a informação, em âmbito corporativo, e qualquer que seja o meio de armazenamento ou tramitação, tenha garantidas as propriedades essenciais que lhe conferem valor: Disponibilidade, Integridade, Confidencialidade e Autenticidade. Sua subordinação à Superintendência de Conformidade e Gestão de Riscos visa garantir independência com respeito aos órgãos que operacionalizam as ações ligadas à Segurança da Informação.

Figura 4.4 – Estrutura Organizacional da Superintendência de Conformidade e Gestão de Riscos

O sistema de integridade corporativa de Furnas, do qual o *Compliance* faz parte, vem sendo desenvolvido continuamente, como mostram as ações descritas anteriormente. Partindo de uma visão quase que exclusivamente de Controles Internos, com foco na conformidade das demonstrações financeiras, evoluiu para uma abordagem mais completa em que se adicionam Gestão de Riscos e Segurança da Informação, revelando uma ampliação na percepção da relevância de outras questões relacionadas ao tema.

Essa estrutura consolida o papel do *Compliance* como a Segunda Linha de Defesa, e neste sentido ganha relevância a função de Gestão de Riscos.

Furnas utiliza a metodologia denominada Gestão Dinâmica dos Riscos Corporativos (GDRC), que possibilita uma avaliação dinâmica do grau de exposição ao risco corporativo, permitindo que a Empresa realize ajustes e atinja suas metas de redução de tal exposição.

A Matriz de Riscos é composta por 4 (quatro) pilares – Estratégico, Financeiro, Operacional e Conformidade – subdivididos em 25 (vinte e cinco) categorias e 83 (oitenta e três) eventos de risco.

Desses eventos, 7 (sete) foram priorizados para avaliação em 2015, 11 (onze) em 2016 e 11 (onze) em 2017.

Para 2018, outros 12 (doze) estão priorizados, quais sejam:

- Risco Hidrológico;
- Comunicação de Crises;
- Patrocínio, Convênios e Doações;
- Fundos de Pensão;
- Captação de Recursos;
- Segurança Patrimonial;
- Gestão da Informação;
- Controles Ambientais;
- Revisão Tarifária na Geração;
- Revisão Tarifária na Transmissão;
- Gestão de Obras;
- Demonstrações Contábeis e Financeiras.

A função de Controles Internos, vinculada à mesma Gerência, tem se ocupado, prioritariamente, em garantir a conformidade com a SOX, atuando na coordenação dos testes dos controles, e na sua revisão, com base nos registros dos *Papéis de Trabalho* oriundos tanto dos testes da administração quanto da auditoria anual.

No desempenho de suas funções, conta com o apoio da Assessoria de Organização e Processos, subordinada à Diretoria de Administração, órgão responsável pela elaboração e revisão de todos os Atos Normativos que regem a administração de Furnas.

A crescente utilização de serviços e produtos de Tecnologia da Informação ao mesmo tempo em que contribui para o aumento da produtividade, traz, por outro lado, uma crescente exposição a riscos dos quais deve se ocupar a função de Segurança da Informação. Não se trata apenas de assegurar a inviolabilidade de sistemas e aplicativos, pela via de um eficiente controle de acesso; a dispersão de informações acessíveis pelos mais diversos meios potencializa o risco de vazamento de informações sensíveis, ainda que involuntariamente. O uso adequado dos recursos de TI tem merecido uma atenção especial e, neste sentido, uma série de recomendações tem sido dirigida aos colaboradores, dentre as quais cabe destacar:

- Uso do e-mail corporativo apenas para assuntos relacionados ao trabalho;
- Armazenamento de documentos prioritariamente em drives da rede corporativa;
- Obrigatoriedade de redefinição periódica da senha de acesso à rede corporativa;
- Reformatação de Discos Rígidos dos Computadores somente após autorização da área de Compliance.

Na introdução deste trabalho dissemos que o *Compliance* pode assumir 3 (três) formas, sendo uma delas o *Compliance* comercial; em consequência da Lei 13.303, denominada Lei das Estatais, e do Regulamento de Contratos e Licitações dela oriundo, a área de *Compliance* passou a atuar na avaliação da integridade de fornecedores e, como estabelecido no Manual do Programa de Compliance, elaborado em atendimento às Leis Anticorrupção Brasileira e Norte-Americana, o mesmo se aplica a sócios de *Joint Ventures* ou integrantes de acordos de cooperação.

O sistema de integridade corporativa de Furnas fundamenta-se, como vimos, em princípios estabelecidos na legislação, em atos normativos internos, no próprio Manual de Compliance e no Código de Ética e Conduta. Metaforicamente, podemos defini-los como a representação do discurso. O desafio do *Compliance* é garantir que a prática, representada pela conduta de seus dirigentes e colaboradores, não o desminta. Disso dependem sua credibilidade e, consequentemente, a adesão.

4.5 - Considerações Finais

Como demonstram a literatura e o caso de Furnas, *Compliance* é um processo de aprimoramento contínuo dos controles internos. Visa assegurar sua efetividade, refletindo boas práticas de governança, e garantir a perenidade da organização.

O sistema de *Compliance*, como apontam Brandão, Filho e Muritiba (op,cit., pág.17) "ajuda a manter a consistência entre discurso e prática, contribuindo para gerar maior grau de confiança nas empresas e no ambiente empresarial".

A esta afirmação, Brandão, Perazzo e Raso (2017) acrescentam a preocupação quanto a desviar-se o foco da discussão daquilo que é essencial para questões acessórias, como ferramentas e mecanismos de segurança ou de "blindagem". Para os autores, o fundamental, o núcleo do problema reside na falta de cultura ética tanto em organizações empresariais, quanto na própria sociedade civil, nas instituições do poder público e na relação entre eles.

Acrescentam, ainda, não ser suficiente "estar em *compliance*", visto que isto é uma obrigação, é preciso "ser *compliance*", o que significa incorporar à cultura atitudes regidas pela integridade.

Frameworks de governança, alguns dos quais apresentamos nesse trabalho, são instrumentos poderosos para a adoção de boas práticas de gestão. Mas esses enunciados reforçam nossa percepção de que, mais do que constituir uma estrutura, um sistema, e todo um arcabouço institucional com manuais e códigos de conduta, obter integridade corporativa passa necessariamente por mudanças culturais; e a cultura está introjetada nas pessoas. Estruturas organizacionais, estratégias e programas são uma abstração. Organizações não tomam decisões. Decisões estão no âmbito dos indivíduos. O que dá concretude a uma organização são as pessoas que nela operam. Suas atitudes refletem seus modelos mentais.

Vivemos numa sociedade em que ainda prevalecem o compadrio, o patrimonialismo, dos quais derivam atitudes não republicanas a que recorrentemente assistimos, especialmente no trato com a coisa pública.

A efetividade de um Programa de *Compliance* só se alcança pela disposição de todos na organização, a começar pela alta administração, de adotar-se uma postura de respeito a padrões éticos rígidos. Neste sentido, cabe ressaltar que boa parte, senão todas as empresas alcançadas pela Operação Lava-Jato tinham programas de *compliance*, o que não as impediu de deixar as páginas de economia para frequentar as editorias policiais.
Para além dos desvios éticos, evidencia-se nestes casos a já aludida dissociação entre discurso e prática que se agrava quando observada nos altos escalões, pela mensagem que é transmitida aos demais níveis da organização.

O sistema de *compliance* deve alcançar todo o ecossistema em que se insere a organização - seus parceiros, fornecedores, clientes e colaboradores - construindo um ambiente de negócios íntegro. Deve agir como um multiplicador de princípios, acima e antes de mero verificador do cumprimento de regulamentos, embora sem descuidar dessa atribuição também relevante. Seu papel mais significativo deve ser, no entanto, o de difusor de valores que consagrem a ética e a lisura na condução dos negócios.

Referências Bibliográficas

ASSI, Marcos. *Governança, Riscos e Compliance: mudando a conduta nos negócios*, Saint Paul Editora, São Paulo, 2017.

BRANDÃO, Carlos Eduardo Lessa, FILHO, Joaquim Rubens Fontes e MURITIBA, Sérgio Nunes (org.): *Governança Corporativa e Integridade Empresarial*, Saint Paul Editora, São Paulo, 2017.

BRANDÃO, Carlos Eduardo Lessa, PERAZZO, Alberto e RASO, Nelson: *Governança corporativa e integridade empresarial: conceitos, atitude e prática*. In

BRANDÃO, Carlos Eduardo Lessa, FILHO, Joaquim Rubens Fontes e MURITIBA, Sérgio Nunes, op. cit

COIMBRA, Marcelo de Aguiar e BINDER, Vanessa Alessi Manz (org). *Manual de Compliance: preservando a boa governança e a integridade das organizações*, Atlas, São Paulo, 2010.

FURNAS CENTRAIS ELÉTRICAS S.A. *Manual do Programa de Compliance*, http://www.furnas.com.br/arcs/pdf/ManualdoProgramaCompliance.pdf.

FURNAS CENTRAIS ELÉTRICAS S.A. *Relatório da Administração 2017, http://www.furnas.com.br/arcs/pdf/RelatorioAdministracao/RelatoriodaAdministracao2017.pdf.*

FURNAS CENTRAIS ELÉTRICAS S.A. *Código de Ética e Conduta, http://www.furnas.com.br/arcs/pdf/CodigoEtica/Livro_de_etica_digital_Furnas.pdf*

ITSM NA PRÁTICA, https://www.itsmnapratica.com.br/tudo-sobre-itil/

KPMG. *Pesquisa Maturidade do Compliance no Brasil, http: www.kpmg.com.br,* 2017.

KPMG. *COSO Internal Control – Integrated Framework (2013), https://home.kpmg.com/content/dam/kpmg/pdf/2016/05/2750-New-COSO-2013-Framework-WHITEPAPER-V4.pdf.*

PWC (PricewaterhouseCoopers): *Gerenciamento de Riscos na Empresa – Estrutura Integrada: Sumário Executivo e Estrutura, acesso em : https://www.coso.org/Documents/COSO-ERM-Executive-Summary-Portuguese.pdf*

WEILL, Peter e ROSS, Jeanne W. *Governança de TI, Tecnologia da Informação,* M. Books do Brasil Editora Ltda, São Paulo, 2006.

WHEELER, John A. *Compliance Key Initiative Overview. Relatório de Pesquisa Gartner, acesso em:* www.gartner.com, 2011.

Capítulo 5

Compliance na Ultrafarma

Maria José Delgado Fagundes

5.1 - Introdução

Um dos maiores males da humanidade, a corrupção. Promove a desigualdade social, afeta negativamente a vida das pessoas e torna o país menos desenvolvido. No Brasil, ela afeta sobremaneira os serviços públicos, tornando-os ineficientes e caros. A corrupção destrói a concorrência de mercado, o que reduz o número de investimentos no país. Isso significa menos empregos e, consequentemente, menos impostos recolhidos, entre outros problemas. Diante de tantas ausências, estão os recursos para investimentos em educação – que seria a forma mais eficaz para transformar essa realidade. Tudo isso ratifica a informação de que o contrário, a eficiência governamental, cativa investimentos e, portanto, crescimento econômico (MAURO, 1995).

É importante notar que a corrupção não é analisada somente no sistema interno de uma organização, mas também no sistema internacional adotado por um Estado, por meio de transferências econômicas – corrupção econômica – ou pelo clientelismo, nepotismo ou outras formas de favoritismo – corrupção social (ANDVIG et FJELDSTAD, 2000).

No portal da Transparência Internacional é possível verificar que os países em situação de desenvolvimento, assim como o Brasil, ainda são os maiores detentores de problemas sociais e, por tal motivo, podem apresentar um campo vasto de possibilidades para práticas delitivas como a corrupção.

A corrupção pode ser observada sob diversos prismas: o jurídico, o social, o econômico, o político e o cultural. Entretanto, a única certeza vem da Filosofia: qualquer que seja o referencial, a corrupção sempre será um desvio ético, sempre irá ferir a moralidade. (GOMES et FERNANDES, 2017)

Abordar e discutir ética, seja em qual for o cenário, é sempre polêmico. Isso porque, além de levar o proponente do debate a uma grande reflexão, impõe a este a necessidade de resgatar um processo histórico sobre o conceito da Ética e, a partir disso, como interpretá-lo em casos pontuais.

Sócrates define em seus trabalhos um pensamento sobre ética e sobre as principais questões que envolvem o tema, como o motivo do ato, o costume daquela sociedade e os valores morais envolvidos (coragem, piedade, amizade, virtude e bem). (FAGUNDES et VORMITTAG, 2016).

Para Chris Macdonald, Ph.D., professor de Ética e Filosofia na Saint Mary's University, Canadá, a ética poderia ser definida como um exame das crenças e práticas assumidas como morais por determinado grupo. Isso significa que é necessário um exame crítico e estruturado de como a sociedade deveria se comportar, especialmente quando as ações afetam a terceiros.

A palavra ética refere-se à disciplina filosófica que se ocupa desses sistemas, não existindo ética individual. Sistemas éticos estão na retaguarda dos julgamentos (bom/mal), estes sim individuais, sobre os comportamentos concretamente realizados, os quais compõem o território da moral. Em termos práticos, a ética significa estabelecer uma justificativa racional para as escolhas e comportamentos do grupo (FAGUNDES et VORMITTAG, 2016).

Diante desses pensadores, é possível observar uma convergência de pensamentos que nos leva efetivamente a acreditar que a ética é a moral em ação, diante de um mundo que tem experimentado, nas últimas décadas, um movimento sem precedentes na luta contra a corrupção (FAGUNDES et VORMITTAG, 2016).

As empresas, perante esse novo paradigma mundial, viram-se obrigadas a gerir seus riscos de maneira mais efetiva e profissional. Atualmente, esses são alguns dos valores e princípios éticos que norteiam a atuação das empresas e que são trabalhados de maneira sistemática para que sejam incorporados e seguidos por seus *stakeholders*.

Essa estratégia atende de uma só vez a duas questões importantes. A primeira delas, a necessidade de ampliar a competitividade. A segunda, de mostrar que o setor saúde pretende ajudar o país a superar a crise criada pela corrupção, propondo melhoras que vão sendo incorporadas ao dia a dia das empresas, seja sobre as relações de trabalho, no ambiente de negócios, baseando suas ações em práticas totalmente éticas, que cumpram com todas as demandas legais e, mais do que isso, também às demandas morais da sociedade.

O cumprimento dos critérios éticos pelas empresas é cada vez mais percebido pelo consumidor de um produto ou empresa de forma positiva. A sociedade vê o mundo corporativo, atualmente, como propositor de ações sociais, culturais, esportivas, de Saúde, entre outras, cujas consequências ajudem a desenvolver uma vantagem competitiva frente aos seus concorrentes na realização de seus negócios, assegurando a perpetuidade, a estabilidade e a sustentabilidade de suas ações.

Cada vez mais o mercado vem valorizando empresas comprometidas com a integridade. Entre as vantagens competitivas que elas adquirem em detrimento de seus concorrentes está a obtenção de investimentos, créditos ou financiamentos. Pensar em um ambiente de negócios íntegro possibilita evoluir para um mercado em que características éticas das empresas tornam-se um diferencial no mundo corporativo.

O Brasil é notadamente conhecido pelos países da comunidade internacional como signatário de tratados e convenções internacionais discutidas de forma multilateral com o objetivo de propor mudanças na legislação e nas políticas públicas dos países com vistas a melhoria da qualidade de vida e no desenvolvimento em diversas áreas. E no âmbito do combate à corrupção não tem sido diferente.

Ao ratificar uma convenção, ela é incorporada ao ordenamento jurídico brasileiro. Em 2003, ao ratificar a Convenção das Nações Unidas Contra a Corrupção (ONU), que foi promulgada em dezembro de 2005, o Brasil aprovou o Decreto nº 5.687, de 31/01/2006. O país também é signatário da Convenção

Interamericana de Combate à Corrupção (OEA), de 1996, que foi aprovada no Brasil pelo Decreto Legislativo nº 152, de 25 de junho de 2002, e promulgada pelo Decreto Presidencial nº 4.410, de 7 de outubro de 2002. Trata-se do primeiro instrumento internacional de combate à corrupção que tratou tanto de medidas preventivas como punitivas em relação aos atos corruptos.

O Brasil também é signatário da Convenção sobre o Combate à Corrupção de Funcionários Públicos Estrangeiros em Transações Comerciais Internacionais da Organização para a Cooperação e Desenvolvimento Econômico (OCDE), de 1995. A Convenção foi ratificada, em 15 de junho de 2000, pelo Brasil e promulgada pelo Decreto nº 3.678, de 30 de novembro de 2000.

Em junho de 2013, o Brasil foi palco de manifestações populares que reivindicavam a ética na gestão pública. A Lei nº 12.846/2013, também conhecida como lei anticorrupção, alcança, inclusive, os três poderes da República, e foi sancionada como uma resposta aos clamores da sociedade brasileira em meio à vasta corrupção verificada no país e, também, como forma de atender aos compromissos internacionais assumidos pelo Brasil no combate à corrupção. A lei anticorrupção tem por objetivo sanar a lacuna existente no sistema jurídico brasileiro sobre a responsabilização administrativa e civil de pessoas jurídicas que praticam atos ilícitos em desfavor da Administração Pública nacional e estrangeira, principalmente, atos de corrupção e fraude em licitações e contratos administrativos (CAMPOS, 2015).

As associadas da INTERFARMA possuem matrizes em cerca de 20 diferentes países do mundo, onde as legislações anticorrupção são mais maduras. A preocupação com a ética e o cumprimento integral da legislação sempre foi o eixo condutor de seus negócios. Nesse cenário, então, explica-se o esforço e a convicção da associação na defesa das práticas de Compliance há mais de dez anos.

5.2 - Bioética: Ferramenta de Reflexão para Tomada de Decisões

A atual realidade exige uma perspectiva de pensamento que contemple a necessidade de proteção dos vulneráveis, uma proposta que justifique ações concretas do Estado. A Bioética de Intervenção, preconizada por Garrafa e Porto, parte do referencial consequencialista de conotação utilitarista, sustentado principalmente nas teorias filosóficas de Jeremy Bentham e John Stuart Mill, de que as decisões e políticas sanitárias públicas e de cunho social eticamente adequadas são aquelas que atendem ao maior número de pessoas, pelo maior espaço de tempo possível e que resultem nas melhores consequências coletivas (FAGUNDES et al, 2007).

O que se discute na Bioética de Intervenção são ações preferencialmente públicas e coletivas, que possam ser tomadas para minimizar as diferentes situações de vulnerabilidade. Assim, a bioética de intervenção apresenta propostas efetivas para fazer valer os direitos das populações marginalizadas pelo seu estado de pobreza e exclusão, pelas dificuldades de acesso aos serviços de saúde, pelo abandono social associado à excessiva concentração de renda e de restrições de suas liberdades primárias, que caracterizam a estratificação social dos países periféricos. (FAGUNDES et al, 2007)

Na busca de relacionar essa disciplina com as distorções sociais, econômicas, educacionais e de saúde pública pelas quais passam as nações periféricas, em especial na América Latina, a Bioética de Intervenção veio, no final dos anos 90, como uma forma de ampliar as discussões éticas e ajudar profissionais na tomada de decisão, em casos que envolvem dilema moral e ético.

Para a redução da corrupção, a participação e o controle social adquirem importância fundamental por estarem inseridos no contexto da cidadania, inclusive no que se refere ao fortalecimento das ações de Compliance.

Para Hans Jonas, a Ética da Responsabilidade é uma ética atual que cuida do futuro, que pretende proteger nosso descendente das consequências de nossas ações no presente. Assim, diante dos problemas e contradições que a humanidade enfrenta é necessário que a racionalidade ética caminhe com a mesma velocidade do progresso científico e tecnológico. Segundo ele, o progresso moral coletivo pode ser evidenciado de três formas, por meio da legislação dos estados modernos; em certos valores que são incorporados nos códigos das leis; nos comportamentos públicos (RUBISNTEIN et al, 1991).

A legislação brasileira, da Constituição às leis ordinárias e complementares, aponta a obrigação do Estado em combater as desigualdades sociais e a corrupção. Nos últimos anos, foi incorporado ao espírito das leis o entendimento de que os cidadãos devem ser protegidos na sua vulnerabilidade. Para tanto, diversos marcos legais vieram compor o atual arsenal legal para conter práticas também de corrupção. No entanto, até recentemente, mesmo já tendo sido aplicada, ainda estamos longe de considerar cumpridos os requisitos que caracterizariam o progresso moral coletivo propostos por Hans Jonas.

Max Weber também pensou a Ética da Responsabilidade como ação, com vistas as suas consequências e efeitos. Considera tanto a ética orientada por princípios ou valores, como aquela pautada pelos efeitos previsíveis da ação. Assim, se na dimensão privada o homem pode seguir seus princípios, na esfera pública ele precisa pautar sua ação pela Ética da Responsabilidade, calcada na razão. (SILVA JUNIOR et al, 2007).

A ideia de desenvolvimento implica crescimento, aprimoramento e capacitação, tornar algo ou alguém mais forte e apto. É inegável que, em grande medida, tal promessa se efetivou. A luz elétrica, a água encanada, o automóvel, o avião, o rádio, a televisão, o computador, a Internet – entre outros exemplos de avanços tecnológicos –, transformaram as relações humanas, influenciando as inter-relações entre pessoas e padrões tradicionais de ocupação do espaço.
É possível afirmar que os avanços foram evidenciados também nas atuais discussões sobre Compliance como ferramenta para o controle da corrupção contribuindo para a elevação dos padrões éticos e morais da Sociedade.

A bioética é uma proposta de diálogo que transcende a esfera individual e chega ao campo coletivo. Trata-se de uma área de estudo transdisciplinar, preocupada em refletir sobre os problemas persistentes e emergentes da humanidade e suas consequências.

A Bioética é suportada por quatro princípios: autonomia, beneficência, não maleficência e justiça. O primeiro trata do respeito a todas as pessoas, garantindo a autonomia necessária para que eles sejam sujeitos de si mesmo, ou seja, proprietários de suas próprias decisões. O segundo, Beneficência, trata da obrigação de agir sempre em benefício do outro, implica promover o que é melhor para o paciente, levando em conta sua opinião. O princípio da não maleficência caracteriza-se na abstenção da adoção daquilo que possa causar danos ou prejudicar a outrem. E, finalmente, da Justiça, que envolve as ações capazes de reduzir as desigualdades sociais, econômicas, culturais, ideológicas entre outras.

Esses princípios seriam úteis para lidar com os conflitos morais tecnicamente, mas insuficientes para responder às questões mais complexas, nesse sentido busca-se no esforço dos pesquisadores oferecer diversas linhas de reflexão, como a Bioética de Intervenção e a Bioética da Responsabilidade.

5.3 - O Mercado e a Autorregulação

A "autorregulação" é uma modalidade de ação regulatória exercida pelos próprios agentes a que se destina. O pressuposto é que a regulação é benéfica para o grupo, que explica este aparente paradoxo: uma vez que a regulação de determinada atividade provoca relativo cerceamento de sua liberdade, por que os próprios agentes haveriam de tomar a iniciativa de se autorregular?

Pode-se afirmar que a iniciativa de determinada coletividade se autorregular tem como objetivo proteger os participantes de uma determinada indústria da intervenção estatal, ou de regulação estatal que seja executada de modo distorcido e com o objetivo de privilegiar programas de interesse do Governo em prejuízo do público e da indústria, realizando espécie de regulação privada "preventiva"; estabelecer regras de boa convivência entre os próprios participantes, garantindo segurança jurídica e previsibilidade de suas relações, inclusive quando se tratar de controvérsias e punições e aumentar a credibilidade da atividade, atraindo mais investimentos para o setor (FAGUNDES et VORMITTAG, 2016).

Por outro lado, é importante refletirmos que o modelo misto de regulação (a estatal e a autorregulação) se complementa em benefício do cidadão, uma vez que dispõe de interesses distintos e específicos, e as ações sistemáticas de ambas as partes resultam em melhores soluções, neste caso, para o tema da Saúde.

Nessa seara, a INTERFARMA, uma entidade setorial sem fins lucrativos, que representa empresas e pesquisadores nacionais ou estrangeiros responsáveis por promover e incentivar o desenvolvimento da indústria de pesquisa científica e tecnológica no Brasil voltada para a produção de insumos farmacêuticos, matérias-primas, medicamentos e produtos para a saúde vem cumprindo seu papel no que se refere às questões relacionadas ao Compliance.

Fazem parte da INTERFARMA laboratórios nacionais e internacionais de pesquisa, empresas, instituições, fundações, universidades, pequenos empreendedores, além das grandes farmacêuticas multinacionais. Para fazer parte da entidade, as condições básicas são: realizar pesquisa radical e seguir o Código de Conduta da entidade.

BRASIL PERDE 33 POSIÇÕES EM 4 ANOS
ÍNDICE GLOBAL DE COMPETITIVIDADE
RANKING 2016 - 2017

1	Suíça	21	França
2	Singapura	22	Austrália
3	Estados Unidos	28	China
4	Holanda	33	Chile
5	Alemanha	39	Índia
6	Suécia	43	Rússia
7	Reino Unido	47	África do Sul
8	Japão	51	México
9	Hong Kong SAR	61	Colombia
10	Finlândia	67	Peru
		[illegible]	Uruguai
		[illegible]	Brasil
		104	Argentina

MERCADO FARMACÊUTICO BRASILEIRO TOTAL
VAREJO E INSTITUCIONAL (BILHÕES R$)

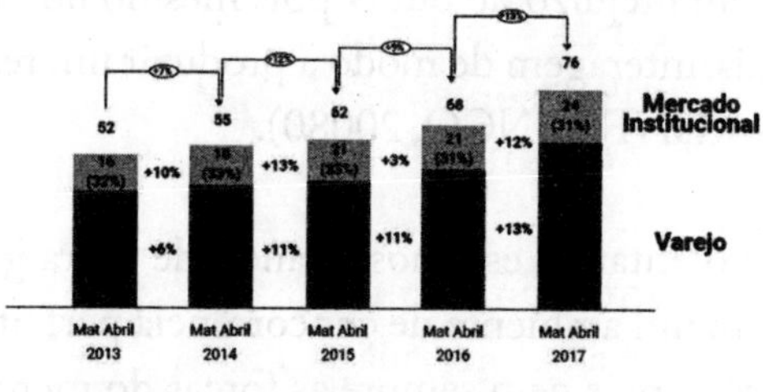

Fonte: QuintilesIMS
MAT = 12 meses móveis (maio a abril)

INTERFARMA REPRESENTA **47% DO MERCADO VAREJISTA**

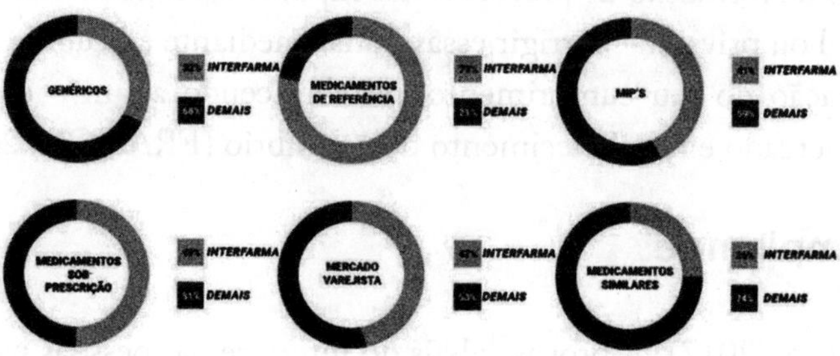

O mercado é a principal instituição da economia capitalista – deve ser entendido como o ambiente onde agentes diversos se estabelecem relações comerciais, que evoluíram e evoluem em função da natureza coletiva do homem e da sua constante busca pela melhoria do seu bem-estar – o que estimula a produtividade e as trocas. Em mercado onde existam muitos vendedores e muitos compradores, as informações sobre os bens disponibilizados sejam verdadeiras, completas e precisas, e inexista conluio entre os vendedores – há a chamada concorrência perfeita, que permite que o equilíbrio entre oferta e demanda determine preço justo, que maximize simultaneamente o bem-estar do comprador e o lucro do vendedor. (FRANCO, 2008)

Não há colisão de interesses divergentes ou contraditórios no mercado, mas a convergência de interesses complementares – que configura justamente o grande mérito de ambiente mercantil onde a concorrência é perfeita: permitir que vendedores e compradores satisfaçam suas necessidades simultaneamente, sem prejuízo do outro, pois mesmo buscando atender seus interesses individuais, interagem de modo a produzir um resultado ótimo, quando visto do ângulo social (FRANCO, 20080).

No entanto, estamos falando de regra geral, de um paradigma que se observa em um ambiente de concorrência perfeita – o que logicamente comporta exceções, pois nem sempre as forças do mercado atuam livremente, nem sempre os participantes do mercado são muitos e de pequeno porte, ou dispõem de toda a informação a que deveriam ter acesso. São justamente as "falhas de mercado", falhas no ambiente de concorrência que podem acabar provocando distorções no processo de formação de preço. Nestas hipóteses, em tese, caberia à regulação – estatal ou privada – corrigir essas falhas mediante edição de leis, normas e a fiscalização do seu cumprimento, restabelecendo assim o equilíbrio das forças do mercado e restabelecimento do equilíbrio (FRANCO, 2008).

5.4 - Compliance

Para Fagundes (2017), as provas cabais do interesse das pessoas para o resgate dos valores éticos e morais que influenciam a vida em sociedade são consequências das ações de autoridades na apuração de casos de corrupção e fraudes, tanto no setor público como no privado.

A moral e a ética guiam a conduta das pessoas, criando um comportamento que norteará o convívio do indivíduo com a sua sociedade e também um consenso do grupo: as leis.

"Assim, como as leis da sociedade buscam o bem comum e os interesses da coletividade, as empresas também definem suas "leis". Essa organização interna ocorre por meio de definição de um conjunto de normas internas, que são chamadas de procedimentos, políticas ou instruções de trabalho, que são seguidas pelos funcionários da organização e, em alguns casos, por todos os parceiros de negócio, fornecedores, consultores, isto é, todos que de maneira direta ou indireta estão ligados aos negócios da empresa" (GIOVANNINI, 2014).

Para o autor, a ética, a moral, o Compliance, a honestidade, a transparência e a integridade formam uma linha de atuação conjunta, pessoal e empresarial, que se apresenta como base de sustentabilidade e poderá determinar a sobrevivência ou não de uma empresa em longo prazo.

Fagundes et Vormittag (2016) destacam que as mudanças devem iniciar com um novo paradigma nessas instituições, que buscam por maior transparência e integridade nas relações profissionais. A realidade exposta e em meio à conscientização e ao conhecimento dos impactos desse mal na vida da sociedade não possibilita alternativa. As intensas discussões mundiais sobre valores morais têm se acelerado nos últimos anos, especialmente nas organizações, uma vez que algumas delas tiveram sua reputação abalada por ações ilegais de seus dirigentes.

A discussão gira em torno da definição das normas e dos parâmetros estabelecidos para julgar as ações humanas. Assim, os que forem marginais aos padrões respondem por suas ações.

Por fim, fica claro que o Compliance se refere ao cumprimento rigoroso das regras e das leis, seja dentro ou fora das empresas. Nas corporações, o Compliance vai além do cumprimento da legislação: busca consonância com os princípios da empresa, tendo, como foco, a ética, a moral, a honestidade e a transparência, não só na condução dos negócios, mas especialmente na atitude das pessoas. Em suma, mais uma medida de prevenção para conter possíveis violações.

Por outro lado, o setor já entendeu, está cada dia mais maduro e assume que as alterações regulatórias, os riscos à reputação, multas estratosféricas aplicadas por órgãos de fiscalização, pressão dos acionistas, da Bolsa e outras Instituições do Mercado de Ações e os *stakeholders*, que o Compliance é uma área de investimento e não de custo para os negócios. Temas como cultura corporativa, sustentabilidade, riscos cibernéticos, gerenciamento de dados e informações de dados de clientes, cadeias de suprimentos e outros novos riscos trazem novas responsabilidades, pois mostram que sempre terá muito a ser feito, tendo os profissionais de Compliance que ampliar o monitoramento detalhado para os novos desafios.

5.5 - O Caso da Interfarma

FILHO (2007) questiona como é a abordagem da indústria com relação a seus diferentes clientes: pacientes, médicos, hospitais, drogarias entre outros atores da saúde, e como a Indústria Farmacêutica lida com os pacientes . Para o autor, temos um órgão regulador que impede que a indústria farmacêutica vá direto ao paciente. Buscar terapias eficazes para prevenir doenças como vacinas e medicamentos da área de genética, curar uma quantidade de enfermidades que antes matavam, procurar medicamentos que minimizem a dor, buscar permanentemente produtos para melhorar a qualidade de vida e de modo incessante, atender as necessidades dos pacientes, essa é a missão da Indústria Farmacêutica. Mas como comunicar tudo isso aos principais interessados – o paciente?

Embora o trabalho não seja feito diretamente com os pacientes, fazemos contatos diretos com médicos, hospitais, associações de pacientes, sociedades médico-hospitalares, empresas médicas organizadas para trabalhos clínicos. Vamos direto ao público somente por intermédio da mídia, para divulgar produtos livres de prescrição. Assim é a nossa abordagem para o paciente: buscar medicamentos inovadores para ajudá-los, é isso o que nós fazemos (FILHO, 2007).

Para o autor, a pergunta necessária é como é a nossa abordagem em relação aos médicos, hospitais, drogarias entre outros atores da saúde? E brilhantemente esclarece: temos normas de conduta, temos um código de conduta, que é uma preocupação internacional. Temos regras de conduta e procuramos agências de regulamentação e fazemos trabalho de autorregulamentação. Por que isso é uma preocupação internacional? Imaginemos uma empresa que vale 150 bilhões de dólares e um gerente num país qualquer, resolve, por iniciativa própria, fazer propaganda não aprovada do medicamento e o resultado são efeitos colaterais indesejáveis. Isto fere a nossa responsabilidade com o paciente e o médico e pode até provocar queda no valor das ações. Um dólar que cai numa ação de um determinado laboratório são bilhões de dólares que desaparecem. Portanto, a preocupação com o código de conduta da indústria é uma preocupação internacional e nós temos um sistema de Compliance dentro da indústria farmacêutica que é gigantesco. Como é que a indústria farmacêutica vê a responsabilidade na promoção? Primeiro, respeito ao paciente e ao médico. Segundo, a veracidade das informações. Isso é fundamental! Terceiro, é não distorcer a verdade. Quarto, a evidência. É necessário ter evidência do que está sendo dito. Quinto, a base legal (FILHO, 2007).

Detalha ainda o autor que na Interfarma o Código de Conduta estabelece diretrizes, normas e padrões uniformes, éticos e transparentes no relacionamento das empresas associadas com profissionais de Saúde e o público em geral. O representante faz a promoção de forma ética e profissional. Ele tem que informar as vantagens do produto e seus riscos, fornecer subsídio científico do produto baseado em estudos; obter do profissional as informações sobre aceitabilidade dos produtos e eventuais efeitos adversos (FILHO, 2007).

Esclarece, por fim, a autonomia do Estado, onde os governos podem adotar leis e outras medidas, quando necessárias. É o que faz a ANVISA e de igual modo, as empresas e entidades podem adotar medidas de autorregulamentação (FILHO, 2007).

5.6 - O Código de Conduta

A INTERFRAMA é a primeira entidade setorial no Brasil que possui um Código de Conduta (CC) para balizar as atividades da Indústria Farmacêutica com os profissionais da saúde, os profissionais relacionados à saúde e os demais públicos de seu relacionamento, desde 2007.

É também a única entidade do setor no mundo que, desde 2012, tem um Código de Conduta chancelado pelos maiores representantes da classe médica brasileira: o Conselho Federal de Medicina (CFM), a Associação Médica Brasileira (AMB) e a Sociedade Brasileira de Cardiologia (SBC). São aderentes ao CC: a Sociedade de Cardiologia do Estado de São Paulo (SOCESP), a Sociedade Brasileira de Medicina Física e Reabilitação (SBMFR), A Sociedade Brasileira de Medicina Farmacêutica (SBMF) e a Associação Brasileira dos Distribuidores de Medicamentos Especializados, Excepcionais e Hospitalares (ABRADIMEX), tornando o documento referência mundial no setor da saúde.

Nos últimos 10 anos, a Associação vem aperfeiçoando seu CC em revisões sistemáticas a cada dois anos. Também implementa medidas de fortalecimento do conteúdo do Código na vida diária dos profissionais de suas 51 associadas. Em 2016, uma versão atualizada e renovada do Código de Conduta foi lançada, e a INTERFARMA passou a ter uma Corregedoria com uma esfera de Conciliação, tornando-se a única associação a possuir essa estrutura. A Corregedoria, de maneira sistemática, responde a consultas, emite pareceres, realiza conciliação, organiza as reuniões com discussão de temas de maior demanda das Associadas.

Acreditando no processo de treinamento, para a transformação das práticas nas atividades diárias dos colaboradores das associadas, foi elaborado um projeto definindo como obrigatório o treinamento dos profissionais da Indústria Farmacêutica no conteúdo do Código de Conduta da INTERFARMA. Treinamentos são atividades rotineiras e sistematizadas das associadas, no que se refere aos seus próprios Códigos e nas suas políticas internas, entretanto, os conteúdos focados no Código de Conduta da entidade se tornaram obrigatórios para o desempenho totalmente alinhado dos colaboradores.

Então, a partir de 2012, a atividade de treinamento, frequente na indústria farmacêutica, foi incluída nas atividades da INTERFARMA. Importante ressaltar que o projeto de treinamento foi apresentado, discutido e validado pela Comissão de Compliance da entidade. Com objetivo de compartilhar essa iniciativa, foi definido pela INTERFARMA que esse treinamento deverá ocorrer por meio de uma Plataforma Digital, disponibilizada no site da entidade: **http:///www.interfarma.org.br/codigo-de-conduta**

Em 2012, foram treinados, por meio dessa plataforma, cerca de 31 mil profissionais. Não apenas profissionais colaboradores de suas associadas, mas também profissionais de outras empresas farmacêuticas, estudantes, médicos, profissionais do setor de atacado e muitos outros. Para a revisão de 2016, já foram treinados, até agosto deste ano, mais de 16 mil profissionais.

A INTERFARMA, em seu Relatório de Sustentabilidade (2017), menciona a sucessão de escândalos de corrupção ocorridos em 2016 e conduz especial atenção das empresas associadas em intensificar suas iniciativas internas de controle para diminuírem seu potencial de risco a condutas indevidas, e assim as ações de Compliance, em especial no combate a corrupção, cresceram 650%. Juntas, 28 empresas participantes do Relatório em 2017 implementaram 987 iniciativas nessa área – oito vezes mais que em 2015.

Para financiar sua atuação, esses laboratórios investiram mais de R$ 910,4 mil e apoiaram suas ações em duas vertentes: diretrizes claras baseadas no Código de Conduta da entidade e programas contínuos de treinamento, que focaram principalmente nos seus colaboradores, mas se estenderam também a outros públicos. Treinamentos presencias e E-learning em políticas e procedimentos, treinamentos de distribuidores, envolvimento direto de lideranças nas mensagens, monitoramento das relações entre as empresas e profissionais de saúde, Governo e auditorias foram algumas de muitas ações desenvolvidas pelo setor para o combate à corrupção. Ao todo foram treinados 19.647 funcionários, 81% da força de trabalho.

Importante ressaltar que 100% das empresas participantes do relatório declararam ter Código de Conduta próprio. Na figura a seguir, é possível verificar a evolução comparativa do setor nesse quesito.

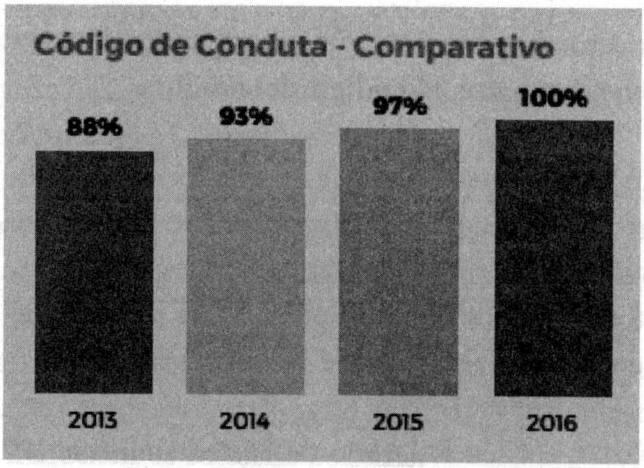

A INTERFARMA organiza suas atividades com as associadas por meio de Comissões, Câmaras e Grupos de trabalho, que tem como objetivo alinhar das demandas de todas as Associadas para as ações da entidade.

No que se refere a Compliance, a sua Comissão é composta por representantes das empresas, sendo um titular e um suplente, indicados no início de cada ano pelo CEO da associada. As reuniões possuem calendário anual e caráter consultivo.

Entre as atribuições dessa Comissão está o trabalho de revisão do Código de Conduta da entidade. A revisão de 2016 foi realizada com metodologia definida previamente que consistiu nos seguintes passos:

1. Definição dos temas que deveriam ter redação ajustada;
2. Definição de inclusão de novos temas;
3. Definição de exclusão de itens já consolidados e que não precisam de continuar autorregulados;
4. Definição dos grupos de trabalho e dos seus respectivos temas de trabalho;
5. Os conteúdos trabalhados precisam ser estudados com as atualizações das legislações nacionais e internacionais, das disposições atualizações de Códigos de Conduta das entidades representativas do setor produtivo internacionais e nacionais;
6. Cada grupo apresenta o conteúdo produzido em reunião da Comissão de

Compliance, explica o conteúdo produzido que é longamente discutido até a validação final;

7. O conteúdo concluído é apresentado ao Presidente Executivo pela Diretora de Compliance e Diretora Jurídica, são informadas as etapas e discutido o conteúdo que nessa etapa pode ser ajustado;
8. O conteúdo é lavado em Assembleia, que é a instância máxima de deliberação (ver estatuto) para a validação dos Presidentes das empresas Associadas e nessa etapa ainda passa por ajuste de conteúdo e definida data de lançamento;
9. Novo treinamento é produzido e disponibilizado para que os colaboradores das Associadas se atualizem.

Outra instância importante da entidade é o Conselho de Ética, instância independente, com Conselheiros externos que são designados para apuração de supostas infrações ao Código de Conduta.

No caso das multas aplicadas, os valores são doados para entidades assistenciais e desde o início dessa atividade já foram apurados 26 casos e aplicados mais de dois milhões e trezentos mil reais em multas.

2017					
Processo	**Início**	**Término**	**Objeto**	**Resultado**	**Valor Multa**
001/2017	29/03/2017	29/06/2017	Promoção de medicamento registrado sem preço aprovado. Inexiste na legislação pátria vedação expressa à promoção de medicamento registrado na ANVISA, enquanto pendente de preço aprovado pela CMED.	Decidiu-se pela improcedência do pedido, ao considerar que o material promocional em questão não está em desacordo nem com a legislação vigente e nem com o Código de Conduta da INTERFARMA. O produto está registrado na ANVISA, podendo assim ser promovido.	
002/2017	25/04/2017 - 10/10/2017*	19/09/2017 - 30/08/2018*	Distribuição de brindes, em congresso. O Código de Conduta da INTERFARMA - Revisão 2012, vigente à época, somente permitia a distribuição de brindes relacionados coma prática médica e / ou educacional.	Decisão unânime pela existência de infração ética leve e pela aplicação da pena de multa. Decisão não unânime em relação ao valor da pena de multa. Interposto recurso pela parte vencida. *Em sede de Recurso, foi reduzido o valor da multa por decisão unânime.	20.905,00

003/2017	05/05/2017	19/09/2017	Confecção de blocos de receituário médico com a impressão das marcas dos produtos, visando o aumento de prescrições dos mesmos.	Decisão unânime pelo arquivamento da denúncia. pela inexistência de infração ética em razão da impossibilidade de demonstração clara e inequívoca de que o receituário utilizado foi produzido pela denunciada, bem como tenha sido confeccionado por ordem da mesma com o objetivo de interferir, induzir e/ou incentivar a prescrição médica .	
			2016		
Processo	**Início**	**Término**	**Objeto**	**Resultado**	**Valor Multa**
001/2016	10/05/2016	10/03/2017	Promoção de medicamento sujeito à prescrição e distribuição de brinde personalizado em área de stands de congresso médico, sem exclusividade de circulação a prescritores.	Classificação da infração como leve. Aplicação de pena de multa.	70.000,00
002/2016	19/07/2016	10/03/2017	Utilização de gráfico adaptado do estudo Balducci do medicamento Neulastim para veiculação de material promocional do medicamento Lonquex, produtos concorrentes da mesma classe terapêutica.	Classificação da infração como leve. Aplicação de pena de multa.	82.500,00
			2015		
Processo	**Início**	**Término**	**Objeto**	**Resultado**	**Valor Multa**
001/2015	04/09/2015	15/07/2017	Propaganda comparativa entre produtos concorrentes, baseada em informações controversas.	Aplicação de pena de multa e recomendação de envio de retificação das informações constantes dos materiais promocionais aos médicos e profissionais da saúde destinatários dos materiais.	150.000,00
002/2015	04/11/2015	11/07/2017	Promoção de medicamentos sujeitos à prescrição e sem registro na ANVISA para o público leigo. Fomento à judicialização.	Aplicação de pena de multa máxima. Informação às autoridades competentes e suspensão dos direitos associativos sem direito à suspensão da contribuição associativa, com um prazo de 180 dias para regularização das práticas identificadas.	1.650.000,00

003/2015		07/07/2016	Suposta Violação de Patentes e desrespeito de decisões judiciais, com participação em pregão, oferta de produto à Administração Pública sem disponibilidade de estoque no Brasil, com exposição do Sistema de Saúde Pública / pacientes a risco, e utilização da posição de associada da Interfarma para salvaguarda de suas condutas perante o Judiciário	Ausência de infração ética; aplicação da pena de exclusão da Associada, condicionada à decisão judicial condenatória transitada em julgado, que venha a reconhecer a violação das patentes.	
2014					
Processo	**Início**	**Término**	**Objeto**	**Resultado**	**Valor Multa**
001/2014	21/02/2014	11/12/2014	Denúncia referente a fato ocorrido há mais de um ano antes da data de apresentação da denúncia. Possibilidade de verificação somete após a apresentação de defesa e resposta a pedido de esclarecimentos.	Arquivamento	
002/2014	21/02/2014	27/08/2014	Material promocional de ajuda visual. Comparação entre produtos concorrentes sem suporte em estudos comparativos específicos que comprovassem a superioridade terapêutica.	Classificação da infração como leve. Aplicação de pena de multa.	5.000,00
003/2014	25/11/2014	14/05/2015	Material Promocional publicado em redes sociais de associações de pacientes	Não aplicação de pena de multa pela impossibilidade de se confirmar vínculo entre a publicação e a empresa.	
004/2014	25/11/2014	15/05/2015	Distribuição de carimbos á médicos com prescrição de produtos para a saúde (divisão de negócios)	Pena de multa e recomendação para harmonização de ações de compliance nas empresas subsidiárias.	25.000,00
2013					
Processo	**Início**	**Término**	**Objeto**	**Resultado**	**Valor Multa**
001/2013	16/05/2013	24/01/2014	Propaganda indireta de medicamentos em material de orientação sobre doença	Multa pecuniária e suspensão do uso do material	82.500,00
002/2013	27/08/2013	10/02/2014	Desvirtuação de caráter educativo de ação promocional junto ao PDV	Multa pecuniária	90.000,00
003/2013	08/08/2013	02/04/2014	Propaganda indireta de medicamentos em material de orientação sobre doença	Multa pecuniária	42.000,00
2012					
Processo	**Início**	**Término**	**Objeto**	**Resultado**	**Valor Multa**

001/2012	07/03/2012	26/10/2012	Promoção de evento científico e propaganda irregular	Multa pecuniária e advertência destinada entre as partes	82.500,00
002/2012	04/10/2012	05/06/2013	Propaganda irregular de produto "off label"	Multa pecuniária	5.000,00
2011					
Processo	**Início**	**Término**	**Objeto**	**Resultado**	**Valor Multa**
001/2011	22/12/2010	08/07/2011	Inconsistência de dados em material promocional	Multa pecuniária	3.500,00
002/2011	02/07/2011	02/12/2011	Irregularidade na distribuição de amostras grátis	Processo julgado improcedente	
2010					
Processo	**Início**	**Término**	**Objeto**	**Resultado**	**Valor Multa**
001/2010	16/07/2010	26/10/2010	Inconsistência de dados em material promocional	Multa pecuniária	4.400,00
002/2010	15/09/2010	09/12/2010	Propaganda irregular de produto "off label"	Advertência destinada a divulgação entre as partes	
2009					
Processo	**Início**	**Término**	**Objeto**	**Resultado**	**Valor Multa**
001/2009	22/01/2009	28/04/2009	Promoção de evento científico	Multa pecuniária	2.200,00
002/2009	23/09/2009	10/12/2009	Promoção de evento científico	Multa pecuniária	5.000,00
2008					
Processo	**Início**	**Término**	**Objeto**	**Resultado**	**Valor Multa**
001/2008	21/05/2008	23/06/2008	Inconsistência de dados em material promocional	Acordo entre as partes	
002/2008	21/05/2008	08/08/2008	Divulgação de indicação não aprovada (*off-label*)	Advertência destinada a divulgação entre as partes	
003/2008	05/08/2008	29/09/2008	Promoção de evento científico	Advertência destinada a divulgação entre as partes	

As disposições do Código de Conduta podem significar a alteração do padrão de patrocínio para: a educação continuada de profissionais e para a melhor eficiência das Associações de Pacientes no que se refere ao cuidado à saúde.

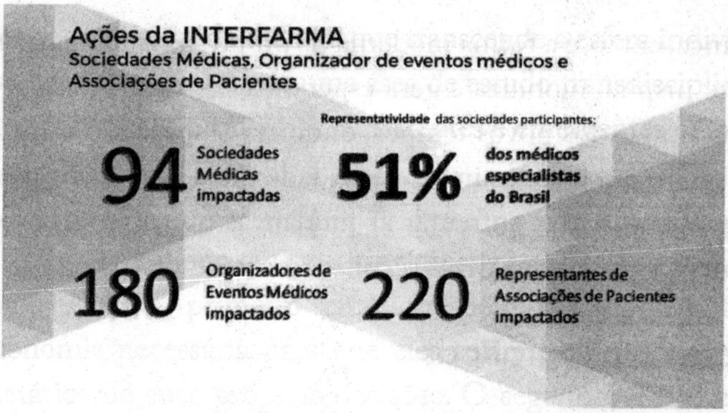

Um importante esforço é alinhar com os segmentos que podem ser impactados pelas disposições do Código de Conduta da Interfarma. Desse modo, em 2017, a entidade realizou reuniões com sociedades médicas, organizadores de eventos médicos e associações de pacientes, onde foi apresentado o Código de Conduta 2016, as atuais disposições e os potenciais impactos nos patrocínios para a realização de atualização científica, bem como ações de divulgação de informações relacionadas a qualidade de vida.

5.7. Conclusão

No atual cenário do país, o conjunto da sociedade e os três poderes da República se voltam para a propositura e a definição de medidas que levem o país a um novo caminho inovador, criativo no avanço contra práticas inadmissíveis associadas à corrupção. A INTERFARMA, por meio de diversas ações voltadas para a Ética, tem como instrumentos o Código de Conduta, as ações de treinamento sistematizado, as orientações, as conciliações pela Corregedoria e as apurações no Conselho de Ética, que são atividades relevantes e complementares para a ampliação das estratégias voltadas ao combate à corrupção, à redução das desigualdades sociais e à ampliação da ética no negócio.

O Compliance é também uma maneira de ajudar a sociedade a resolver alguns de seus problemas sociais. Por exemplo, ele pode ajudar a repor o financiamento de políticas públicas retornando ao Estado investimentos que haviam sido desviados, o que vai possibilitar, inclusive, novos investimentos.

O Compliance, então, é a forma moderna de propor uma mudança no comportamento que inspira, mobiliza e gera esperança de transformação na maneira de enfrentar a crise dos novos tempos, onde as soluções são complexas para o desafio brasileiro em formar uma coletividade mais justa, mais desenvolvida e mais bem preparada para enfrentar as mudanças que a própria sociedade e o mercado imporão no futuro desse século.

Referências Bibliográficas

ANDVIG, Jens Chr. FJELDSTAD, Odd-Helge. Research on corruption: A policy oriented survey. Report comissioned by NORAD (Norwegian Agency for Development Cooperation) Bergen and Oslo: Chr Michelsen Institute and Norwegian Institute os International Affairs, 2000.

BRASIL. Ministério Da Transparência E Controladoria-Geral da União. Ética e Integridade. 2018. Disponível em http://www.cgu.gov.br/Publicacoes/etica-e-integridade/colecao-programa-de-integridade. Acesso em: 19.07.2018.

CAMPOS, Patrícia Toledo de. Comentários à Lei nº 12.846/2013. 163 RDDA, v. 2, n. 1, 2015.

FAGUNDES, M. J. D et al. Análise da propaganda e publicidade de medicamentos e o Controle Público. In Bioética e Vigilância Sanitária/Agência Nacional de Vigilância Sanitária – Brasília: Anvisa, 2007

FAGUNDES, M. J. D. Diretrizes éticas e compliance para convergência dos programas de suporte aos pacientes com a Política de promoção a saúde no Brasil. CBEXs. São Paulo, 2017.

FAGUNDES, M. J.; VORMITTAG, F. A Ética na Indústria Farmacêutica: A Pesquisa em seres humanos, o caminho da propaganda e o negócio com foco em iniciativas de compliance. In Medicina Farmacêutica: Conceitos e Aplicações/Org. João Massud Filho – Porto Alegre: Artmed, 2016.

FILHO, J. R. Indústria Farmacêutica: vilã ou parceira. Debates GVsaúde - Primeiro Semestre de 2007 - Número 3.

FRANCO, Julia Damazio de Barroso. A autorregulação no mercado de capitais brasileiro. Disponível em https://www.maxwell.vrac.puc-rio.br/12009/12009.PDF. Acesso em: 20.07.2017.

GOMES, A. C.; FERNANDES, F. A corrupção como violadora de Direitos Humanos: como a corrupção pode macular direitos sociais e desvirtuar políticas públicas. Cadernos Prolam/USP , v.16, n.31, p.119-138, jul./dez.2017

GOMÉZ, Carlos Mario. El análisis económico de la corrupción. Quorum: Revista de Pensamiento Iberoamericano, Madrid, n. 10, p. 128-129.

GOMÉZ, Carlos Mario. El análisis económico de la corrupción. Quorum: Revista de Pensamiento Iberoamericano, Madrid, n. 10, p. 127-147, 2004, p. 132.

JONAS, H. Il principio responsabilità. Torino, Einaudi, 1991.

MAURO, Paolo. "Corruption and growth". In: Quarterly Journal of Economics, v. 110, n. 3, Aug. 1995, p. 681-712.

RUBINSTEIN, F. et al. A relação entre indústria farmacêutica e Estado na propaganda de medicamentos. In Bioética e Vigilância Sanitária/Agência Nacional de Vigilância Sanitária – Brasília: Anvisa, 2007

SILVA JUNIOR, L. R. F et al. A Ética da Responsabilidade e a Propaganda de Medicamentos no Discurso de revistas semanais brasileiras. In Bioética e Vigilância Sanitária/Agência Nacional de Vigilância Sanitária – Brasília: Anvisa, 2007.

ações no presente. Assim, diante dos problemas e contradições que a humanidade enfrenta é necessário que a racionalidade ética caminhe com a mesma velocidade do progresso científico e tecnológico. Segundo ele, o progresso moral coletivo pode ser evidenciado de três formas: por meio da legislação dos estados modernos; em certos valores que são incorporados nos códigos das leis; nos comportamentos públicos (RUBISNTEIN et al, 1991).

A legislação brasileira, da Constituição às leis ordinárias e complementares, aponta a obrigação do Estado em combater as desigualdades sociais e a corrupção. Nos últimos anos, foi incorporado ao espírito das leis o entendimento de que os cidadãos devem ser protegidos na sua vulnerabilidade. Para tanto, diversos marcos legais vieram compor o atual arsenal legal para combater práticas também de corrupção. No entanto, até recentemente, mesmo já tendo sido aplicada, ainda estamos longe de considerar cumpridos os requisitos que caracterizariam o progresso moral coletivo propostos por Hans Jonas.

Max Weber também pensou a Ética da Responsabilidade como ação, com vistas as suas consequências e efeitos. Considera tanto a ética orientada por princípios ou valores, como aquela pautada pelos efeitos previsíveis da ação. Assim, se na dimensão privada o homem pode seguir seus princípios, na esfera pública ele precisa pautar sua ação pela Ética da Responsabilidade, calcada na razão. (SILVA JUNIOR et al, 2007).

A ideia de desenvolvimento implica crescimento, aprimoramento e capacitação, tornar algo ou alguém mais forte e apto. É inegável que, em grande medida, tal promessa se efetivou. A luz elétrica, a água encanada, o automóvel, o avião, o rádio, a televisão, o computador, a Internet – entre outros exemplos de avanços tecnológicos –, transformaram as relações humanas, influenciando as inter-relações entre pessoas e padrões tradicionais de ocupação do espaço. É possível afirmar que os avanços foram evidenciados também nas atuais discussões sobre Compliance como ferramenta para o controle da corrupção contribuindo para a elevação dos padrões éticos e morais da Sociedade.

Capítulo 6

Compliance e Níveis de Serviço

Marinilza Bruno de Carvalho

6.1 - Introdução

Este capítulo busca trazer uma visão de mundo sob a perspectiva de uma dualidade Tecno-Humana onde a visão do *Compliance* possa contribuir para verdade real a esta proposta.

Traremos uma leitura sucinta do momento atual, o conceito desta visão Tecno-Humana, meio máquina, meio homem e a contribuição dos estudos e aplicações do Conceito de *Compliance* neste ambiente.

O Cenário atual, no Brasil de 2018 e no mundo globalizado, experimenta momentos únicos. Enquanto o medo da insegurança, o problema dos refugiados, a crise financeira e a corrupção desesperam a todos. A fome é contínua, o meio ambiente em perigo e a água podem acabar. Este quadro é o resumo do resumo que exige ações que deem conta de perspectivas saudáveis e apontem com boas possibilidades. Otimismo pode não ser a característica de muitos, mas Luiz Serafim, 2011 é um deles, seguido de Christensen e Raynor, 2003, bem como Henry Chesbrough, 2006 e muitos outros, que oferecem caminhos e alternativas de soluções com metodologias, técnicas e processos. Contudo, as boas ideias e confiança, até mesmo boas práticas não farão o mundo melhor, será necessário muito trabalho, planejamento, respeito, ética e regras razoáveis que permitam às pessoas, às organizações e às nações um maior entendimento, integração e trabalho de forma colaborativa.

A maioria das pessoas não tem o menor conhecimento da evolução inexorável do mundo em que vivemos.

Outro grupo, consideravelmente grande, a tudo assiste de modo passivo, e um pequeno grupo visualiza, planeja e opera todas as mudanças mais visíveis e projetadas, na busca de melhorias.

Neste novo ambiente, percebe-se, nitidamente, a hegemonia da mente, do intelecto, da sabedoria e do conhecimento. A inferência, analogia e a visão recuperam seu lugar de destaque como pré-requisitos no perfil do profissional do futuro. Às máquinas ficam reservadas a eficiência da produtividade da automação, armazenamento e conexão, servindo como suporte estratégico ao poder de decisão do profissional.

As novas tecnologias criaram uma nova relação de emprego, transformada em terceirização, parceria ou contrato de serviço, que vem atender a um grande chamado dos trabalhadores, no que tange a PRODUTIVIDADE E PARTICIPAÇÃO NOS LUCROS DA ORGANIZAÇÃO.

Com esta nova relação, o profissional deixa de ser uma mão de obra, um número na contabilidade da organização, para ser um especialista, um parceiro, que agrega valor aos objetivos da Instituição. Os primeiros impactos observados são, naturalmente, nas empresas e no Mercado.

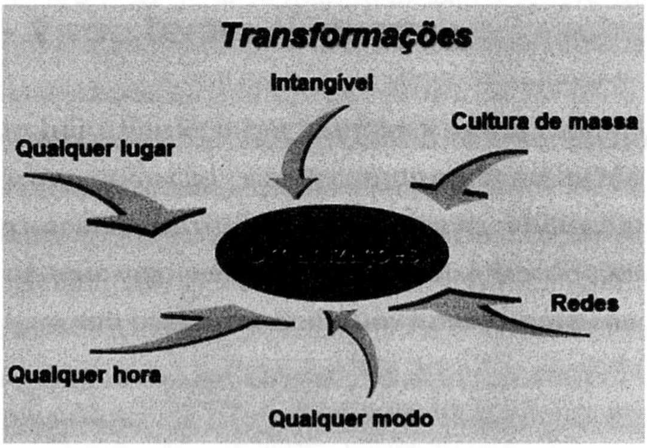

Figura 6.1 - Transformações no Mercado

Fonte: Elaboração da Autora

Na figura 6.1 esboçamos as transformações sofridas nas Organizações. Com o advento da tecnologia e da internet, o ambiente de negócio acontece em qualquer lugar, a toda hora e pode ser realizado de várias maneiras.

O tempo é total.
O profissional está *"no ar"* todo o tempo. O contato com clientes, fornecedores e parceiros é imediato, em qualquer ponto geográfico que esteja, tornando a colaboração e o trabalho em rede, muito mais produtivo. A estratégia de trabalho é Colaboração, e os produtos e serviços são customizados ao gosto do cliente, parceiros e fornecedores. O valor patrimonial deu lugar ao valor intangível do profissional intelectual e a satisfação de todos os atores envolvidos é identificada por requisitos definidos e conhecidos por todos. Ou seja, exige que todos **estejam em conformidade**, as pessoas, os produtos, processos e serviços.

Alguns pontos relevantes de Mudanças Sociais deste novo século trazidos pela Tecnologia podem ser elencados, como: a Educação Continuada, onde o profissional necessita estar atualizado para garantir sua liquidez de mercado; o uso da Tecnologia como Vantagem Competitiva, o que significa mais do que ter novas tecnologias e as aplicações aparecem como fatores muito mais competitivos e que oferecem maior diferencial entre as empresas.

6.2 - Visão Tecno-Humana

Desde Júlio Verne, o Ser Humano sonha e projeta máquinas maravilhosas e poderosas, onde cada vez se comprova a inteligência humana na criação destes equipamentos, carro, avião, espaçonave, satélite, computadores, e o advento da internet que veio permitir novas aplicações de tudo que já fora criado e pensado, agora sob outra ótica, um novo paradigma chegando.

As aplicações.
Soluções inovadoras que deem conta dos problemas do mundo novo. Significa dizer que podemos ter uma equipe de trabalho transdisciplinar com engenheiros, médicos, advogados, nutricionistas, biólogos e artistas com uma série de atribuições e conhecimentos que tão variados são, quanto importantes, todos

e cada um na sua área, e que somente juntos serão capazes de solucionar um problema para a sociedade. A este grupo e todo seu conjunto de propostas, atividades e ações planejadas e realizadas são definidos e conhecidos por todos, de forma que **estejam em conformidade.**

6.3 - Ambientes de Conformidade, Qualidade e Confiabilidade

No Brasil, criado em 11 de dezembro de 1973, o INMETRO é uma autarquia federal, vinculada ao Ministério do Desenvolvimento, Indústria e Comércio Exterior, que atua como Secretaria Executiva do Conselho Nacional de Metrologia, Normalização e Qualidade Industrial e objetiva fortalecer as empresas nacionais, aumentando sua produtividade por meio da adoção de **mecanismos destinados à melhoria da qualidade de produtos e serviços. Sua missão é prover confiança à sociedade brasileira nas medições e nos produtos, por meio da metrologia e da avaliação da conformidade, promovendo a harmonização das relações de consumo, a inovação e a competitividade do País.**

O tratado de Vicente Falconi, de 1995 e em sua 9º edição de 2014 ressalta o conceito de qualidade e seu controle. Como é sabido, qualidade é um atributo que a ele pode ser atribuído, baixo a alto, como níveis de qualidade em acordos de trabalho, produtividade e eficiência.

Segundo Falconi, 2014, o conceito de Qualidade é:

"Um produto ou serviço de qualidade é aquele que atende perfeitamente, de forma confiável, de forma acessível, de forma segura e no tempo certo às necessidades do cliente. Portanto, em outros termos, pode-se dizer: projeto perfeito, sem defeitos, baixo custo, segurança do cliente, entrega no prazo certo no local certo e na quantidade certa. O verdadeiro critério da boa qualidade é a preferência do consumidor."

E quanto a Produtividade Falconi, 2014, diz:

"Aumentar a produtividade é produzir cada vez mais e/ou melhor com cada vez menos. Produtividade = output/input."

Isto posto podemos adicionar as tecnologias física e social de **Harold A. Linstone, 2007,** segundo o qual:

"A combinação de um crescimento explosivo da população e uma tecnologia que evolui rapidamente está, de fato, encolhendo o mundo a uma aldeia global. Os 5.77 bilhões de habitantes em 1997 podem crescer para 9.4 bilhões em 2050. Ao mesmo tempo, a crescente lacuna entre as taxas tecnológica e organizacional de mudança está produzindo um, também, crescente, desencontro: ***estamos entrando numa nova era com tecnologia do século XXI, processos de governo do século XX, e estruturas de governo do século XIX****. Alguns encaram esse desencontro como sendo entre as tecnologias física e social."*

Podemos considerar que talvez a previsão de Harold aconteça mais cedo se usada a taxa atual de crescimento. Com 5,77 bilhões de habitantes em 1997 e em 2017 com 7,6 bilhões, segundo a ONU News, junho de 2017, em 20 anos crescemos 2,17 bilhões, em 32 anos a matemática nos diz que teremos 3,472 mais habitantes, chegando a 2050 com cerca de 11 milhões de habitantes no planeta.

Neste contexto, o repensar de novo mundo exige a correção deste desencontro que pode vir a ser um compromisso entre atores, um acordo entre as nações e regras de convivência quer empresarial, social e tecnológica.

As políticas públicas intervindo de forma a mediar tamanha diferença com estratégias de educação e sustentabilidade que permitam aqueles com menor condição financeira entrar nesta inovação tecnológica do século 21. A legislação pode muito se **compromissada** realmente com minimizar tais divergências.

Com base nestas características de **Conformidade, Qualidade, Transparência, Governança, Segurança e Confiabilidade** percebe-se a necessidade de se organizar regras, leis e protocolos externos e internos às organizações e até mesmo às Nações que conjuguem tais características.

6.4 - Contextualização

Este modelo surge com a denominação ***COMPLIANCE.***

O termo *compliance* tem origem no verbo em inglês *to comply*, que significa agir de acordo com uma regra, uma instrução interna, um comando ou um pedido, ou seja, estar em "compliance" é estar em conformidade com leis e **regulamentos externos e internos.**

Os impactos sociais da Tecnologia e dos Sistemas de Informação são tantos e tão abrangentes, que por muito tempo ainda estaremos conhecendo seus efeitos. Portanto usar um protocolo ou um conjunto de regras e padrões, flexíveis o suficiente para permitir interações e parcerias, se mostra um caminho efetivo de desenvolvimento nas condições necessárias de conformidade, qualidade e segurança.

Assim, pode-se dizer que *Compliance* é **"Estar em conformidade no segmento da realidade identificado."**

Os benefícios de uma organização ter a função de *compliance* incorporada são grandes e assegura que a organização está cumprindo à risca todas as imposições dos órgãos de regulamentação, dentro de todos os padrões exigidos de seu segmento, e que atende as regras de trabalho, fiscal, contábil, financeira, ambiental, jurídica, previdenciária, ética etc.

Também, no tocante às parcerias, a estratégia de *compliance* vem garantir que todos os seus colaboradores ajam de acordo com as regras estabelecidas.

As organizações devem implementar um **Programa de *Compliance*** que seja efetivo e proteja seus objetivos contra riscos internos e externos. Trata-se de *uma política que deve conjugar ética, além de comunicações e treinamentos constantes sobre o que é permitido ou não pela empresa.*

Desde grandes escândalos a situação indisciplinar ou má conduta podem ser assegurados na organização que insere uma cultura de compliance.

Podem–se inserir como atos de impedimentos o recebimento de presentes de fornecedores, gastos em viagens, compras com cartão corporativo, uso de telefone e de outros recursos para finalidades pessoais.

O importante é que todos, funcionários, fornecedores, clientes e colaboradores tenham conhecimento do rigor e a conduta a ser seguida em cada atividade a ser realizada.

Alguns **Protocolos** *que devem compor uma* Estratégia de *Compliance* são: o Código de Ética; a Prevenção de Riscos; a Redução de Custos e a Transparência no Relacionamento.

Alguns **Benefícios** da Estratégia de *Compliance* são: o Controle sobre processos; o Aumento de credibilidade; a Promoção de treinamentos; a Efetividade na comunicação e as Políticas de relacionamento.

Neste ambiente, o controle e segurança de dados, dos contratos de pessoal e cumprimento da legislação trabalhista, os impostos e aquisição de suprimentos, todos estes setores, ficam mais apurados e aferidos. Este último, inclusive, tem uma característica peculiar de ser um grande ponto de tensão em muitas organizações. O "Setor de Compras" muito visado e que no programa de *Compliance* exige um rigor e conformidade mais transparente e controlado.

Ao implementar uma política de *compliance*, o *e-commerce* da Organização, caso exista, certamente, com todas as características e protocolos da tecnologia da informação, prevê e constrói estratégias para minimizar riscos.

Outro grande benefício do Programa e estratégia de *Compliance* é visibilidade de *marketing*, maximizando sua reputação e transparência.
O mercado atual, cada vez mais exigente, imprime novos critérios na escolha em relação à legitimidade e qualidade das Organizações, que oferecem serviços e produtos.

O programa de *compliance* permite:

- a análise atualizada da missão e valores da organização;
- gargalos e oportunidades;
- planos estratégicos;
- modelos de tecnologia;
- prazos;

Muito do histórico da organização da Estratégia de *Compliance* teve seu início na insegurança financeira e muito se aprendeu com os protocolos voltados para área de tecnologia e nos sistemas de informação.

Em 30 de julho de 2002, foi assinada, pelos senadores Paul Sarbanes (Democrata de Maryland) e Michael Oxley (Republicano de Ohio) a Lei Sarbanes-Oxley. Esta Lei americana foi motivada por escândalos financeiros coorporativos, dentre eles o da Enron e que acabou por afetar drasticamente a empresa de auditoria Arthur Andersen. A Lei foi redigida com o objetivo de evitar o esvaziamento dos investimentos financeiros, e fuga dos investidores, causada pela aparente insegurança a respeito da governança adequada das empresas.

A lei Sarbanes-Oxley, como foi chamada, foi apelidada carinhosamente de Sarbox ou ainda de SOX. Seu conjunto busca garantir a criação de mecanismos de auditoria e segurança confiáveis nas empresas, incluindo ainda regras para a criação de comitês e comissões encarregadas de supervisionar suas atividades e operações de modo a mitigar riscos aos negócios, evitar a ocorrência de fraudes, ou ter meios de identificar quando elas ocorrem, **garantindo a transparência** na gestão das empresas.

Na mesma linha, a Lei 12.846/2013, em vigor desde 29 de janeiro de 2014, também conhecida como Lei Anticorrupção ou Lei da Empresa Limpa estabelece que empresas, fundações e associações passem a responder civil e administrativamente, sempre que a ação de um empregado ou representante causar prejuízos ao patrimônio público ou infringir princípios da administração pública ou compromissos internacionais assumidos pelo Brasil. São as políticas públicas definindo regras de conduta na sociedade, de modo a garantir a qualidade e confiança nos acordos firmados.

As estruturas de governo e mesmo as estruturas de governança das organizações, quer públicas ou privadas precisam de regras que garantam a transparência na gestão das empresas.

A tecnologia chegou trazendo muitas vantagens, mas também precisou se organizar e suas regras devem contribuir e seguir os mesmo objetivos de qualidade e transparência.

Percebe-se a estratégia de *Compliance*, ainda que não explicitamente definida, nos modelos de testes de **confiança e conformidade**, bem como as regras de boas práticas que demonstram o mesmo requinte a ser seguido no uso e gestão da tecnologia.

Nos sistemas de Informação temos:

O Teste dos sete: Teste de Conceito; Teste de Utilidade; Teste de Competitividade; Teste de Concorrência; Teste de Imagem; Teste de Retorno(valor agregado); Teste de Disponibilidade. Como exemplo.

A biblioteca de boas práticas, como o ***Information Technology Infrastructure Library (ITIL)*** tem o objetivo de promover a gestão com foco no cliente e na qualidade dos serviços de tecnologia da informação (TI), sua gestão tática e operacional visa alcançar o alinhamento estratégico com os negócios.

Em meados de 1990, a ITIL foi reconhecida como um "padrão de facto" o que significa "na prática", para o Gerenciamento de Serviços de TI (GSTI) ou *IT Service Management* (ITSM).

Também o ***Open Geospatial Consortium*, OGC**, - Consórcio Geoespacial Livre é uma organização voluntária internacional de padrões de consenso.

Com vistas a Convergência e complementariedades, o mercado de TI pode contar ainda com outras metodologias que buscar conferir e imprimir compromisso e qualidade na gestão de seus projetos.

Outra prática alinhada à Tecnologia e sua qualidade e compromisso é **o Cobit (*Control Objectives for Information and related Technology*)**. Trata-se de um guia, formulado como framework, dirigido para a gestão de TI. Recomendado pelo ISACF (*Information Systems Audit and Control Foundation*), possui uma serie de recursos que podem servir como um modelo de referência para gestão da TI, incluindo um sumário executivo, um "framework", controle de objetivos, mapas de auditoria, ferramentas para a sua implementação e, principalmente, um guia com técnicas de gerenciamento.

Mais um outro e talvez o mais abrangente, pois derivado e iniciado na área de Tecnologia da Informação teve uma capilaridade e inserção em todas as áreas do conhecimento, dado exatamente por suas características básicas, assinaladas neste estudo até agora, que são: **Conformidade, Qualidade, Transparência, Governança, Segurança e Confiabilidade.**

6.5 - Acordo de Nível de Serviço - Sla - *Service Level Agreement*

Neste sentido podemos trazer como um grande exemplo de *Compliance* nos acordos atuais, **o SLA** - ***Service Level Agreement*** ou Acordo de Nível de Serviços- ANS um modelo que atende completamente os requisitos de *Compliance.*

Acordo de Nível de Serviço - ANS, internacionalmente conhecido como ***Service Level Agreement* - SLA,** é um acordo escrito, feito entre um provedor de serviços e um cliente de serviços. O ANS traduz na linguagem do cliente, e define em bases compreensíveis, tangíveis e fáceis de serem observadas e comprovadas, expectativas para todas as partes envolvidas na entrega do serviço. Desta forma, de acordo com sua complexidade, o ANS pode servir de apoio para a criação de contratos de serviços formais. O conteúdo do ANS varia de acordo com a natureza dos serviços e da maneira com que eles se relacionam com negócios da organização.

O Acordo de Níveis de Serviços não constitui um contrato formal de prestação de serviços, muito embora colabore e possa fazer parte de um. O ANS foi inicialmente adotado por organizações de TI que prestam serviços internos (são departamentos de TI) e colaboram para o negócio-fim de sua organização, neste caso sendo feito entre a área prestadora de serviços de TI e as áreas clientes de TI. Contudo suas características podem e são direcionadas às categorias, que não são exclusivamente de TI, mas evidentemente, usam a TI, dependendo dela para seu produto final.

O ANS pode ser:

- Coorporativo
- Por serviço
- Por conjunto de serviços

Um ANS pode conter informações sobre níveis específicos de um serviço, opções de suporte, serviços agregados, prêmios de incentivo para superação de níveis de serviço e penalidades para níveis de serviço não alcançados e qualquer outra informação que represente o conjunto de expectativas existentes na relação cliente-prestador. O ANS pode ainda listar Acordos de Nível Operacional (ANO), internacionalmente conhecido como *Operational Level Agreement* (OLA) que colaboram para o atingimento da qualidade dos serviços.

Um acordo de nível de serviço (SLA) para WAN - A *Wide Area Network*, ou Rede de Longa Distância, deverá prover informações sobre as responsabilidades da contratada (operadora de telecomunicação) e do contratante, relacionadas com os serviços oferecidos e as formas de soluções dos problemas detectados. O SLA deverá expressar claramente os níveis de serviço que deverão ser atingidos na prestação do serviço, como uma disponibilidade de rede igual a 98%, no SLA deverá constar também as punições ou glosas contratuais pelo não cumprimento do acordo.

Um Banco sem SLA pode perder milhões em alguns segundos. Uma bolsa de valores pode fechar sem um Acordo de SLA.

Estes são alguns exemplos de uso da Rede de Computadores como veículo de processos, ainda que a área fim não seja TI, mas Recursos Financeiros.

Na Saúde, o exemplo é mais amplo, pois além de atender aos requisitos de conformidade para as redes de computadores que assistem a saúde, equipamentos, exames etc. Têm-se ainda os contratos dos planos de saúde.

Uma operadora ou seguradora de saúde usa SLA, ou semelhantes, para com seus parceiros, quer os clientes/pacientes ou os serviços médicos, clínicas e hospitais. As empresas de seguros têm acordos de SLA com seus colaboradores, parceiros e clientes.

Todos urgem se assegurar do máximo de atendimento e o mínimo de riscos com as garantias de cada caso.

Só assim, poderão se sentir seguros de que tem **Conformidade, Qualidade, Transparência, Governança, Segurança e Confiabilidade.**

6.6 - Algumas Características do SLA e a Garantia de Disponibilidade

6.6.1 - Acordo de Nível De Serviço - SLA- *Service Level Agreement*

- **Padrões de Qualidade de Serviço**
  Os padrões de qualidade de serviço para o serviço de hospedagem são os definidos a seguir.

- **Disponibilidade de infraestrutura**
  Indica qual a porcentagem de tempo que a infraestrutura deverá estar disponível em relação ao tempo total de medida no mês.

O tempo de disponibilidade da infraestrutura é a diferença entre o tempo total de medida e o tempo de indisponibilidade, por motivos não planejados, da infraestrutura.

- **Infraestrutura de disponibilização de dados on-line**
  Para a infraestrutura de disponibilização de dados on-line, fica compromissado o SLA- *Service Level Agreement* (Acordo de Nível de Serviço), de 99,9% de disponibilidade mensal.

- **Cálculo do índice de disponibilidade de infraestrutura:**

ID = {[(DR + IJ) / DP] x 100} onde: ID = Índice de Disponibilidade
DR = Disponibilidade Real no mês
IJ = Indisponibilidade Justificada no mês
DP = Disponibilidade Prevista = 24x (número de dias do mês)
Nota: A indisponibilidade justificada decorre de:
Períodos de Manutenção e Paradas acordadas;
Motivos de força maior (guerras, terremotos, enchentes etc.
DC > 10.0 - Dobro do DC (limitado a 100% da mensalidade)
DC = SLA – ID - Onde: DC = Desconto Calculado
SLA = Percentual Compromissado
ID = Índice de Disponibilidade

Figura.6.2: Fórmula para o cálculo do índice de disponibilidade no SLA.

Fonte: http://www.braslink.com/sla.cfm

6.7 - O Caso do SLA nas Redes de Computadores e nos Sistemas de Informação

Em todas as áreas do conhecimento do Mundo Contemporâneo estaremos lidando com 3 grandes atributos, muitas vezes de forma não percebida. São eles: grandes Bancos de Dados, Redes de Computadores e Sistemas de Informação.

Em todos estes eventos temos que reconhecer a inevitável preocupação com a Gestão da Qualidade, o Meio Ambiente, a Saúde e Segurança, sejam das pessoas e dos dados.

Um sistema de GPS que indica a localização equivocada pode colocar muitas vidas em risco, ou mesmo uma informação no tráfego aéreo muito trazer desastres incalculáveis.

6.8 - Requisitos de Qualidade de Um Sistema de Informação

São quatro os principais requisitos de monitoramento e medição do nível de qualidade de um Sistema de Informação e, mais especificamente, de um Software.

São eles: Adequação, Potencial de crescimento, Facilidade de uso e Interface.
Adequação - o sistema precisa ser e estar adequado ao ambiente, cultura da empresa e circunstâncias de implantação.
Potencial de crescimento - o sistema precisa ter potencial de crescimento e atualização.
Facilidade de uso - o sistema precisa apresentar facilidade de uso e treinamento.
Interface - o sistema precisa apresentar interface amigável e integrável a outros sistemas.

6.9 - Requisitos de Qualidade da Rede do S.I. – Sistema de Informação

No cenário atual é completamente incompreensível, a sobrevivência de um sistema de informação que não utilize uma rede de comunicação. Deste modo, a qualidade das redes de comunicação dos sistemas de informação devem satisfazer critérios mínimos de monitoramento e medição do nível de qualidade da Rede de Comunicação. Assim sendo, os três principais critérios são: Suporte, Gerenciamento e Segurança.

Suporte - a rede deve oferecer suporte permanente, que permita e garanta sua disponibilidade.
Gerenciamento - a rede deve garantir o gerenciamento contínuo das informações.
Segurança - a rede deve garantir a segurança e integridade das informações e a privacidade do cliente.

Assim, considerando os Sistemas, as Redes e os Bancos de Dados, alguns dos protocolos do SLA, que são utilizados por muitas Organizações, devem ser considerados, tais como:

Documentação
Controle de documentos e registros de forma automatizada, com *workflow*, gerenciamento de treinamentos, empréstimos, acompanhamento de tarefas, impressão de cópias controladas eletrônicas e em papel, conversor para arquivos .PDF, controle de prazos e distribuição.

Tratamento de Não Conformidades
Registro, tratamento e acompanhamento de ocorrências e não conformidades, com *Workflow* abrangendo a descrição, parecer, análise, ações corretivas/preventivas e verificação da eficácia. Acompanhamento das tarefas integrado ao correio eletrônico, ferramentas diversas para a análise (5 porquês, Ishikawa) e gráficos de apoio ao tratamento estatístico.

Auditorias

Planejamento, registro e acompanhamento de auditorias com controle de resultados, comparativos, histórico, normas e requisitos, auditores internos e externos, *check-list* pessoal e cadastro de não conformidades.

Meio Ambiente / Saúde e Segurança

Controle do levantamento e mapeamento dos aspectos e impactos ambientais e dos perigos e riscos de saúde e segurança. Associação com legislação aplicável.

Planejamento

Gerenciamento da empresa através do registro e acompanhamento de missão, visão, planos, estratégias, objetivos e ações. Acompanhamento de projetos, custos x ganhos, previsto x realizado, baseado nos indicadores e perspectivas do *Balanced Scorecard*. Visualização de mapas de desempenho e exportação para *MS-Project*.

Indicadores

Registro e acompanhamento de indicadores de desempenho, baseado no *Balanced Scorecard*. Controle de planos de medição, com registro e cobrança de pendências. Tratamento de metas globais e detalhadas. Comparação de desempenho de indicadores e gráficos de evolução.

6.10 - Conclusão

Este estudo não pretende esclarecer tudo que se pode ou deve conhecer sobre *Compliance* e, mais especificamente, sobre SLA.
Absolutamente.

Mas, certamente, deseja-se **alertar para o uso necessário e extremamente relevante** do tema, nos dias atuais, no cenário global e no mercado incerto a que estamos submetidos.

Buscar cada vez mais como **nossos projetos, processos, produtos e nossas vidas** estão interligados e totalmente dependentes da tecnologia e de acordos. Acordos estes que podem e devem nos assegurar **Conformidade, Transparência, Governança, Segurança, Confiabilidade e Qualidade de vida, com mais Inclusão, respeito e ética.**

Referências Bibliográficas

Http://agrosoft.com/?q=node/18921: STI Soluções em TI – 14/8/2018
http://pt.wikipedia.org/wiki/Acordo_de_N%C3%ADvel_de_Servi%C3%A7o

https://michaellira.jusbrasil.com.br/artigos/112396364/o-que-e-compliance--e- como-o-profissional-da-area-deve-atuar - Publicado por Michael Pereira de Lira: 23/7/2018

https://www.formasdepagamento.com/artigo/compliance-em-vendas/23/7/18

https://www.icts.com.br/ - 14/8/2018

https://www.portaldecompliance.com.br/- 23-7-2018

https://www.protiviti.com/BR- 14/8/2018

Lei 12.846/2013, em vigor desde 29 de janeiro de 2014,
BOVET, David; MARTHA, Joseph, *Redes de Valor*, tradução de Marcia Thadeu, Negócio Editora, São Paulo, 2011.

CAMPOS, Vicente Falconi, *TQC - Controle da Qualidade Total*, Ed. Saraiva,RJ,9ª edição, 2014.

CARVALHO, M. B. ; RITTO, Antonio Carlos de Azevedo, *Tecnologias Inovadoras e Expansão da Consciência*. 1. Ed. RJ: Ciência Moderna, 2017. v. 1. 240p.

CARVALHO, M. B. ;RITTO, A. C. , *O Estudo da Consciência - A consciência segundo diferentes linhas de pensamento*. Rio de Janeiro: Editora Ciência Moderna, 2017. v. 1. 270p.

CARVALHO, M. B. ;RITTO, Antonio Carlos de Azevedo (Org.), *Gestão Da Inovação - A UERJ Como Agente da Transformação na Sociedade*. 1. Ed. Rio De Janeiro: Editora Pod, 2016. V. 1. 177p.

CARVALHO, M. B. ;RITTO, Antonio Carlos de Azevedo (Org.), *Inovação e Empreendedorismo*. 1. Ed. Rio De Janeiro: Editora PoD, 2016. v. 1. 113p.

CARVALHO, Marinilza Bruno de; RITTO, Antonio Carlos de Azevedo. *Avaliação em Ambientes Complexos* - PoD Editora - Rio de Janeiro, 2010.

CARVALHO, Marinilza Bruno de; RITTO, Antonio Carlos de Azevedo. *IPTR: Indicadores de Inovação, Prospecção, Trabalho e Renda*. PoD Ed. RJ, 2010.

CARVALHO, Marinilza Bruno de; RITTO, Antonio Carlos de Azevedo; VAZ e DIAS, José Carlos. *Gestão da Inovação nas ICTs*. - PoD Editora - RJ, 2010.

DAGNINO, Renato; *Seminário Tecnologia para Inclusão Social e Políticas Públicas na América Latina*, editado pela FINEP, Rio de Janeiro, 2008.

DRUCKER, Peter. *Admirável mundo do conhecimento. HSM Management*, São Paulo, ano 1, n.1, mar/abr, São Paulo, 1997b.

FILION, L.J., *Visão e Relações: Elementos para um Metamodelo de Atividade Empreendedora - International Small Business Journal*, 1991–Trad.Costa, S.R.

JR, Antonio E. Lassance et al. *Tecnologia Social - uma estratégia para o Desenvolvimento*. Editora Fundação Banco do Brasil, Rio de Janeiro, 2004.

LASTRES, Helene M.M. et al. *Conhecimento, Sistemas de Inovação e Desenvolvimento*, Editora Contraponto UFRJ, Rio de Janeiro, 2005.

LINSTONE, Harold A. e TUROFF, Murray (1975). *The Delphi method: techniques and applications.* TRB, Washington, D.C. Editado por Harold A. Linstone e Murray Turoff. Fonte: http://www.rcgg.ufrgs.br/cap13.htm-2007.

LIPNACK,J.&STAMPS,J., *Networks -Rede de Conexões*, Ed. Aquariana, SP, 2000.

MASI, D.D., *A Sociedade pós-industrial*, Editora SENAC, São Paulo, 2000.

NICOLESCU, Basarab. *O manifesto da Transdiciplinaridade*, Triom, SP. 1999.

RITTO, Antonio Carlos de Azevedo. *Organizações Caórdicas: Modelagem de Organizações Inovadoras* - Editora Ciência Moderna - Rio de Janeiro, 2005.

STEWART, Thomas A,, *Capital Intelectual, Editora Campus*, Rio de Janeiro, 1998.

WILSON, E., *A Unidade do Conhecimento*, Editora Campus, Rio de Janeiro, 1999.

de cuidar para que a informação, em âmbito corporativo, e qualquer que seja o meio de armazenamento ou tramitação, tenha garantidas as propriedades essenciais que lhe conferem valor: Disponibilidade, Integridade, Confidencialidade e Autenticidade. Sua subordinação à Superintendência de Conformidade e Gestão de Riscos visa garantir independência com respeito aos órgãos que operacionalizam as ações ligadas à Segurança da Informação.

Figura [illegible] – Estrutura Organizacional [illegible]

[illegible]

O sistema de integridade corporativa de Furnas, [illegible], vem sendo desenvolvido continuamente, [illegible] Segurança da Informação, [illegible] de outras questões relacionadas ao tema.

[illegible]

[illegible] (GDRC), que possibilita uma avaliação [illegible] ao risco corporativo, permitindo que a Empresa [illegible] de redução de sua exposição.

Capítulo 7

O *Compliance* e a Norma Brasileira ABNT NBR ISO/IEC 17024:2013 no IBEC Certificador

Paulo Roberto Vilela Dias

Marcelo Pessoa Constantino

7.1 - Introdução

Em 2014, o Brasil entrou em uma profunda crise político-econômica cujos principais motivos foram os escândalos de corrupção e fraude em empresas estatais e terceirizadas que prestavam serviços ao Governo. Esta crise ética do país foi exposta por meio de grandes operações deflagradas pela Polícia Federal, tais como Lava Jato, Carne Fraca, *Unfair Play* e *Déjà vu*, dentre outras. Em meio a este cenário, é fundamental que as empresas se empenhem em proteger-se contra os riscos de fraude e disseminem a cultura de ética e integridade em suas operações. Para isto, é importante a adoção de boas práticas de Governança Corporativa, bem como a implantação de mecanismos de boa gestão.

De acordo com Dalla Porta (2011), a Governança Corporativa ganhou impulso no meio empresarial a partir da primeira década dos anos 2000 quando, após os escândalos de fraudes financeiras que geraram enormes prejuízos ao mercado, foi constatada a necessidade de tomar como precedência o cumprimento de leis, regulamentos e regras que incentivassem as boas práticas de transparência, conformidade, confiança e credibilidade nas empresas. Desde então, os órgãos regulamentadores passaram a se preocupar em implementar processos de gestão mais rígidos nas organizações.

Em termos práticos, conforme Coelho, Ribeiro e Ferreira (2010, p. 13), "a Governança Corporativa é um conjunto de práticas, processos, costumes, políticas, leis, regulamentos e relacionamentos entre os membros de uma empresa, que regem a maneira como a empresa é dirigida, administrada ou controlada", tendo como principal objetivo incentivar e assegurar a credibilidade da empresa através de uma gestão responsável em todos os seus níveis. Para isto, a Governança Corporativa estimula o exercício das boas práticas de ética, transparência, equidade, prestação de contas e *compliance*. (SILVA, 2011, p.101)

As boas práticas da Governança Corporativa estão estreitamente relacionadas à função *compliance*, uma vez que buscam mitigar os riscos de sanções regulatórias e de imagem, protegendo os *stakeholders* e assegurando o desenvolvimento sustentável da organização ao promover a ética e a transparência de suas atividades, como foi apresentado no Congresso Nacional de Iniciação Científica (2015).

Segundo a ABBI e FEBRABAN (2011), a palavra *compliance* vem do verbo em inglês "*to comply*" que, traduzido para o português, significa cumprir, executar, satisfazer, realizar o que lhe foi imposto. A prática de *compliance* está relacionada ao dever de estar em conformidade, de cumprir e fazer cumprir regulamentos internos e externos vigentes às atividades da empresa, sendo, também, uma importante ferramenta no gerenciamento do risco operacional (possibilidade de prejuízos decorrentes de falhas humanas, de sistemas, de processos internos ou eventos externos).

Com o objetivo de ratificar a importância do *compliance* e as vantagens competitivas dele oriundas, foi realizado um estudo de caso no Instituto Brasileiro de Engenharia de Custos (IBEC), mais especificamente em seu departamento de certificação de pessoas, o IBEC Certificador que, recentemente, reestruturou seus processos em busca de acreditação pelo Instituto Nacional de Metrologia, Qualidade e Tecnologia (INMETRO) como organismo de certificação de pessoas, segundo a norma brasileira ABNT NBR ISO/IEC 17024:2013 (Avaliação da conformidade – Requisitos gerais para organismos que certificam pessoas), elaborada pela Associação Brasileira de Normas Técnicas (ABNT). Para que fosse possível o alcance deste objetivo, este estudo, primeiramente, abordou os conceitos de *compliance* e suas boas práticas. Em seguida, foram apresentados os conceitos relevantes à pesquisa para a compreensão da norma ISO 17024:2013. Por fim, o caso do IBEC Certificador foi explanado.

7.2 - Conceitos Gerais de *Compliance*

Mundialmente, desde o começo dos anos 70, com a criação do Comitê de Basileia para Supervisão Bancária (BCBS), busca-se fortalecer o sistema mundial através de princípios de boas práticas financeiras e procedimentos prudenciais na sua atuação.

A partir de 1992, com a abertura comercial impulsionada nacionalmente, o Brasil empenhou-se em alinhar-se ao mercado internacional para aumentar suas chances de competir. Concomitantemente, órgãos reguladores buscaram implementar novas regras de segurança para as instituições financeiras e regulamentar o mercado interno em conformidade com as regras internacionais.

Segundo a Associação Brasileira de Bancos Internacionais (ABBI) e a Federação Brasileira de Bancos (FEBRABAN) (2011), foi após o escândalo do Banco Barings, em 1995, que as instituições passaram a dar relevância à função *compliance* e aos demais pilares da Governança Corporativa, a fim de investigar seu risco operacional, inseridas em um contexto de transformações que visam alinhar seus processos, garantir a aderência às normas e procedimentos e, principalmente, preservar ou melhorar sua imagem perante o mercado.

Mais recentemente, outros fatos relevantes no cenário mundial, como o atentado terrorista ao *World Trade Center* em 2001 e os escândalos financeiros em *Wall Street* em 2002, despertaram a necessidade de normas mais eficazes e facilmente aplicáveis em todos os países, com o intuito de gerir os riscos aos quais as instituições estão sujeitas.

Com isso, segundo a ABBI e FEBRABAN (2011, p.4), instituições foram forçadas a iniciar um "ciclo de mudanças com reestruturações estratégicas, organizacionais e tecnológicas, para construir uma imagem forte da instituição financeira perante clientes e fornecedores". Buscavam também a otimização dos recursos humanos, melhorando o treinamento e fortalecendo a "Política de Controles Internos" e o "Código de Ética e Conduta". Neste contexto, destaca-se a função *compliance*.

A ABBI e FEBRABAN (2011), em documento consultivo resultante do seu grupo de trabalho sobre a função *compliance*, definem que "ser *compliance*" é estar ciente das normas e políticas da empresa, seguir os procedimentos propostos, agir em conformidade e perceber o quanto é crucial ser ético e idôneo em nossas atitudes, visto que o mercado tende a exigir cada vez mais este tipo de conduta das organizações, que devem buscar o crescimento de seus negócios de forma sustentável.

Este exemplo deve começar pelo topo da organização, com o suporte da diretoria para disseminar a cultura *compliance*, e com atitude dos executivos que devem liderar pelo exemplo, pois sua efetividade está intimamente relacionada à importância que a instituição dá aos padrões de honestidade, integridade e ética.

Ainda neste documento consultivo, foi estabelecido que "estar em *compliance*" é estar aderente às leis e regulamentos internos e externos, devendo ser, antes de tudo, uma obrigação individual de cada colaborador da empresa.

Já o risco de *compliance*, também de acordo com ABBI e FEBRABAN (2011), é definido como sendo o risco de sanções legais ou regulamentares, perdas financeiras ou mesmo perdas reputacionais decorrentes da falta de cumprimento de disposições legais, regulamentares, códigos de conduta etc.

No entanto, como foi dito, *compliance* vai muito além de barreiras regulamentares e legais, seu alcance é bem mais amplo, agregando princípios de honestidade e conduta ética. Por isto, para Candeloro, Rizzo e Pinho (2012 apud DINIZ; RIBEIRO, 2015, p. 88), pode-se dizer que consiste em um "conjunto de regras, padrões, procedimentos éticos e legais, que, uma vez definido e implantado, será a linha mestra que orientará o comportamento da instituição no mercado em que atua, bem como a atitude de seus funcionários". Em outras palavras, estar em conformidade com leis e regulamentos não assegura um ambiente totalmente em *compliance*.

Devido às diferenças existentes entre os tipos de organizações e cenários nos quais elas estão inseridas, o BCBS refere-se à *compliance* como uma função e não como uma estrutura fixa ou departamento, devendo integrar a cultura organizacional, sendo responsabilidade de todos os funcionários.

Assim, pode-se dizer que "a função *compliance* é uma estrutura independente e autônoma, formada por um conjunto de procedimentos contínuos de identificação, mensuração, recomendação, monitoramento e mitigação dos riscos relacionados às inconformidades", sendo uma questão estratégica e aplicando-se a todos os tipos de organização. (ROZA, 2010, p.48)

De forma sucinta, em seu documento consultivo Função *compliance*, a ABBI e FEBRABAN (2011) define a missão de *compliance* como:

> Zelar pelo cumprimento de leis, regulamentações, autorregulações, normas internas, e os mais altos padrões éticos, orientando e conscientizando quanto à prevenção de atividades e condutas que possam ocasionar riscos à instituição, clientes, colaboradores, acionistas, fornecedores e sociedade, permitindo o crescimento sustentável e melhoria contínua do negócio. (ABBI; FEBRABAN, 2011, p.13)

Adicionalmente, Gewehr (2011) cita outros objetivos secundários da função *compliance*, dentre os quais pode-se destacar:

- estimular a implementação de controles internos efetivos e a melhoria contínua de processos, sistemas e políticas;
- prestar consultoria em relação aos assuntos regulatórios e promover a cultura de *compliance*;
- mitigar os riscos de *compliance*;
- lutar contra atitudes de conduta indevida que possam prejudicar a imagem

da instituição, devido ao desconhecimento ou percepção errada das regulamentações;

- combater fraudes, lavagem de dinheiro, financiamento das práticas criminosas e conflito de interesses.

O *compliance* também fortalece o sistema de controles internos da instituição, "monitorando a conformidade com a regulação e políticas internas, gerando a legitimidade no mercado e aumentando a transparência, o que favorece a vantagem competitiva e proporciona a sustentabilidade da organização". Por isto, é tido como um dos pilares da Governança Corporativa (ABBI; FEBRABAN, 2011, p.21)

Caso o *compliance* fosse comparado ao setor industrial, poder-se-ia relacioná-lo à área de controle da qualidade, que assegura que os processos produtivos ocorram conforme planejado. Ambos confrontam o produto com as exigências regulamentares, sejam estas definidas pela empresa ou legislação.

Esta preocupação quanto ao cumprimento de regras (governamentais ou não) é a principal ferramenta para que se alcance a excelência em serviços, pois é uma maneira bem eficaz de mitigar riscos, especialmente os de natureza operacional, decorrentes de falhas humanas, técnicas ou de processos, podendo assim, constituir uma importante ferramenta para otimização de processos produtivos.

Em princípio, estar em *compliance* pode parecer oneroso, porém, os custos de não se estar em *compliance* são ainda mais elevados e, para Coimbra e Manzi (2010 apud DALLA PORTA, 2011), incluem:

- danos à reputação da organização e da marca;
- cassação da licença operativa;
- má alocação dos recursos e redundância da eficiência e da inovação;
- sanções às instituições e aos indivíduos (processo administrativo, processo criminal, multas e, eventualmente, prisão);

- custos secundários e imprevistos (advogados, tempo da alta administração etc.);
- redução da base de clientes; e
- em casos extremos, falência.

A atuação de *compliance* estará focada em mitigar os riscos inerentes às atividades da empresa, ao garantir a existência de: políticas e normas; pontos de controle nos processos; relatórios (ou outros meios) que contenham informações da base de dados de risco operacional materializado para que gestores possam agir na busca pela regularização e melhoria dos controles internos; práticas saudáveis para o gerenciamento do risco operacional. (GEWEHR, 2011, p.51)

Entretanto, ao contrário do que parece, não é só a legislação que afeta o *compliance* pois, no mundo corporativo, eventualmente a organização depara-se com executivos que se corrompem em busca de ganho ou interesse pessoal. Neste cenário, caso regras transgredidas por um único colaborador não sejam detectadas e tratadas, toda a empresa está suscetível a sanções. Por isso, torna-se fundamental a promoção da cultura de *compliance*, valores e princípios éticos por toda a organização, como forma de honrar os compromissos assumidos com seus *stakeholders*.

Assim, torna-se imprescindível as organizações possuírem, na prática, regulamentos internos associados a sistemas de controles internos efetivos, com colaboradores adequadamente treinados para efetuarem a execução dos mesmos e com monitoramento constante de avaliação das operações para que o cumprimento das diretrizes da alta administração seja garantido com eficácia e eficiência.

7.3 - Boas Práticas de *Compliance*

Para uma empresa estar efetivamente em *compliance*, é necessário que suas práticas englobem todos os procedimentos da organização, possibilitando a evidência de seu comprometimento em estar em conformidade com leis vigentes, requisitos legais, códigos da indústria e normas organizacionais, assim como padrões de boas práticas de Governança Corporativa, ética e objetivos da sociedade. (SILVA, 2011, p.133)

Os procedimentos da organização devem ser definidos, documentados, implementados e conservados, para que sustentem a política de *compliance* e traduzam as obrigações em práticas. A emissão e a contínua revisão da documentação resultante destes processos devem ser controladas para garantir a integridade e a coerência em toda a empresa, possibilitando, inclusive, que a certificação perante as normas ISO seja alcançada.

Para que a continuidade do *compliance* seja assegurada, as empresas devem possuir processos que informem oportunamente sobre mudanças nas leis, regulamentações, códigos e outras obrigações de conformidade. Geralmente, é necessário um contato frequente com os órgãos reguladores para que a organização se mantenha ciente das questões e práticas atuais de *compliance*.

Este processo de implementação de uma política de *compliance* pode acarretar altos custos para a organização, no entanto, "tende a gerar vantagem competitiva, uma vez que, em um mundo em constante transformação, a nova leva de consumidores tende a ser altamente crítica e a adquirir não somente produtos e serviços, mas valores e comportamentos sustentáveis". (DINIZ; RIBEIRO, 2015, p. 94)

A ABBI e FEBRABAN (2011), em seu Documento Consultivo, sugere as melhores práticas de *compliance* perante alguns dos principais tópicos de aplicabilidade da função, como pode-se ver a seguir:

- Leis, regulamentos e normas: identificar os reguladores, entidades de classe e principais instituições que norteiam o setor de atividade da empresa; criar rotinas de estudo e acompanhamento periódico de legislações, regulamentações aplicáveis, plano de ação, responsáveis e prazos, alinhando com áreas afins para assegurar a aderência e cumprimento, com a comunicação tempestiva para emissão de relatório para a diretoria. O *compliance* deve auxiliar na implementação dos projetos regulatórios, observando se todos os aspectos foram avaliados e discutidos junto às áreas pertinentes.

- Princípios éticos e normas de conduta: auxiliar a elaboração e atualização de diretrizes institucionais, baseadas em padrões éticos alinhados com a filosofia da organização, resultando em um código de conduta que deve ser acessível a todos os funcionários, realizando treinamentos, se necessário.

- Papéis e responsabilidades: garantir que seus colaboradores tenham consciência de seus papéis e responsabilidades; propiciar a comunicação entre as áreas para garantir o perfeito entendimento dos limites de suas atividades.

- Políticas e normativos internos: certificar-se da existência de um fluxo de aprovação das normas internas, revisado periodicamente para assegurar que retratem a realidade dos processos, atividades da empresa e demandas regulatórias; verificar a existência de procedimentos, controles e políticas existentes na organização, de forma que estejam disponíveis a todos os funcionários.

- Planos de contingência: assegurar-se da implementação de plano de contingência adequado para garantir a continuidade dos processos críticos da empresa, confirmando sua efetividade através de testes periódicos.

- Relações com órgãos reguladores e fiscalizadores: garantir, com representatividade e fidedignidade, o pronto atendimento das várias áreas da empresa aos itens requeridos pelos reguladores.

- Relação com auditores externos e internos: certificar-se que as várias áreas da empresa apreciam os itens de auditoria relacionados a não conformidade com as leis, regulamentações e políticas; preservar a sinergia entre as áreas de auditoria interna, externa e *compliance*; informar à diretoria a respeito do desenvolvimento dos trabalhos e os resultados obtidos.

Uma vez que, após escândalos de corrupção deflagrados pelas investigações da Polícia Federal e do Ministério Público, pretendia-se resguardar não somente a reputação das empresas, mas também a do país, em 2013, o Governo Federal brasileiro sancionou a Lei nº 12.846, denominada Lei Anticorrupção.

A lei supracitada "dispõe sobre a responsabilização administrativa e civil de pessoas jurídicas pela prática de atos contra a administração pública, nacional ou estrangeira", incluindo mecanismos para punição em casos de "oferecer ou dar, direta ou indiretamente, vantagem indevida a agente público" e "fraudar, mediante ajuste, combinação ou qualquer outro expediente, o caráter competitivo de procedimento licitatório público".

Para Diniz e Ribeiro (2015), no que diz respeito às licitações e contratos administrativos, a Lei nº 12.846 buscou atender aos compromissos internacionais assumidos pelo Brasil no combate à corrupção, dado que o Grupo de Trabalho sobre Corrupção nas Transações Comerciais Internacionais julgou que a Lei Nº 8.666, de 1993, não era suficiente para o combate de práticas fraudulentas.

A referida lei, em seu inciso VIII do Art. 7º dispõe que, na aplicação das sanções, serão levados em consideração, por parte da empresa, "a existência de mecanismos e procedimentos internos de integridade, auditoria e incentivo à denúncia de irregularidades e a aplicação efetiva de códigos de ética e de conduta no âmbito da pessoa jurídica", evidenciando a importância da adoção de boas práticas de *compliance* para a sustentabilidade das organizações brasileiras.

7.4 - O Sistema de Gestão da Qualidade e a ISO 9001

Para que seja possível a compreensão do conteúdo da norma ABNT NBR ISO/IEC 17024:2013 (Avaliação da conformidade – Requisitos gerais para organismos que certificam pessoas), é necessário discutir alguns conceitos.

Em primeiro lugar, é importante abordar alguns conceitos de Sistema de Gestão da Qualidade, uma vez que a norma ABNT NBR ISO/IEC 17024:2013 consiste em diretrizes específicas para a aplicação da norma brasileira ABNT NBR ISO 9001:2015 no setor de certificação de pessoas.

Estes conceitos acerca da gestão da qualidade estão diretamente relacionados à diretrizes, requisitos e interpretações propostas pela *International Organization for Standardization* (ISO). Segundo o *website* da instituição, a ISO foi fundada em 1947, com o objetivo de facilitar a coordenação internacional e unificar os padrões técnicos da indústria mundial, sendo uma organização internacional independente e não governamental, que conta com 161 organismos nacionais de normalização associados, tendo publicado, até agosto de 2018, 22.263 normas internacionais para praticamente todos os setores imagináveis.

No Brasil, segundo seu *website*, a ABNT é uma entidade privada sem fins lucrativos, responsável pela elaboração e atualização das normas técnicas brasileiras (ABNT NBR) que asseguram as características desejáveis de produtos, serviços, sistemas e tecnologias.

Já o INMETRO, de acordo com seu *website*, é uma autarquia federal vinculada ao Ministério do Desenvolvimento, Indústria e Comércio Exterior, é responsável por verificar e fiscalizar a observância das normas técnicas e legais, sendo o organismo de acreditação de organismos de Avaliação da Conformidade, tendo total responsabilidade e autoridade sobre as decisões de acreditação.

A norma ABNT NBR ISO 9001:2015 (Sistemas de gestão da qualidade – Requisitos) especifica requisitos genéricos para um sistema de gestão da qualidade aplicável a qualquer organização, independentemente de seu tipo, tamanho e do produto ou serviço que provê.

Segundo a ABNT (2015), a implementação dos requisitos da ISO 9001 é fundamental quando uma empresa busca uma maior satisfação do cliente, através de um sistema de gestão da qualidade eficaz que inclua processos para sua melhoria e para a garantia da conformidade com requisitos estatutários, regulamentares e do cliente. A adoção de tais requisitos é uma decisão voluntária e tem caráter estratégico, uma vez que tende a melhorar seu desempenho global e contribuir na busca pelo desenvolvimento sustentável.

Segundo a norma brasileira, sete são os princípios de gestão da qualidade: foco no cliente, liderança, engajamento das pessoas, abordagem de processo, melhoria contínua, tomada de decisão baseada em evidência e gestão de relacionamento.

Dentre tais princípios, o de maior relevância para esta pesquisa é o conceito da abordagem de processos. Para a ABNT (2015), quando as atividades da organização são compreendidas e gerenciadas como processos inter-relacionados que funcionam como um sistema coerente, resultados consistentes e previsíveis são alcançados de forma mais eficaz e eficiente, possibilitando a otimização de seu desempenho na busca por seus objetivos estratégicos. Esta abordagem incorpora o ciclo *Plan-Do-Check-Act* (PDCA), bem como a mentalidade de risco.

Ao aplicar o ciclo PDCA em seus processos e em seu sistema de gestão da qualidade, a empresa fica possibilitada de "assegurar que seus processos tenham recursos suficientes e sejam gerenciados adequadamente, e que as oportunidades para melhoria sejam identificadas e as ações sejam tomadas".

De forma resumida, a ABNT (2015), em sua norma ISO 9001, descreve o ciclo PDCA do seguinte modo:

- *Plan* (planejar): estabelecer objetivos do sistema e seus processos, assim como os recursos necessários para entregar resultados de acordo com os requisitos dos clientes e com as políticas da organização;
- *Do* (fazer): implementar o que foi planejado;
- *Check* (checar): monitorar e medir os processos e os produtos e serviços resultantes, em relação a políticas, objetivos e requisitos, reportando os resultados;
- *Act* (agir): executar ações para melhoria do desempenho, conforme necessário.

Por sua vez, a mentalidade de risco busca detectar nos processos da organização, fatores que possam causar desvios em relação aos resultados desejados, para que, com isto, seja possível planejar e implementar ações corretivas e preventivas para eliminar não conformidades constatadas ou potenciais, bem como identificar oportunidades de melhoria.

7.5 - ABNT NBR ISO/IEC 17024:2013 – Avaliação da Conformidade

A norma brasileira ABNT NBR ISO/IEC 17024:2013 (Avaliação da conformidade – Requisitos gerais para organismos que certificam pessoas) é um desdobramento da ABNT NBR ISO 9001, com princípios e requisitos específicos para organismos que proveem certificação de pessoas, incluindo o desenvolvimento e a manutenção de um esquema de certificação, tendo como objetivo atingir e promover um *benchmark* mundialmente aceito.

Esquema de certificação é o conjunto de competências e requisitos, especificados pelo organismo, que devem ser atendidos pelo candidato a fim de se obter ou manter uma determinada categoria de certificação profissional. É necessário que seja realizado um processo de avaliação e reavaliação periódica das competências da pessoa certificada para que a confiabilidade do esquema seja assegurada, sendo o objetivo geral da certificação atestar a capacidade de um indivíduo realizar uma tarefa.

Na referida norma, são definidos requisitos que o organismo de certificação deve estar em *compliance* para obter a acreditação do INMETRO, que, em termos de vantagem competitiva para a empresa, representa o reconhecimento formal de sua competência técnica, aumentando a confiança das partes interessadas em seus serviços e fortalecendo sua imagem perante a sociedade.

A ISO/IEC 17024:2013 estabelece que os organismos de certificação de pessoas devem ter como princípios básicos a imparcialidade, a confidencialidade, a transparência, a competência, a responsabilidade e a capacidade de resposta às reclamações e apelações.

Outros requisitos estabelecidos pela ABNT NBR 17024:2013 estão relacionados a: gestão e estrutura da organização; finanças; responsabilidade civil; recursos humanos; treinamentos; registro e informação; segurança das informações; processo de certificação e recertificação; aplicação de exames; tratamento das reclamações e apelações e; requisitos de sistema de gestão, incluindo diretrizes para documentação, controle de documentos e registros, análise crítica pela direção, auditorias internas e ações corretivas e preventivas.

Tendo em vista estes princípios e requisitos constantes nas normas brasileiras da ABNT, bem como, por serem traduções diretas da ISO, nas internacionais, fica nítido o objetivo destes órgãos em promover a adoção de um sistema de gestão da qualidade eficaz e eficiente como padrão técnico mundial, sendo as práticas de *compliance* fundamentais para alcançar a excelência nos processos e a conformidade com legislações e regulamentações.

7.6 - O IBEC Certificador

O IBEC Certificador, acreditado desde 2015 pelo *International Cost Engineering Council* (ICEC – Conselho Internacional de Engenharia de Custos), é a parte definida do Instituto Brasileiro de Engenharia de Custos (IBEC) destinada a implantar e desenvolver as ações do Programa de Certificação. É uma instituição sem fins econômicos e/ou políticos que busca promover a área de Engenharia de Custos por meio de ações de certificação de profissionais, normalização, eventos e publicações.

A certificação é o reconhecimento formal dos conhecimentos, habilidades e competências de uma pessoa, assegurando que possui a qualificação necessária para o exercício profissional em determinado campo de atividade, por meio de requisitos preestabelecidos em normas específicas, independentemente da forma como este conhecimento foi adquirido: instituições de ensino ou mercado do trabalho.

O IBEC Certificador tem por objetivo consolidar-se como referência na área de certificação de pessoas, focando no reconhecimento do profissional na área de Engenharia de Custos, propiciando alavancagem em sua carreira, maior retorno às organizações e à sociedade.

Para o alcance desta meta, após sua criação, a empresa concentrou esforços no sentido de adequar seus processos às melhores práticas do setor, a nível mundial, buscando o reconhecimento formal de suas ações por meio da acreditação do INMETRO, segundo a norma ABNT NBR ISO/IEC 17024:2013, que, como consequência, eleva a credibilidade de suas certificações perante o público.

Este processo teve início com a contratação de consultoria especializada em Sistemas de Gestão da Qualidade. Primeiramente, uma equipe foi montada com colaboradores de cada setor envolvido no processo de certificação. Em seguida, estes foram treinados em relação aos conceitos e requisitos da ABNT NBR ISO 9001:2015 e da ABNT NBR ISO/IEC 17024:2013, com o objetivo de promover a abordagem de processos necessária para a reformulação dos procedimentos do IBEC Certificador.

Após esta fase inicial, foram realizadas reuniões e entrevistas entre o consultor e os membros da equipe, para que fosse possível obter maior conhecimento das atividades da empresa e efetuar o mapeamento dos processos de certificação e suas interfaces.

A partir de então, a equipe, juntamente com o consultor especializado, estabeleceu quatro encontros semanais, ao longo de seis meses, para que as diretrizes e normas do Sistema de Gestão de Certificação de Pessoas do IBEC Certificador fossem elaboradas, em *compliance* com as normas ABNT NBR ISO 9001:2015 e ABNT NBR ISO/IEC 17024:2013.

Para este processo, foram definidos três níveis de normalização: o Manual de Certificação de Pessoas (MCP), sendo o mais abrangente, a nível da Alta Administração; as Normas Gerenciais (NG), um pouco mais detalhadas, a nível de gerência e; as Instruções Operacionais (IO), contendo a operacionalização de cada processo minuciosamente explicados. Também fora redigido um Código de Ética e Conduta aplicável aos colaboradores do IBEC Certificador, bem como aos profissionais por ele certificados.

Após o término de todo este complexo processo, a equipe realizou uma série de auditorias nas novas regulamentações internas criadas, para verificar o *compliance* com a norma ABNT NBR ISO/IEC 17024:2013, cuja conformidade era objetivada. Como resultado, algumas não conformidades foram identificadas e registradas nos relatórios de auditoria interna. Então, para que fosse decidido que ações corretivas e preventivas tomar, realizou-se uma reunião de Análise Crítica pela Direção e missões foram delegadas para que as regulamentações internas fossem corrigidas e o *compliance* estabelecido.

Com os processos remodelados, em conformidade com as legislações brasileiras e as normas ISO da ABNT, serviços de Tecnologia da Informação foram contratados para que o sistema do IBEC Certificador fosse otimizado pois, com a abordagem de processos adotada pela equipe, o Sistema de Gestão de Certificação de Pessoas tornou-se mais eficaz e eficiente, em comparação com os que eram conduzidos inicialmente pela empresa.

Por fim, foram realizados treinamentos para que os colaboradores envolvidos no processo de certificação fossem capazes de realizar suas atividades em *compliance* com as Normas Gerenciais, Instruções Operacionais e Código de Conduta do Sistema de Gestão de Certificação de Pessoas do IBEC Certificador.

7.7 - Conclusão

Os conceitos e as boas práticas de *compliance* foram expostos e foi possível perceber sua importância, uma vez que deve diminuir os riscos operacionais, reputacionais e de sanções regulamentares, ao zelar pelo cumprimento de leis, regulamentos internos e externos, e normas do setor, agregando princípios de conduta ética e íntegra.

Também foram levantados conceitos relevantes do Sistema de Gestão da Qualidade, possibilitando evidenciar que a adoção da abordagem de processos, bem como do ciclo PDCA, pode tornar as atividades da empresa mais eficazes e eficientes, diminuindo seu risco operacional conforme eleva-se o monitoramento e controle das operações.

Por isto, o IBEC Certificador, ao perseguir o *compliance* com as normas ABNT NBR ISO 9001:2013 e ABNT NBR ISO/IEC 17024:2013, pôde obter vantagens competitivas e fortalecimento da imagem de sua certificação perante a sociedade, pois, como tais normas orientam-se para a melhoria contínua dos negócios através do ciclo PDCA, empenhar-se na conformidade com seus requisitos e princípios éticos, acarretou em uma maior satisfação de seus clientes e contribuiu na busca pelo desenvolvimento sustentável.

Referências Bibliográficas

ASSOCIAÇÃO BRASILEIRA DE BANCOS INTERNACIONAIS (ABBI); FEDERAÇÃO BRASILEIRA DE BANCOS (FEBRABAN). **Função de *compliance*.** 2011. Disponível em: <http://www.abbi.com.br/download/funcaodecompliance_09.pdf>. Acesso em: 04 de agosto de 2018.

ASSOCIAÇÃO BRASILEIRA DE NORMAS TÉCNICAS (ABNT). Desenvolvido pela Agência Digital Provnet. Apresenta informações gerais sobre a associação e as normas técnicas brasileiras. Disponível em: < http://www.abnt.org.br/>. Acesso em: 11 de agosto de 2018.

______. **NBR ISO 9000**: sistemas de gestão da qualidade: fundamentos e vocabulário. Rio de Janeiro, 2015.

______. **NBR ISO 9001**: sistemas de gestão da qualidade: requisitos. Rio de Janeiro, 2015.

______. **NBR ISO/IEC 17000**: avaliação da conformidade: vocabulário e princípios gerais. Rio de Janeiro, 2005.

______. **NBR ISO/IEC 17024**: avaliação da conformidade: requisitos gerais para organismos que certificam pessoas. Rio de Janeiro, 2013.

BRASIL. Lei nº 8.666, de 21 de junho de 1993. Regulamenta o art. 37, inciso XXI, da Constituição Federal, institui normas para licitações e contratos da Administração Pública e dá outras providências. **Diário Oficial da União**, Poder Legislativo, Brasília, DF, 22 jun. 1993. Seção 1, p. 1.

______. Lei nº 12.846, de 1º de agosto de 2013. Dispõe sobre a responsabilização administrativa e civil de pessoas jurídicas pela prática de atos contra a administração pública, nacional ou estrangeira, e dá outras providências. **Diário Oficial da União**, Poder Legislativo, Brasília, DF, 2 ago. 2013. Seção 1, p. 1.

CANDELORO, Ana Paula P.; RIZZO, Maria Balbina Martins de; PINHO, Vinícius. ***Compliance* 360º**: riscos, estratégias, conflitos e vaidades no mundo corporativo. São Paulo: Trevisan Editora Universitária, 2012 apud DINIZ, Patrícia Dittrich Ferreira; RIBEIRO, Marcia Carla Pereira. *Compliance* e a Lei Anticorrupção nas empresas. **Revista de informação legislativa**, Brasília, DF, v. 52, n. 205, p. 87-105, jan./mar. 2015. Disponível em: <http://www2.senado.gov.br/bdsf/handle/id/509944>. Acesso em: 11 de agosto de 2018.

COELHO, Cláudia Sanches; RIBEIRO, Daniele Aparecida da Silva; FERREIRA, Kelson. **Governança corporativa.** 2010. 80 f. Trabalho de Conclusão de Curso (Grau de Bacharel em Administração com especialização em Gestão Empresarial) – Centro Universitário Eurípedes de Marília, Marília, 2010. Disponível em: <http://aberto.univem.edu.br/bitstream/handle/11077/509/Governan%C3%A7a%20Corporativa.pdf?sequence=1>. Acesso em: 3 de agosto de 2018.

COIMBRA, Marcelo de Aguiar; MANZI, Vanessa Alessi. **Manual de *compliance*:** preservando a boa governança e a integridade das organizações. São Paulo: Atlas, 2010 apud DALLA PORTA, Flaviano Carvalho. **As diferenças entre auditoria interna e *compliance*.** 2011. 91 f. Dissertação (Mestrado Profissional em Economia com ênfase em Controladoria) – Programa de Pós-

-Graduação em Economia, Faculdade de Ciências Econômicas, Universidade Federal do Rio Grande do Sul, Porto Alegre, 2011.

CONGRESSO NACIONAL DE INICIAÇÃO CIENTÍFICA (CONIC), 15, 2015, Ribeirão Preto. **Anais do CONIC-Semesp.** São Paulo: Semesp, 2015. V. 3.

DALLA PORTA, Flaviano Carvalho. **As diferenças entre auditoria interna e *compliance*.** 2011. 91 f. Dissertação (Mestrado Profissional em Economia com ênfase em Controladoria) – Programa de Pós-Graduação em Economia, Faculdade de Ciências Econômicas, Universidade Federal do Rio Grande do Sul, Porto Alegre, 2011.

DINIZ, Patrícia Dittrich Ferreira; RIBEIRO, Marcia Carla Pereira. *Compliance* e a Lei Anticorrupção nas empresas. **Revista de informação legislativa**, Brasília, DF, v. 52, n. 205, p. 87-105, jan./mar. 2015. Disponível em: <http://www2.senado.gov.br/bdsf/handle/id/509944>. Acesso em: 11 de agosto de 2018.

GEWEHR, Elson Dérin. ***Compliance* na gestão de fundos de investimento.** 2011. 132 f. Dissertação (Mestrado Profissional em Economia) – Faculdade de Ciências Econômicas, Universidade Federal do Rio Grande do Sul, Porto Alegre, 2011. Disponível em: <http://www.lume.ufrgs.br/handle/10183/30626>. Acesso em: 6 de agosto de 2018.

INSTITUTO NACIONAL DE METROLOGIA, QUALIDADE E TECNOLOGIA (INMETRO). Apresenta informações gerais sobre a instituição e suas acreditações. Disponível em: < http://www.inmetro.gov.br/>. Acesso em: 10 de agosto de 2018.

INTERNATIONAL ORGANIZATION FOR STANDARDIZATION (ISO). Apresenta informações gerais sobre a organização. Disponível em: <https://www.iso.org/>. Acesso em: 10 de agosto de 2018.

ROZA, Jean Carlos Castilho da. **Análise da função *compliance* na gestão do risco operacional.** 2010. 75 f. Trabalho de Conclusão de Curso (Graduação em Engenharia de Produção e Sistemas) – Departamento de Engenharia de Produção e Sistemas, Centro de Ciências Tecnológicas, Universidade do Estado de Santa Catarina, Joinville, 2010.

SILVA, Júlio César Vieira da. **Uma análise das atividades de retaguarda nas agências da Caixa Econômica Federal e a "função *compliance*"**. 2006. 122 f. Dissertação (Mestrado Profissional em Economia com ênfase em Controladoria) – Programa de Pós-graduação em Economia, Faculdade de Ciências Econômicas, Universidade Federal do Rio Grande do Sul, Porto Alegre, 2006. Disponível em: <http://hdl.handle.net/10183/8811>. Data de acesso: 25 de julho de 2018.

Capítulo 8

Inmetro: Importância da Conformidade

Ruth Epsztejn - Inmetro
Karine Murad - Inmetro

O termo *compliance* significa conformidade. A conformidade pode ser em relação a agir de acordo com uma regra, uma instrução interna, um comando ou um pedido relacionado a qualquer área, setor econômico ou tema. O Instituto Nacional de Metrologia, Qualidade e Tecnologia – Inmetro desde o início da sua atuação tem preocupação com a avaliação da conformidade. É uma autarquia federal, criada em 1973, pela Lei 5.966, de 11 de dezembro de 1973 (Brasil,1973a), em substituição do Instituto Nacional de Pesos e Medidas (INPM) a fim de ampliar significativamente o seu raio de atuação a serviço da sociedade brasileira, tem como missão **prover confiança à sociedade brasileira nas medições e nos produtos, por meio da metrologia e da avaliação da conformidade, promovendo a harmonização das relações de consumo, a inovação e a competitividade do País.**

Na ocasião da criação do Instituto, a indústria brasileira perdia competitividade devido aos altos custos de produção, baixa produtividade e pouca inovação tecnológica, segundo a Exposição de Motivos EM/GM/N.º/79(BRASIL,1973b) que encaminhou o projeto de Lei para a criação do Inmetro, que ressaltava a necessidade de se desenvolver de forma racional, integrada e extensiva a todo o território nacional, a normalização, a inspeção, a certificação e a fiscalização das características metrológicas, materiais e funcionais dos bens manufaturados, tanto os produzidos no País quanto os importados, bem como disciplinar, do ponto de vista qualitativo, a produção e comercialização de bens manufaturados entregues ao consumidor brasileiro, inclusive aqueles importados, os quais nem sempre atendem a requisitos mínimos e razoáveis de qualidade e segurança e propor medidas adequadas para assegurar a defesa dos interesses do nosso comércio exterior.

Pela mesma Lei de criação do Inmetro, foram criados Sinmetro - Sistema Nacional de Metrologia, Normalização e Qualidade Indústria e o Conmetro - Conselho Nacional de Metrologia, Normalização e Qualidade Industrial, que é um colegiado interministerial que exerce a função de órgão normativo do Sinmetro. O Conmetro é assessorado tecnicamente por: Comitê Brasileiro de Avaliação da Conformidade (CBAC), Comitê Brasileiro de Metrologia (CBM), Comitê Brasileiro de Normalização (CBN), Comitê Brasileiro de Regulamentação (CBR), Comitê Brasileiro de Barreiras Técnicas ao Comércio (CBTC) e Comitê Codex Alimentarius do Brasil (CCAB). Em adicional, o Conmetro conta com os órgãos de assessoramento: Comissão Permanente dos Consumidores (CPCon) e o Comitê Gestor do Programa Brasileiro de Avaliação do Ciclo de Vida. Dentre outras atribuições, o Inmetro é a Secretaria Executiva do Conmetro e dos seus comitês técnicos assessores.

O Inmetro, na condição de coordenador do SBAC – Sistema Brasileiro de Avaliação da Conformidade, subsistema do Sinmetro, possui uma definição própria do termo, adaptada a partir dos conceitos definidos pela Organização Internacional de Normalização (ISO) e pela Organização Mundial do Comércio - OMC. O processo de avaliação da conformidade é conceituado pelo Inmetro como processo sistematizado, com regras preestabelecidas, devidamente acompanhado e avaliado, de forma a propiciar adequado grau de confiança de que um produto, processo ou serviço, ou ainda uma pessoa, atende a requisitos preestabelecidos em normas ou regulamentos, com a melhor relação custo benefício para a sociedade (INMETRO, 2015b).

8.1 - Regulação e Avaliação da Conformidade

O Inmetro através da atuação da Diretoria de Avaliação da Conformidade--Dconf exerce dois papéis como: regulador e desenvolvedor de esquema de avaliação da conformidade.

O modelo regulatório do Inmetro na área não metrológica foi moldado a partir de um histórico marcado por fases de transição bastante emblemáticas. Tal histórico inicia com uma atuação mais fortemente relacionada com a atividade de certificador direto de produtos, passando por regulamentador, até o quadro atual de início de reconhecimento do papel regulador. Essas transições marcaram o modelo adotado, especialmente quanto ao uso de mecanismos de avaliação da conformidade em suas regulamentações (NOGUEIRA, 2016).

As medidas regulatórias são conceituadas como medidas destinadas a modificar o comportamento dos agentes econômicos e/ou cidadãos, com o intuito de atingir os objetivos estabelecidos pelo regulador, relacionadas à sua finalidade institucional. Como exemplos de medidas regulatórias destacam-se: regulamentação, campanhas educativas e de orientação, adoção de normas técnicas associadas a programas de avaliação da conformidade voluntários, compromissos setoriais, entre outras. (INMETRO, 2017b). Abrangem tanto a regulamentação (cumprimento obrigatório), como alternativas à regulamentação (caráter de incentivo e cumprimento não obrigatório).

As principais medidas regulatórias adotadas pelo Inmetro com o objetivo de evitar ou mitigar o risco dos problemas identificados com os produtos e serviços a serem regulados são (INMETRO, 2017b): banimento, regulamentação técnica e medidas alternativas à regulamentação.

i. Banimento: é a proibição da comercialização, para uso em território nacional, de produtos cujas características apresentam um risco crítico que representa perigo e a única abordagem segura é evitar o risco. Como exemplo pode ser citada a medida regulatória banimento pelo Inmetro foi a publicação da Portaria nº 99, de 7 de março de 2016 (INMETRO, 2016b) que menciona:

   "Considerando que os brinquedos conhecidos como AcquaDotse Bindeez podem conter a substância 1,4 butanodiol que, em contato com o organismo humano, pode se tornar tóxica, causando, muitas vezes, danos à vida da criança; Considerando a ocorrência de acidentes, no exterior, envolvendo os brinquedos denominados de AcquaDots e Bindeez que continham a substância 1,4 butanodiol, resolve: Art. 1º Proibir a certificação e a comercialização, em território nacional, a título gratuito ou oneroso, dos brinquedos AcquaDots e Bindeez, ou similares com denominações ainda não identificadas, que contenham a substância 1,4 butanodiol."

ii. Regulamentação Técnica: é documento, de cumprimento obrigatório, que enuncia os requisitos esperados de um objeto para que este seja fabricado, importado ou comercializado em território nacional, incluídas as disposições administrativas aplicáveis.

As abordagens adotadas pelo Inmetro para um regulamento técnico podem ser:

iia) regulamento técnico baseado em desempenho: estabelece parâmetros de desempenho de um objeto associados aos resultados pretendidos. Como exemplo, pode ser citado o Programa de Avaliação da Conformidade para Refrigeradores **e seus Assemelhados, de uso doméstico** (INMETRO, 2015b).

iib) regulamento técnico baseado nas características do objeto: estabelece requisitos relacionados às especificações técnicas de um objeto. Como exemplo, pode ser citado: Programa de Avaliação da Conformidade para Berços Infantis (INMETRO, 2016a).

iic) regulamento técnico baseado em processo: estabelece requisitos para processos produtivos de produtos e serviços. Dentre eles, pode ser mencionado o Programa de Avaliação da Conformidade para **Cadeia de Custódia para Produtos de Base Florestal (INMETRO, 2012c).**

iid) regulamento técnico transversal: estabelece requisitos para aspecto como desempenho, processo ou características relacionados aos seus impactos ou consequências, abrangendo mais de um objeto, ou ainda, objetos de diferentes cadeias produtivas.

iie) marcações e rotulagem: estabelece a obrigação aos fornecedores de marcar o produto ou a embalagem ou o rótulo que o acompanha com a finalidade de prover informações ao usuário. Como exemplo, pode ser citado o Regulamento Técnico para materiais da construção civil para isolamento acústico ou térmico, em fase de elaboração.

iif) disponibilização obrigatória de informações: estabelece a obrigação aos fornecedores do objeto de prover informações ao consumidor por outros meios que não o rótulo. Por exemplo, as informações exigidas para os dispositivos de baixa tensão (INMETRO, 2011b).

1. O Inmetro adota as seguintes medidas alternativas à regulamentação (INMETRO, 2017b):

iiia) Estímulo à normalização com objetivos estabelecidos pelo Estado ou por encomenda do Inmetro: consiste no desenvolvimento ou aperfeiçoamento de norma na Associação Brasileira de Normas Técnicas (ABNT) por solicitação e/ou encomenda, com objetivos e/ou temas preestabelecidos pelo Inmetro. Pode ser citado como exemplo, o caso do produto garrafa térmica com ampola de vidro (INMETRO, 1999).

Em maio de 1996, o Inmetro realizou o Programa de Análise de Produto de garrafa térmica com ampola de vidro que consistia de ensaios em garrafa térmica com ampola de vidro, em marcas nacionais e importadas, de acordo com a norma aplicável (NBR 13282 – Garrafa térmica com ampola de vidro). Na análise, observou-se uma concentração de não conformidades no ensaio de eficiência térmica, ensaio este que verifica a capacidade da garrafa térmica de conservar o líquido, em seu interior, aquecido por um determinado tempo, e ficou evidenciado que a norma não era suficientemente clara em alguns pontos, principalmente em relação aos métodos de ensaios a serem utilizados. Como consequência destas evidências, o Inmetro articulou-se com fabricantes, laboratórios independentes, meio acadêmico, órgãos de defesa do consumidor e Associação Brasileira de Normas Técnicas – ABNT com o objetivo de revisar a norma específica para o produto, tornando-a mais adequada às necessidades do mercado, além de mais clara e utilizável. A norma revisada - NBR 13282/1998: garrafa térmica com ampola de vidro - Requisitos e métodos de ensaio.

iiib) Autorregulação: consiste no estímulo ao setor para organização, elaboração, implantação e gestão de Programas de Qualidade Setoriais. Compreende também, quando necessário, ações de incentivo ao setor para o desenvolvimento de normas técnicas e para a solicitação de acreditação dos programas setoriais elaborados e mantidos por sua própria iniciativa e gestão. O exemplo é Programa Brasileiro de Autorregulamentação de Produtos Ópticos (Opticanet, 2018) que abrange: armações para óculos, óculos de proteção solar, óculos de correção, lentes oftálmicas, lentes de contato, blocos de lentes, iniciativa do setor desenvolvido com apoio oficial do Inmetro, ocasionado pelo resultado do Programa de Análise de Produto-PAP, realizado em 2009, quando foram analisadas 20 marcas sendo que 2 marcas foram identificadas como não conformes (INMETRO, 2009c).

iiic) Programa de Avaliação da Conformidade Voluntário: consiste na definição pelo Inmetro da forma e dos critérios de avaliação da conformidade de requisitos de desempenho, processo ou característica. Como exemplo, pode ser citado o Programa de Avaliação da Conformidade para a Cachaça com foco na conformidade, através do mecanismo de certificação voluntária com o objetivo de aumentar as exportações do produto, desenvolver a cadeia produtiva da cachaça, promovendo a sustentabilidade do produto; melhoria da qualidade da cachaça produzida no Brasil (INMETRO, 2009b).

iiid) Ações de Orientação ou Divulgação promovidas pelo Inmetro: consiste na realização de ações relacionadas a atividades de capacitação, orientação ou divulgação que visam conscientizar, educar ou informar um ou mais públicos-alvo sobre os riscos relacionados a um produto ou serviço.

iie) Recomendação Técnica: consiste em documento contendo diretrizes técnicas, de caráter orientador, para adoção por fornecedores, instaladores, mantenedores, usuários e reguladores (municipais ou estaduais). Geralmente associada às regulamentações por desempenho, reflete o entendimento do regulador sobre a regulamentação, é um documento, de caráter orientativo e de adoção voluntária, tem por objetivo oferecer uma plataforma contemplando princípios, critérios e indicadores de sustentabilidade, visando estimular a melhoria do desempenho de processos produtivos quanto aos aspectos ambientais, sociais e econômicos. Como exemplo, pode ser mencionada a Portaria Inmetro 317/2012 (INMETRO, 2012b) que aprova a Instrução Normativa para requisitos de sustentabilidade de processos produtivos.

Iiif)Termo de Ajustamento de Conduta: Instrumento previsto no art. 5º, § 6º, da Lei n. 7.347/85 (BRASIL,1985), que contém uma obrigação de fazer ou não fazer, é tomado por um dos órgãos públicos legitimados à propositura da ação civil pública ou coletiva e, mediante esse instrumento, o causador do dano a interesses transindividuais (meio ambiente, consumidor, patrimônio cultural, ordem urbanística etc.) se obriga a adequar sua conduta às exigências da lei, sob pena de cominações já pactuadas no próprio instrumento, o qual terá força de título executivo extrajudicial. Esta medida alternativa foi adotada pela indústria de copos plásticos que celebraram o "Termo de Ajustamento de Conduta" com o Ministério Público de Santa Catarina que definiu medidas para a melhoria da qualidade do setor. As 10 indústrias fabricantes de copos plásticos descartáveis sediadas em Santa Catarina, que respondem por cerca de 80% da produção nacional, celebraram o Termo de Ajustamento de Conduta (TAC) com o Ministério Público de Santa Catarina (MPSC), comprometendo-se a adequar seus produtos às exigências da Associação Brasileira de Normas Técnicas - ABNT, descritas na norma NBR 14.865. O acordo extrajudicial foi elaborado buscando garantir segurança e economia aos usuários de copos plásticos, e considerando os resultados de testes realizados pelo Inmetro e pelo Instituto Nacional do Plástico.

A regulamentação técnica deve seguir alguns princípios para se enquadrar dentro das boas práticas da regulamentação (SINMETRO, 2007) tais como: efetividade, impessoalidade, moralidade, transparência, publicidade, eficiência e eficácia.

A Portaria Inmetro é o meio pelo qual se tornam oficiais e públicas as Recomendações Técnicas, as Regulamentações Técnicas (RT) e os Programas de Avaliação da Conformidade (PAC) de caráter compulsório ou voluntário.

Baldwin e colaboradores (2013) caracterizam as políticas regulatórias como atividades intervencionistas do Estado, que limitam o comportamento dos agentes, prevenindo a ocorrência de certas condutas econômicas consideradas indesejáveis. Em seu sentido restrito, regulação é o conjunto de instrumentos normativos, tais como leis e decretos. De forma mais ampla, regulação é o conjunto de ações do Estado, deliberadamente, para influenciar o comportamento social ou econômico. Em uma abrangência ainda maior, a regulação é toda forma de controle ou influência social ou econômica, incluindo determinações deliberadas ou não.

A OCDE (2012), igualmente, compreende regulação como sinônimo de lei, acrescentando que, de modo geral, é baseada em ameaça de penalidades para aqueles que não as cumprirem. O propósito é gerar impactos positivos na resolução de problemas sociais e econômicos pela mudança do comportamento de indivíduos ou organizações. A política regulatória é voltada ao setor produtivo, mas também às organizações sem fins lucrativos, entidades governamentais, ou mesmo indivíduos. A regulação pode advir de parlamentares e legisladores, ministérios e agências ou de plebiscitos.

No Brasil, uma referência importante a respeito da definição de regulação está no Guia de Boas Práticas de Regulamentação (SINMETRO, 2007), que a define como a adoção de atos normativos (legais e infralegais) por meio dos quais os órgãos governamentais estabelecem exigências que devem ser cumpridas pelos agentes econômicos e/ou cidadãos.

A importância da regulação é ressaltada pela Casa Civil do Brasil (Brasil, 2018) como, dentre outros pontos, instrumento à promoção, pelos governos, de bem-estar social e econômico aos cidadãos e ser um modo de responder novos problemas e demandas sociais. Em adicional, salienta que a regulação pode ser um obstáculo aos objetivos de bem-estar social e econômico se for desenhada de forma como excessiva, impedir ou desestimular a inovação, criar barreiras desnecessárias ao comércio, à concorrência, ao investimento e à eficiência econômica, sendo que o custo da regulação é absorvido diretamente pelos que precisam atendê-la e apenas indiretamente por aqueles que a propõem.

O Brasil possui uma estrutura regulatória complexa com mais de trinta autoridades reguladoras federais, como a Agência Nacional de Vigilância Sanitária - Anvisa, a Agência Nacional de Telecomunicações-Anatel, a Agência Nacional de Energia Elétrica - Annel, o Departamento Nacional de Trânsito - Denatran. O Inmetro se diferencia delas em função do caráter residual da competência legal que possui para atuar na área da Regulamentação Técnica e da Avaliação da Conformidade abrangendo os seguintes aspectos: segurança; proteção da vida e da saúde humana, animal e vegetal; proteção do meio ambiente e prevenção de práticas enganosas de comércio. Como "residual" entende-se que o Inmetro pode regulamentar nas áreas em que não há a atuação de outros regulamentadores (COSCARELLI, 2017), como o Programa de Avaliação da Conformidade de Extintores (INMETRO, 2010). Porém, no que diz respeito à implantação de procedimentos de avaliação da conformidade, o Inmetro pode atuar em áreas regulamentadas por terceiros, desde que a competência para tal tarefa lhe seja formalmente delegada (COSCARELLI, 2017).

A recomendação e a decisão das opções regulatórias a serem adotadas pelo Inmetro são realizadas com base em: estudos de Análise de Impacto Regulatório, Análise de Risco, Avaliação de Resultados Regulatórios e Monitoramento de Regulamentadores no Exterior, sempre comparando com a opção de "manutenção da situação vigente" (INMETRO, 2017b).

Análise de Impacto Regulatório – AIR consiste num processo sistemático de análise baseado em evidências que busca avaliar, a partir da definição de um problema regulatório, os possíveis impactos das alternativas de ação disponíveis para o alcance dos objetivos pretendidos. Tem como finalidade orientar e subsidiar a tomada de decisão e, em última análise, contribuir para que as ações regulatórias sejam efetivas, eficazes e eficientes. A Análise de Riscos, por exemplo, é outra ferramenta, utilizada no contexto da AIR, diretamente associada a questões que envolvem a saúde e a segurança do consumidor, que tem como objetivo identificar os riscos associados a um produto de consumo e classificá-los de acordo com a severidade, a partir de uma combinação entre a probabilidade e a frequência que eles ocorrerem. (COSCARELLI, 2017).

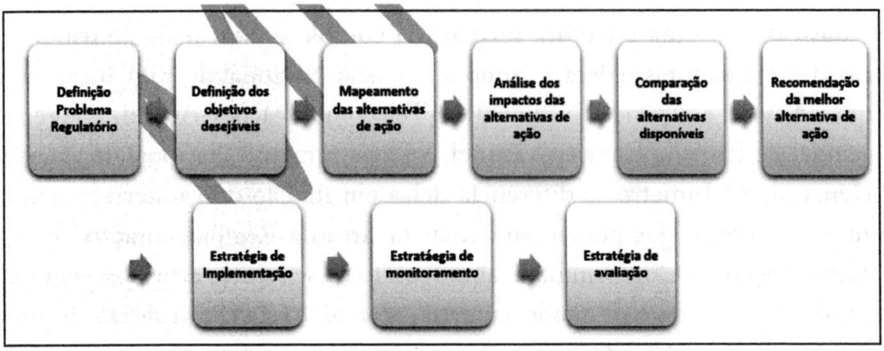

Figura 8.1 Ciclo Regulatório / Fonte: Brito, 2017

Avaliação do Resultado Regulatório – ARR é o processo sistemático de avaliação de uma ação para averiguar se seus objetivos foram alcançados. Não deve ser confundida com os processos de fiscalização ou monitoramento, que buscam averiguar o cumprimento de obrigações e o atingimento de metas predefinidas, respectivamente. O objetivo da ARR é verificar o que de fato ocorreu após a implementação da ação escolhida (BRASIL, 2018).

O ciclo regulatório segue as etapas:

- Elaboração do Estudo de Análise de Impacto Regulatória – AIR
- Consulta Pública e Audiência
- Decisão do Conselho Diretor
- Elaboração de Medida Regulatória (com a participação de Comissão Técnica)
- Controle e Monitoramento do Mercado
- Elaboração do Estudo de Avaliação de Resultado Regulatório – ARR
- Implementação da Ação Indicada no ARR

A Comissão Técnica que elabora a medida regulatória é formada por entidades representativas das partes impactadas ou afetadas ao tema, como especialistas no tema, representantes de laboratórios, academia, associações, convidadas pelo Inmetro, de preferência em ordem paritária, de forma a haver equilíbrio de interesses, imparcialidade, sem predominância de qualquer interesse em particular e facilitar o entendimento, aceitação e adequação à medida regulatória por todas as partes impactadas.

8.2 - Avaliação da Conformidade

Deve ser ressaltada a diferença: qualidade e avaliação da conformidade. A qualidade pode ser definida como o grau adequação entre as expectativas dos consumidores e a percepção deles do produto ou serviço (SLACK et al., 2009). A qualidade de um produto é definida por uma série de requisitos, expressos de formas variadas. Os requisitos podem estar definidos em documentos normativos – normas, regulamentos ou, em especificações de compra. Estes requisitos podem ser expressos pelo cliente ou não; podem ser originados pelo uso pretendido, pelo desempenho esperado ou pela durabilidade desejada (BARROS, 2004) enquanto que a avaliação da conformidade é conceituada pela norma ABNT NBR ISO/IEC 17000:2005 (ABNT, 2005) como a comprovação de que os requisitos especificados relativos a um produto, processo, sistema, pessoa ou organismo são atendidos.

A Organização Mundial do Comércio (OMC) conceitua a avaliação da conformidade como qualquer atividade com objetivo de determinar, direta ou indiretamente, o atendimento a requisitos aplicáveis.

Cabe ressaltar que o conceito adotado pelo Inmetro para avaliação da conformidade, um processo sistematizado, com regras preestabelecidas, devidamente acompanhado e avaliado, de forma a propiciar adequado grau de confiança de que um produto, processo ou serviço, ou ainda uma pessoa, atende a requisitos preestabelecidos em normas ou regulamentos, com a melhor relação custo benefício para a sociedade (INMETRO, 2015b), é equivalente a conceituação da norma ABNT NBR ISO/IEC 17000:2005 (ABNT, 2005) e da OMC e acrescenta a preocupação com o custo benefício para a sociedade.

A avaliação da conformidade ajuda a assegurar que produtos e serviços cumpram os requisitos determinados. Quando um produto, processo ou serviço é submetido a um processo de avaliação da conformidade significa atestar que o produto, processo ou serviço atende aos requisitos mínimos estabelecidos em uma norma ou regulamento técnico.

Os consumidores se beneficiam da avaliação da conformidade, porque lhe permite ter confiança que produtos ou serviços têm características desejáveis. Os órgãos reguladores também se beneficiam da avaliação da conformidade que lhes dão um meio para fazer cumprir a legislação nacional de saúde, de segurança e de meio ambiente e alcançar os objetivos de política pública. A avaliação da conformidade precisa ser vista em uma perspectiva muito mais ampla do que como uma facilitadora do comércio. Ela é uma atividade «de toda a sociedade» e, na maioria das economias, suas aplicações internas podem ultrapassar os seus papéis no apoio ao comércio, conformidade é a disponibilidade de normas que estabelecem requisitos para as melhores práticas de avaliação da conformidade e os organismos que as realizam internacionalmente. Isto é essencial para assegurar a compatibilidade no comércio.

Como benefícios da utilização do mecanismo de avaliação da conformidade podem ser ressaltados: promoção de um ambiente de concorrência justa, estímulo à melhoria contínua da qualidade, agregação de valor às marcas, fortalecimento do mercado interno, facilitação do comércio exterior, possibilitando o incremento das exportações, informação e proteção do consumidor (COSCARELLI, 2017).

Desde a publicação da Resolução Conmetro nº 4 (Conmetro, 2002) a evolução da avaliação da conformidade no Brasil vem acompanhando a notoriedade e a relevância que a atividade, sob coordenação do Inmetro, conquistou nos últimos 30 anos com a intensificação do fluxo de mercadorias entre os países, ainda que com certo atraso em relação ao resto do mundo. Um exemplo de que esse movimento global já existe há algum tempo foi a criação, em 1970, do principal fórum internacional que trata do tema, o *Conformity Assessment Committee* (*CASCO*), da Organização Internacional de Normalização (ISO), que, de acordo com dados de conta com a presença de 105 países participantes, incluindo Brasil e 34 países observadores.

As atividades do Inmetro no campo da avaliação da conformidade têm impacto significativo na sociedade, sendo uma ferramenta importante de apoio para a regulação dos mercados, proteção à saúde e à segurança do consumidor, proteção ao meio ambiente e para o desenvolvimento industrial.

Programa de Avaliação da Conformidade (PAC) é um conjunto de requisitos técnicos para um objeto e de requisitos de avaliação da conformidade, de caráter compulsório ou voluntário. Se for de caráter compulsório, há prazos para adequação e, no caso do Inmetro ser regulador, há necessidade de fazer Registro do objeto e uso de Selo. No caso do Inmetro não ser o regulador do objeto, o uso do Selo deve ser visto na Portaria Inmetro sobre o objeto.

Quanto ao campo de utilização, a avaliação da conformidade pode ser de caráter compulsório quando é obrigatória e é aplicada por instrumento legal e de caráter voluntário quando é aplicada por decisão do fornecedor.

A atividade de avaliação da conformidade quanto ao agente pode ser realizada por primeira, segunda ou terceira parte.

A atividade de avaliação da conformidade é realizada por segunda parte por uma pessoa ou uma organização que tem interesse de usuário do objeto (INMETRO, 2007a).

Os mecanismos de avaliação da conformidade do Inmetro são ferramentas utilizadas para atestar a conformidade, no âmbito do SBAC, podendo ser Certificação, Declaração da Conformidade do Fornecedor, Inspeção e/ou Ensaio (INMETRO, 2015b).

Declaração da Conformidade do Fornecedor é o procedimento pelo qual um fornecedor garante, por escrito, que um produto está em conformidade com os requisitos especificados. (INMETRO, 2015b).
Inspeção é o exame de um projeto de produto, produto, processo ou instalação e determinação de sua conformidade com requisitos específicos ou, com base no julgamento profissional, com requisitos gerais (INMETRO, 2015b). A ins-

peção pode incluir: exame visual, medição, exame de documentos, elaboração de relatórios. A inspeção pode estar incorporada como atividade em um processo maior como certificação ou declaração da conformidade do fornecedor. A inspeção pode ser aplicada com foco em segurança, desempenho operacional e manutenção da segurança, ao longo da vida útil do produto. O objetivo principal é reduzir o risco do comprador, proprietário, usuário ou consumidor quando do uso do produto. No campo compulsório, os PAC foram instituídos pelo Inmetro para atendimento às determinações de outros regulamentadores como Conselho Nacional do Trânsito - Contran, Secretaria Nacional de Promoção dos Direitos da Pessoa com Deficiência - SNPD, Ministério dos Transportes, Agência Nacional de Transportes Terrestres - ANTT nas áreas de segurança veicular, acessibilidade e transporte de produtos perigosos. No campo voluntário, o único PAC que adota a inspeção é o de Eficiência Energética de Edificações.

Ensaio é a determinação de uma ou mais características de um objeto de avaliação da conformidade, de acordo com um procedimento (INMETRO, 2015b).

Certificação é a atestação relativa a produtos, processos, sistemas ou pessoas, por terceira parte (INMETRO, 2015b). Como exemplos podem ser citados: certificação compulsória de brinquedos (INMETRO, 2016a), certificação compulsória do **Serviço de instalação e retirada de sistema de abastecimento subterrâneo de combustíveis – SASC (INMETRO, 2011a).**

Todos os PAC instituídos pelo Inmetro para a certificação de pessoas são voluntários, como exemplo, pode ser citado o Programa de Avaliação da Conformidade para **Condutores na área de turismo de aventura (INMETRO,** 2007b).

O quantitativo dos Regulamentos Técnicos e Programas de Avaliação da Conformidade desenvolvidos (compulsório e voluntário) pelo Inmetro está apresentado no Quadro 8.1: Quantidade de Regulamentos Técnicos e Programas de Avaliação da Conformidade do Inmetro, sendo cerca de 80% de caráter compulsório:

Quadro 8.1: Quantidade de Regulamentos Técnicos e Programas de Avaliação da Conformidade do Inmetro / Base: julho/2018

Abrangência	Inmetro	Outro Regulamentador	Total
Compulsório	90	65	155
Voluntário	28	12	40
Total	118	77	195

Fonte: INMETRO/Dconf

Do total de 155 medidas de caráter compulsório, 25 utilizam o mecanismo Declaração do Fornecedor sendo que, do total de 40 medidas voluntárias, 05 são Declaração de Fornecedor.

Os outros regulamentadores **são**: Ministério da Agricultura, Pecuária e Abastecimento - MAPA, Ministério do Turismo - MTUR, Ministério do Trabalho - MTE, Instituto Brasileiro do Meio Ambiente e dos Recursos Naturais – IBAMA, Conselho Nacional do Meio Ambiente - Conama, Agência Nacional de Vigilância Sanitária - Anvisa, Ministério das Minas e Energia- MME, Agência Nacional de Transportes Terrestres - ANTT, Conselho Nacional de Trânsito - CONTRAN, Agência Nacional do Petróleo - ANP e outros.

Em julho de 2018, foram certificados 1.122.459 modelos de produtos para 20.041 empresas, cujo crescimento desde o ano de 2008 pode ser observado na Figura 8.2: Quantidade Anual de Modelos Certificados e Figura 8.3: Quantidade de Empresas com Certificados Válidos.

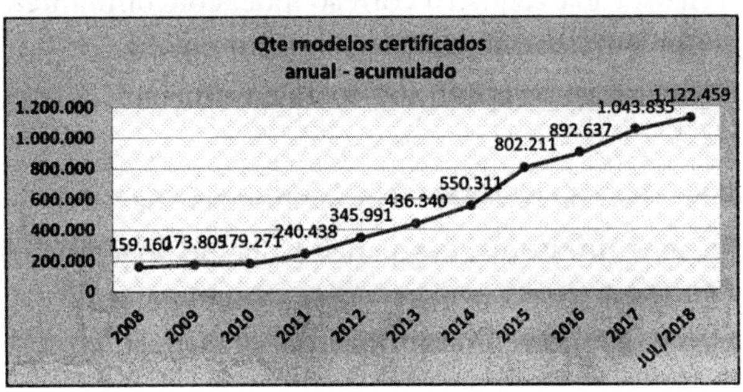

Figura 8.2: Quantidade Anual de Modelos Certificados / Fonte: Inmetro/Dconf

A Figura 8.3: Quantidade de Empresas com Certificados Válidos mostra que a quantidade de empresas com certificados válidos cresceu cerca de 23% em quase 11 anos.

Figura 8.3: Quantidade de Empresas com Certificados Válidos

Fonte: Inmetro/Dconf

O Inmetro realiza o controle do pré-mercado ao exigir que a comercialização dos produtos regulamentados e com requisitos de avaliação da conformidade obtenham o Registro de Objeto e para a importação dos referidos objetos há necessidade de obtenção do licenciamento de importação.
No caso de produtos, cada Registro corresponde, concomitantemente, a um modelo ou família de produtos; um fornecedor e uma unidade fabril.

No caso de serviços, cada Registro corresponde, concomitantemente: ao serviço avaliado; a um fornecedor e à unidade (local de prestação do serviço) que teve sua infraestrutura avaliada.

A inobservância das prescrições compreendidas nas Portarias acarretará a aplicação a seus infratores, das penalidades de advertência, suspensão e cancelamento do Registro, além das demais penalidades previstas na Lei nº 9.933/1999 (BRASIL, 1999).

O fornecedor não pode fabricar e comercializar produtos com Registro suspenso ou cancelado. Igualmente, o Fornecedor não pode prestar serviços caso seu Registro esteja suspenso ou cancelado.

O Selo é uma forma de evidenciar a conformidade de um objeto submetido a um processo de avaliação da conformidade.

8.3 - Controle e Monitoramento de Medidas Regulatórias

O Inmetro verifica se uma solução proposta por uma medida regulatória teve sucesso, ou seja, atingiu o objetivo proposto através do controle, do monitoramento de mercado e da avaliação dos resultados regulatórios. O controle e monitoramento de mercado são instrumentos de proteção e defesa do consumidor, acarretando confiança na relação de mercado; proteção do comércio interno e externo de práticas ilegais, inibindo a concorrência desleal e/ou predatória.

O controle de mercado de produtos regulamentados é realizado pelo Inmetro através da fiscalização e o monitoramento do mercado de produtos regulamentados, dentre outros, pelos Programas de Verificação da Conformidade e de Análise de Perigo de Produtos.

As ações de controle de mercado podem resultar em aplicação de penalidades às empresas quando detectadas irregularidades e o monitoramento de mercado pode subsidiar estudos que indiquem a necessidade de:

> a) Desregulamentação, caracterizada pelo cancelamento, integral ou parcial, de uma regulamentação técnica ou sua substituição por uma medida alternativa. Deve ser ressaltado que em relação ao cancelamento integral ou parcial, o documento legal que criou a medida pode ser revogado em seu inteiro teor ou ter apenas alguns artigos revogados, mantendo a validade de outros.

b) Aperfeiçoamento, por meio da implantação de melhorias em uma medida regulatória já existente. Na conclusão pelo aperfeiçoamento da medida pode ser identificada a necessidade de:

b.1) Progressão na adoção de medidas regulatórias, por exemplo, medidas voluntárias podem ser substituídas por compulsórias em função da Avaliação de Resultados Regulatórios. Como exemplo, pode ser mencionado o Programa de Móveis Escolares que passou de caráter voluntário para compulsório (INMETRO, 2012a).
b.2) Regressão na adoção de medidas regulatórias, quando diminui o grau de intervenção, porém sem caracterizar desregulamentação, por exemplo, diminuição dos requisitos sobre o objeto ou cancelamento do requisito que torna o PAC compulsório. Como exemplo, pode ser citada a passagem de Programa Compulsório para Voluntário de Instalações e Equipamentos na Produção de Cestas de Alimentos (INMETRO, 2014).

c) Continuidade, caracterizada pela manutenção da medida regulatória sem modificação no documento legal que a criou.

Os principais objetivos do monitoramento de mercado de produtos regulamentados são: promover o aperfeiçoamento dos regulamentos estabelecidos pelo Inmetro; melhorar a conformidade dos produtos no mercado.
As ações de controle e de monitoramento de mercado contribuem para a concorrência justa e para a proteção dos consumidores.

O Inmetro também monitora o mercado de produtos que possam vir a ser regulamentados pelo Instituto. Para este monitoramento, dentre outras ações, realiza o processo denominado Programa de Análise de Produtos.

Outras ferramentas de monitoramento de mercado utilizadas pelo Inmetro, tanto para produtos regulamentados como não regulamentados empregadas são: monitoramento de acidentes de consumo e o monitoramento de *recalls* (INMETRO, 2015b).

8.4 - Fiscalização

A fiscalização é uma modalidade de acompanhamento no mercado, dotada de poder de polícia administrativa, executada pelo Inmetro ou por entidades públicas por ele delegadas, os Órgãos Delegados, constituintes da RBMLQ-I, a partir de orientações definidas previamente pelo Inmetro, feita por meio de inspeção visual da presença do Selo de Identificação da Conformidade e/ou da Etiqueta das informações/marcações obrigatórias, que devem estar visíveis, legíveis e indeléveis, bem como das não conformidades aparentes facilmente identificáveis exigidas para objetos regulamentados ou com a conformidade avaliada compulsoriamente (INMETRO, 2015b). Abrange os produtos regulamentados pelo Inmetro e identifica produtos que não passaram pelo processo de avaliação da conformidade, inclui o comércio eletrônico.

As penalidades previstas na Lei 9.933 de 20/12/1999 (BRASIL, 1999), atualizada pela Lei n°. 12.545 de 14/12/2011 (BRASIL, 2011): advertência; multa; interdição; apreensão; inutilização; suspensão do registro do objeto; cancelamento do registro do objeto.

No ano de 2017, foram realizadas 641339 ações de fiscalização, com 51.196.369 unidades de produtos fiscalizados, sendo 48.750.217 aprovados e 2.419.699 irregulares, conforme mostrado percentual na Figura 8.4: Ações de Fiscalização no Ano de 2017.

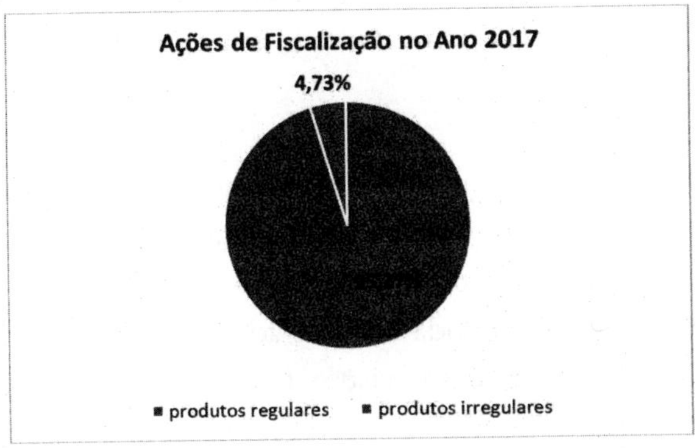

Figura 8.4: Ações de Fiscalização no Ano de 2017 / Fonte: Inmetro/Dconf

Do período de janeiro a julho de 2018, foram realizadas 311.943 ações de fiscalização, com 31.398.680 unidades de produtos fiscalizados sendo, 28.397.648 unidades aprovadas e 2.990.546 unidades reprovadas.

Figura 8.5: Ações de Fiscalização de Janeiro a Julho 2018 / Fonte: Inmetro/Dconf

A RBMLQ-I Rede Brasileira de Metrologia Legal e Qualidade – Inmetro é o braço executivo da Instituição em todo o território brasileiro, incumbindo-se das verificações e inspeções relativas aos instrumentos de medição, da fiscalização da conformidade dos produtos e do controle da exatidão das indicações quantitativas dos produtos pré-medidos, de acordo com a legislação em vigor.

A Rede é composta por 26 órgãos delegados, sendo 23 órgãos da estrutura dos governos estaduais, um órgão municipal, e duas superintendências do Inmetro. Esta estrutura vem garantindo a execução das atividades no âmbito da metrologia legal e da avaliação da conformidade em todos os pontos do território nacional.

Devido ao porte dessa estrutura e a complexidade em geri-la, o Inmetro criou uma específica Coordenação-Geral da Rede Brasileira de Metrologia Legal e Qualidade – Cored - que, em conjunto com os Órgãos Delegados, desenvolve uma consistente gestão das atividades delegadas, baseada na articulação, participação e compartilhamento das decisões. Esta estrutura visa garantir a qualidade e a transparência da aplicação dos recursos, além da eficiência, eficácia e efetividade da operação das atividades de qualidade e metrologia nos estados.

8.5 - Programa de Verificação da Conformidade

O Processo de Verificação da Conformidade de Produtos tem o objetivo de acompanhar, no mercado, os produtos regulamentados no âmbito do Sistema Brasileiro de Avaliação da Conformidade, verificando se permanecem atendendo aos requisitos para os quais tiveram sua conformidade avaliada compulsoriamente quando fabricados, importados, distribuídos ou comercializados. O processo promove um diagnóstico setorial, avaliando a situação dos Programas de Avaliação da Conformidade implementados e a atuação de organismos, laboratórios e empresas em relação aos programas, além de sugerir ações de mercado e realizar propostas de aperfeiçoamentos nas bases legal, normativa e para os Organismos de Avaliação da Conformidade (INMETRO, 2015a).

Anualmente, é definida uma lista de produtos regulamentados pelo Inmetro a serem analisados pelo Programa de Verificação da Conformidade, tendo como base os principais critérios:

- Histórico de reclamações e denúncias do produto regulamentado na ouvidoria do Inmetro
- Resultados da fiscalização técnica da RBMLQ-I
- Dados de acidentes de consumo extraídos do Sinmac
- Histórico dos PVC anteriores
- Publicações e alertas de *recall* pesquisados em sítios de instituições nacionais e internacionais, como Secretaria Nacional do Consumidor (Senacon), Agência Nacional de Vigilância Sanitária (Anvisa), *U.S. Consumer Product Safety Commission (CPSC)* e no Sistema de Intercâmbio Rápido de Informações (RAPEX).

O processo é composto por diversas etapas que se iniciam com o planejamento da lista de produtos a serem analisados e sua base normativa, passando pela seleção das marcas e modelos dos produtos, coleta e transporte dos modelos selecionados, realização de ensaios em laboratórios acreditados, análise dos resultados e elaboração do relatório final. A atividade de coleta conta com a participação e apoio da RBMLQ-I.

Do ano de 2002 a julho de 2018, foram realizados 85 Programas de Verificação da Conformidade, com 1.340 modelos avaliados e 9.520 requisitos avaliados. O monitoramento do mercado proporcionado pelo Programa de Verificação da Conformidade promoveu a realização de 28 recalls de produtos atuando em parceria com a Senacon, conforme mostrado na Figura 8.6: *Recalls* Promovidos a partir do Programa de Verificação da Conformidade do Inmetro no Período 2002-2017, identificou melhorias a serem implementadas em Programas de Avaliação da Conformidade, gerou ações corretivas e de melhoria em projetos de produtos, em processos produtivos, em metodologias de ensaio, além de subsidiar a coordenação geral de acreditação com informações para controle e monitoramento dos processos de certificação conduzidos pelos Organismos de Avaliação da Conformidade (OAC).

Produto	Quantidade de recalls
Brinquedos	6
Cadeiras plásticas	12
Bicicletas infantis	6
Dispositivo de retenção infantil	1
Chupetas	3
Total	28

Figura 8.6: *Recalls* Promovidos pelo Programa de Verificação da Conformidade no Período 2002-2017 / Fonte: INMETRO/Dconf

8.6 - Análise de Perigo

O processo de Análise de Perigo tem como objetivo a identificação de perigos que acarretem danos ou prejuízos ao usuário e que não estão previstos nos regulamentos do Inmetro. Atua na supervisão setorial em conjunto a outros órgãos quando necessário, a fim de coibir a comercialização de objetos regulamentados que apresentem perigos ao consumidor.

Como resultado do processo Análise de Perigo, podem ser propostas ações de melhoria, tais como:

a) mudanças na regulamentação
b) elaboração de portarias
c) alterações em manuais de instrução do produto
d) campanhas de divulgação de uso seguro do produto
e) realização de estudos complementares
f) solicitação de ações de fiscalização.

Como exemplo pode ser citado o caso do acidente fatal de uma criança em um berço cujo relatório de Análise de Perigo indicou, dentre outros encaminhamentos:

- Encaminhamento do relatório às partes interessadas, comunicante do acidente e empresa, e à Secretaria Nacional do Consumidor – Senacon, além das demais autoridades que o solicitarem, em atendimento ao princípio da transparência

- Publicação imediata de portaria complementar com requisitos que busquem mitigar os riscos do produto.
- Recomendação à ABNT um estudo sobre a conveniência da padronização dos tamanhos de berços infantis e seus respectivos colchões.

8.7 - Sistema Inmetro de Monitoramento de Acidentes de Consumo - Sinmac

Acidentes de consumo acontecem quando um produto ou serviço prestado provoca danos à saúde ou à segurança do consumidor, quando utilizado corretamente ou conforme instruções de uso. Esse dano pode ser causado por um simples defeito ou pela falta de informação quanto à periculosidade e quanto ao uso correto do produto ou ainda quando existem informações incorretas em relação ao uso do produto (MATHIAS, 2006).

No Brasil, o Inmetro monitora casos de acidentes de consumo desde 2006, por meio do Banco de Dados de Acidentes de Consumo. A partir de setembro de 2013, com o lançamento do Sistema Inmetro de Monitoramento de Acidentes de Consumo (Sinmac), o Instituto, além de ampliar a sua atuação ao considerar outros tipos de acidentes provocados por produtos e serviços, passou a disponibilizar relatórios e estatísticas de acidentes registrados no País, com filtros por produto, classe de produto e estado, bem como estatísticas que permitem estimar os impactos destes eventos no sistema de saúde, com o tratamento de vítimas, e na produtividade do País, com o afastamento de consumidores que se acidentam em seus postos de trabalho (Inmetro, 2018b).

Cabe destacar que o Sinmac é a única base de dados brasileira criada única e exclusivamente com a finalidade de monitorar os acidentes e incidentes - termo utilizado quando o evento não chega a provocar uma lesão - provocados por produtos de consumo, ou seja, por aqueles produtos que estão presentes no cotidiano da vida do consumidor.

Os tipos de registros que podem ser feitos no Sinmac, por qualquer consumidor, são (INMETRO, 2018b):

- **acidentes de consumo:** ocorrem quando um produto ou serviço prestado provoca dano ao consumidor, quando utilizado ou manuseado de acordo com as instruções de uso do fornecedor. Ou seja, um acidente de consumo ocorre quando há uma falha/defeito do produto, ou quando ele não atende ao nível de segurança que dele se espera;
- **acidentes domésticos:** quando uma pessoa se acidenta dentro de casa em função de um ato inseguro, que pode se dar por imprudência, imperícia ou negligência de quem o comete. Os acidentes domésticos podem ou não estar associados a um produto;
- **acidentes por mau uso do produto ou do serviço pelo consumidor:** quando uma pessoa sofre algum tipo de lesão utilizando um produto ou serviço em desacordo com o que prevê as instruções do fornecedor;
- **incidentes:** ocorrem quando o evento implica na falha do produto ou no mau uso do produto pelo consumidor, porém, por qualquer motivo, o acidente não chega a ocorrer e, portanto, não há lesão.

Os relatos registrados no Sinmac dão subsídios para que o Inmetro inicie importantes processos internos como a Análise de Perigo em Objeto Regulamentado, Análises de Impacto Regulatório (AIR) e Análises de Resultado Regulatório (ARR).

O trabalho realizado pela Análise de Perigo sobre um relato de acidente em um berço infantil, apoiado em pesquisas e simulações de uso supervisionadas pela equipe do processo de Análise de Perigo, originou o aperfeiçoamento da medida regulatória referente ao produto, ações de retirada do produto do mercado e um *recall* feito em parceria com a Secretaria Nacional do Consumidor (SENACON).

Durante o ano de 2017, foram registrados 1.160 acidentes de consumo no Sinmac sendo 389 ocasionados por sufocamento, conforme mostrado na Figura 8.7: Modalidade de Risco ano 2017.

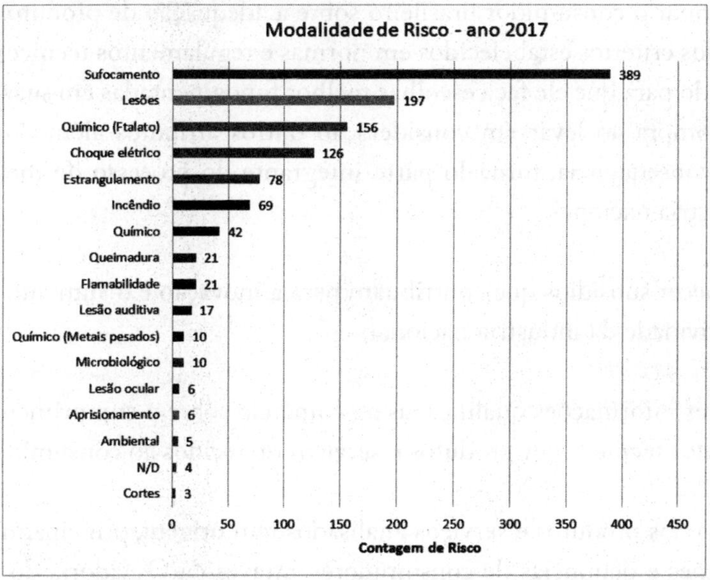

Figura 8.7: Modalidade de Risco ano 2017 / Fonte: Sinmac

Os registros feitos pelos consumidores no Sinmac auxiliam o Inmetro a identificar produtos e serviços que oferecem mais risco à saúde e à segurança do consumidor, passando assim a priorizá-los na criação de medidas reguladoras como ocorreu, por exemplo, com escadas domésticas, cadeirinhas de bebê para automóvel (INMETRO, 2018b).

8.8 - Programa de Análise de Produtos

O Programa de Análise de Produtos - PAP tem como objetivo principal monitorar segmentos produtivos com a finalidade de avaliar o cumprimento de requisitos técnicos por produtos e serviços não regulados pelo Inmetro, mas que fazem parte do escopo regulatório do Instituto, disponíveis no mercado nacional, de forma a subsidiar o Inmetro nas suas decisões voltadas à adoção de medidas regulatórias.

São também objetivos do Programa de Análise de Produtos:

- Informar o consumidor brasileiro sobre a adequação de produtos e serviços aos critérios estabelecidos em normas e regulamentos técnicos, contribuindo para que ele faça escolhas melhor fundamentadas em suas decisões de compra ao levar em consideração outros atributos além do preço e, por consequência, torná-lo parte integrante do processo de melhoria da indústria nacional;

- Fornecer subsídios que contribuam para a inovação e o aumento da competitividade da indústria nacional;

- Prover informações qualificadas ao comércio sobre o cumprimento de requisitos técnicos por produtos e serviços oferecidos ao consumidor.

A seleção dos produtos e serviços analisados tem origem, principalmente, nas reclamações e denúncias de consumidores, através da Ouvidoria do Inmetro, link "Indique! Sugestão para o Programa de Análise de Produtos", disponível na página do Instituto na internet, registros no Sinmac. Deve ser destacado que as análises conduzidas pelo Programa não têm caráter de fiscalização, uma vez que, os produtos analisados não são regulamentados pelo Inmetro.

O Programa de Análise de Produtos teve origem em 1996 e já elaborou cerca de 230 relatórios que estão disponíveis no site do Inmetro (INMETRO, 2018a).

8.9 - Avaliação da Conformidade e Acordo de Barreiras Técnicas ao Comércio

As Barreiras Técnicas às Exportações são barreiras comerciais derivadas da utilização de normas ou regulamentos técnicos não transparentes ou que não se baseiem em normas internacionalmente aceitas ou, ainda, decorrentes da adoção de procedimentos de avaliação da conformidade não transparentes e/ ou demasiadamente dispendiosos, bem como de inspeções excessivamente rigorosas (INMETRO, 2009a).

Uma barreira técnica pode vir a se estabelecer a partir de diferentes situações, por exemplo, ausência de transparência das normas ou regulamentos aplicados; imposição de procedimentos morosos ou dispendiosos para avaliação da conformidade; ou em decorrência de regulamentos excessivamente rigorosos impostos pelas legislações estrangeiras. Normas e regulamentos técnicos não constituem barreiras técnicas per se, tal conotação se dá, apenas, quando as exigências nelas contidas, vão além do aceitável (INMETRO, 2009a).

O Acordo sobre Barreiras Técnicas ao Comércio da Organização Mundial do Comércio - TBT/OMC encoraja aos membros do OMC a harmonizar os regulamentos técnicos, normalização e procedimentos de avaliação da conformidade a fim de reduzir obstáculos na comercialização de produtos; são de cumprimento obrigatório por todos os países-membros da OMC, obriga que sejam respeitados dois requisitos de transparência: cada membro deve assegurar a existência de um ponto nacional de questionamento que pode responder às questões sobre regulamentos técnicos, normalização e procedimentos de avaliação da conformidade dos demais membros e o segundo requisito a ser cumprido é de disponibilizar alterações nos regulamentos técnicos, normalização e procedimentos de avaliação da conformidade, com prazo de no mínimo 60 dias de antecedência da adoção da medida, aos demais membros. Ressalta a importância da avaliação da conformidade no comércio global e seu potencial para atuar como uma barreira ao comércio. A não aceitação de normas estrangeiras e os resultados de avaliação da conformidade no exterior têm sido reconhecidos como uma barreira comercial não tarifária significativa.

O Acordo sobre Barreiras Técnicas ao Comércio da OMC, visando dar maior transparência às regras do comércio internacional, determina que "cada membro deve assegurar que exista um centro de informação capaz de responder a todas as consultas razoáveis de outros membros e de partes interessadas de outros membros, bem como, fornecer documentos pertinentes à regulamentação técnica e aos procedimentos de avaliação da conformidade. A existência destes centros de informações, os pontos focais, em todos os países-membros, permite que os participantes do comércio internacional contem com uma rede de informações, que lhes permita conhecer, antecipadamente, as propostas de regulamentos técnicos e procedimentos de avaliação da conformidade notificados à OMC.

No Brasil, o Inmetro exerce o papel de "Ponto Focal de Barreiras Técnicas às Exportações", desde a década de 80, ainda na época do GATT, recebe denúncias sobre eventuais barreiras técnicas identificadas em processos de exportação, analisa denúncias, orienta os exportadores sobre os procedimentos a serem adotados, de forma gratuita, alerta o exportador sobre novas notificações feitas e disponibiliza textos completos dos regulamentos técnicos e procedimentos de avaliação da conformidade notificados, mantém banco de dados atualizado com informações sobre exigências técnicas já vigentes nos países membros da OMC (INMETRO, 2009a).

8.10 - Gestão de Riscos e a Avaliação da Conformidade no Inmetro

No Plano Estratégico do Inmetro (2007-2014) consta "Implantar um programa de gestão de riscos", dentre os 12 objetivos institucionais do Inmetro. A Diretoria de Avaliação da Conformidade consciente da importância da ferramenta de gestão de riscos para a eficácia da atuação da Diretoria após iniciativas isoladas de estudo sobre o tema, constituiu, em 2012, um Grupo de Trabalho com representantes das divisões da Diretoria e da área de planejamento do Inmetro com o objetivo, dentre outros: nivelamento dos conhecimentos sobre o tema gestão de riscos e sobre as recomendações de gestão de riscos aplicáveis a sistemas regulatórios, elaboração de proposta de metodologia para implantação da gestão de riscos nos processos operacionais da Diretoria; participação do grupo de trabalho no GT-07 da CEE 63 (Comitê da ABNT espelho do TC 262 da ISO que trata de Gestão de Riscos) e acompanhamento das ações da UNECE *Working Party on Regulatory Cooperation and Standardization on Risk Management in Regulatory Systems* e o desenvolvimento do projeto de benchmarking sobre implantação da gestão de riscos nas organizações.

Como produto da atuação do Grupo de Trabalho, foi publicado o Documento Orientativo da Qualidade contendo as diretrizes para a gestão de riscos dos processos da Dconf - DOQ-DCONF-011 (INMETRO,2017a), adequado às orientações constantes na Instrução Normativa Conjunta nº1, de 10 de maio de 2016 – dispõe sobre controles internos, gestão de riscos e governança no âmbito do Poder Executivo federal (BRASIL, 2016). Deve ser ressaltado que a referida Instrução Normativa determina a implementação, manutenção, monitoramento e revisão de controles internos da gestão tendo por base a identificação, a avaliação e o gerenciamento de riscos que podem impactar a consecução dos objetivos estabelecidos pelo Poder Público, bem como, a criação de Comitê de Governança, Riscos e Controles.

O Comitê de Governança, Riscos e Controles foi constituído no Inmetro, em março de 2017 (INMETRO, 2017c), com objetivo de estabelecer um ambiente de controle e gestão de riscos que respeite os valores, interesses e expectativas da organização e de todas as partes interessadas, tendo o cidadão e a sociedade como principais vetores, sendo constituído pelo Presidente do Inmetro e dirigentes das áreas diretamente subordinadas à Presidência e que tem como competências: promover práticas, princípios de conduta e padrões de comportamentos; institucionalizar estruturas adequadas de governança, gestão de riscos e controles internos; promover o desenvolvimento contínuo dos colaboradores do Inmetro e incentivar a adoção de boas práticas de governança, de gestão de riscos e de controles internos; garantir a aderência às regulamentações, leis, códigos, normas e padrões pertinentes, com vistas à condução das políticas e à prestação de serviços de interesse público; promover a integração dos colaboradores do Inmetro responsáveis pela governança, pela gestão de riscos e pelos controles internos; promover a adoção de práticas que institucionalizem a responsabilidade dos colaboradores do Inmetro na prestação de contas, na transparência e na efetividade das informações; aprovar política, diretrizes, metodologias e mecanismos para comunicação e institucionalização da gestão de riscos e dos controles internos; supervisionar o mapeamento e avaliação dos riscos-chave que podem impactar a prestação de serviços de interesse público; liderar e supervisionar a institucionalização da gestão de riscos e dos controles internos, oferecendo suporte necessário para sua efetiva implementação no Inmetro; estabelecer limites de exposição a riscos globais do Inmetro, bem com os limites ao nível de unidade, política pública, ou atividade; supervisionar e aprovar métodos de priorização de temas e de macroprocessos para gerenciamento de riscos e implementação dos controles internos da gestão; emitir recomendações para o aprimoramento da governança, da gestão de riscos e dos controles internos. (INMETRO, 2017c).

Outra iniciativa derivada do Grupo de Trabalho é participação na elaboração de norma de gestão de riscos em ambientes regulatórios no âmbito da Comissão ABNT/CEE- 063 – Comissão de Estudo Especial sobre Gestão de Riscos da ABNT, em fase de finalização.

8.11 - Considerações Gerais

O Inmetro foi criado com o objetivo principal de que produtos, importados ou produzidos no País, ofertados nos mercados interno e externo, estejam em conformidade com requisitos de segurança, proteção da vida e da saúde humana, animal e vegetal, proteção ao meio ambiente, atua de forma racional, integrada e extensiva a todo o território nacional para que uma medida regulatória publicada atinja seu objetivo e a sociedade tenha confiança que o produto adquirido ou serviço prestado está em conformidade com requisitos preestabelecidos.

Para tal, identifica se uma medida regulatória pode sanar ou mitigar um problema, desenvolve a medida e monitora sua implementação, bem como, avalia a sua implementação para detectar a necessidade de aperfeiçoamento ou até banimento, visando o menor custo-benefício para a sociedade.

Referências Bibliográficas

ABNT. ASSOCIAÇÃO BRASILEIRA DE NORMAS TÉCNICAS. **ABNT NBR ISO/IEC 17000:2005 Avaliação da conformidade: Vocabulário e princípios gerais. ABNT, 2005.**

BALDWIN, Robert et al. **Understanding regulation: theory, strategy and practice**. 2. Ed. Nova York: Oxford University Press, 2013.

BARROS, Marcia. **Estudo Comparativo do Sistema Brasileiro de Avaliação da Conformidade com o Sistema da Comunidade Europeia**. Dissertação (Mestrado em Sistema de Gestão da Universidade Federal Fluminense, Área de Concentração: Sistema de Gestão pela Qualidade Total). Niterói, 2004.

BRASIL. **Lei 5.966, de 11 de dezembro de 1973**. Institui o Sistema Nacional de Metrologia, Normalização e Qualidade Industrial, e dá outras providências. Disponível em: <http://www.planalto.gov.br/ccivil_03/Leis/L5966.htm>. Acesso em: 09 de agosto de 2018. 1973a.

BRASIL. Ministério da Indústria e do Comércio. **EM/GM/Nº/79, 31outubro1973**. Exposição de Motivos que encaminhou projeto de Lei para criação do Inmetro. Disponível em: <http://www.inmetro.gov.br/inmetro/>. Acesso em: 16 de julho de 2018. 1973b.

BRASIL. **Lei nº 9933 de 20 de dezembro de 1999**. Dispõe sobre as competências do Conmetro e do Inmetro, institui a taxa de serviços metrológicos, e dá outras providências. Disponível em: <http://www.inmetro.gov.br/legislacao/detalhe.asp?seq_classe=3&seq_ato=26>. Acesso em: 05 de agosto de 2018. 1999.

BRASIL. **Lei n°. 12.545 de 14 de dezembro de 2011**.Dispõe sobre o Fundo de Financiamento à Exportação (FFEX), altera o art. 1o da Lei no 12.096, de 24 de novembro de 2009, e as Leis nos 10.683, de 28 de maio de 2003, 11.529, de 22 de outubro de 2007, 5.966, de 11 de dezembro de 1973, e 9.933, de 20 de dezembro de 1999; e dá outras providências. Disponível em:<http://www.inmetro.gov.br/legislacao/detalhe.asp?seq_classe=3&seq_ato=412> Acesso em: 08 de agosto de 2018. 2011.

BRASIL. **Instrução Normativa Conjunta MP/CGU nº1, de 10 de maio de 2016**. Dispõe sobre controles internos, gestão de riscos e governança no âmbito do Poder Executivo federal. Disponível em: <http://www.cgu.gov.br/sobre/legislacao/arquivos/instrucoes-normativas/in_cgu_mpog_01_2016.pdf>. .Acesso em: 08 de agosto de 2018. 2016.

BRASIL, Casa Civil, Centro de Estudos de Direito Econômico e Social – Cedes. **Diretrizes Gerais e Guia de Análise de Impacto Regulatório – AIR, junho 2018**. Disponível em: http://www.casacivil.gov.br/regulacao/eventos/2018/regulacao-analise-de-impacto-regulatorio-e-controle-centro-de--estudos-de-direito-economico-e-social/apresentacoes/diretrizesgeaisguia--air_cedes-kelviaalbuquerque.pdf/view. Acesso em: 24 de julho de 2018. 2018.
Brito, Regiane, R. **Experiência Regulatória do Inmetro: Diretoria de Avaliação da Conformidade**.In Workshop Internacional de Avaliação da Conformidade. Rio de Janeiro, 2017.

CONMETRO. **Resolução CONMETRO nº 4 de 02/12/2002**. *Dispõe sobre a aprovação do Termo de Referência do Sistema Brasileiro de Avaliação da Conformidade - SBAC e do Regimento Interno do Comitê Brasileiro de Avaliação da Conformidade. Diário Oficial da República Federativa do Brasil, Brasília, DF,* 4 de dezembro de 2002. *Disponível em:* <. https://www.legisweb.com.br/legislacao/?id=98904>. *Acesso em: 09 de agosto de 2018. 2002.*

COSCARELLI, Paulo. Avaliação da Conformidade. In: COSTA-FELIX, R.P.B.; BERNARDES, A.T. (Org.). **Metrologia Vol.1: Fundamentos**. 1a. ed. Rio de Janeiro: Brasport, 2017. p. 215-254.

INMETRO. **Programa de Análise de Produtos. Relatório de Garrafa térmica com ampola de vidro - Requisitos e métodos de ensaio, 1999.** Disponível em:< http://www.inmetro.gov.br/consumidor/produtos/garrafaVidro.asp >. Acesso em: 19 de julho de 2018. 1999.

INMETRO. **Livreto Avaliação da Conformidade.**6ed. Disponível em: < http://www.inmetro.gov.br/infotec/publicacoes/acpq.pdf>. Acesso em: 09 de agosto de 2018. 2007a

INMETRO. **Portaria n.º 214, de 22 de junho de 2007**. Disponível em: < http://www.inmetro.gov.br/legislacao/rtac/pdf/RTAC001154.pdf. Acesso em: 07ago.2018. 2007b.

INMETRO. **Barreiras Técnicas às Exportações: O que são e como superá-las. Inmetro.** 2009. Disponível em: <http://www.inmetro.gov.br/barreirastecnicas/pdf/Manual_BarrTec2009.pdf> Acesso em: 18 de julho de 2018. 2009 a.

INMETRO. **Portaria n.º 276 de 24 de setembro de 2009**. Disponível em: <http://ftp.inmetro.gov.br/qualidade/rtepac/voluntarios.asp>. Acesso em: 19 de julho de 2018. 2009b.

INMETRO. **Programa de Análise de Produtos: Relatório sobre Análise em Óculos de Sol, 2009.** Disponível em: <http://www.inmetro.gov.br/consumidor/produtos/oculos_sol11UV.pdf>. Acesso em: 09 de agosto de 2018. 2009c.

INMETRO. **Portaria nº 486, de 08 de dezembro de 2010**. Disponível em: < http://www.inmetro.gov.br/legislacao/rtac/pdf/RTAC001641.pdf> Acesso em: 13 de agosto de 2018. 2010.

INMETRO. **Portaria n.º 009, de 04 de janeiro de 2011.** Disponível em < http://www.inmetro.gov.br/legislacao/rtac/pdf/RTAC001657.pdf>. Acesso em: 07 de agosto de 2018. 2011a

INMETRO. **Portaria nº 335, de 29 de agosto de 2011.** Disponível em: < http://www.inmetro.gov.br/legislacao/rtac/pdf/RTAC001726.pdf>. Acesso em: 19 de julho de 2018. 2011b.

INMETRO. **Portaria n.º 105, de 06 de março de 2012**. Disponível em: < http://www.inmetro.gov.br/legislacao/rtac/pdf/RTAC001798.pdf>. Acesso em: 09 de agosto de 2018. 2012 a.

INMETRO.**Portaria nº 331, de 14 de julho de 2014**. Disponível em: < http://www.inmetro.gov.br/legislacao> Acesso em: 14 de agosto de 2018. 2014.

INMETRO. **Portaria nº 317 de 19 junho de 2012.** Disponível em: < http://www.inmetro.gov.br/legislacao/rtac/pdf/RTAC001852.pdf>. Acesso em: 19 de julho de 2018. 2012b.

INMETRO. **Portaria n.º 512, de 16 de outubro de 2012**. Disponível em: < http://www.inmetro.gov.br/legislacao/rtac/pdf/RTAC001913.pdf>. Acesso em: 07 de agosto de 2018. 2012c.

INMETRO. Norma Interna de Trabalho. **NORMA Nº NIT-DIVEC-004 REV. Nº 06. Norma do Processo de Verificação da Conformidade**. Aprovada em novembro de 2015. 2015a.

INMETRO. **Portaria n° 248, de 25 de maio de 2015**. Disponível em: < http://www.inmetro.gov.br/legislacao/pai/pdf/PAI000182.pdf>. Acesso em: 07 de julho de 2018. 2015b.

INMETRO. **Portaria n.º 577, de 18 de novembro de 2015**. Disponível em: < http://www.inmetro.gov.br/legislacao/rtac/pdf/RTAC002335.pdf>. Acesso em 07de julho de 2018. 2015c.

INMETRO. **Portaria nº 53, de 1 de fevereiro de 2016.** Disponível em: <http://www.inmetro.gov.br/legislacao/rtac/pdf/RTAC002376.pdf>. Acesso em 19 de julho de 2018. 2016a.

INMETRO. **Portaria nº 99, de 7 de março de 2016.** Disponível em: <http://www.inmetro.gov.br/legislacao>. Acesso em: 14 de agosto de 2018. 2016b.

INMETRO. **Portaria nº 563, de 29 de dezembro de 2016.** Disponível em: <http://www.inmetro.gov.br/legislacao/rtac/pdf/RTAC002451.pdf>. Acesso em: 07 de agosto de 2018. 2016c.

INMETRO. Documento Orientativo da Qualidade. **DOQ – Dconf – 011: Documento Orientativo da Qualidade contendo as diretrizes para a gestão de riscos dos processos da Dconf.** Revisão 00 – mai./2017. 2017a.

INMETRO. Documento Orientativo da Qualidade. **DOQ-DCONF-012: medidas regulatórias adotadas pelo Inmetro no âmbito da competência da Dconf.** Documento de caráter orientativo Revisão 00 – nov./2017. 2017b.

INMETRO. **Portaria nº 60, de 17 DE março de 2017**. Disponível em: <http://pesquisa.in.gov.br/imprensa/jsp/visualiza/index.jsp?data=20/03/2017&jornal=1&pagina=103&totalArquivos=164> Acesso em: 09 de agosto de 2018. 2017c.

INMETRO. **Programa de Análise de Produtos. Produtos Analisados**. Disponível em:<http://www.inmetro.gov.br/consumidor/prodAnalisados.asp>. Acesso em: 14 de agosto de 2018. 2018a

INMETRO. **Sistema Inmetro de Monitoramento de Acidentes de Consumo** Disponível em: <http://www.inmetro.gov.br/consumidor/acidente_consumo.asp>. Acesso em: 08 de agosto de 2018b.

MATHIAS, Alessandra Fontes. **Acidentes de Consumo e seus Impactos na Sociedade.** 2006. 148f. Dissertação (Mestrado Sistema de Gestão da Qualidade Total) – Universidade Federal Fluminense – UFF. Niterói, 2006.

NOGUEIRA, Camila Barros. **Os modelos regulatórios do Brasil e dos Estados Unidos da América para segurança de produtos de consumo: estudo**

comparativo entre Inmetro e CPSC. 2016. 176f. Dissertação (Mestrado em Metrologia e Qualidade) – Instituto Nacional de Metrologia, Qualidade e Tecnologia. Duque de Caxias, 2016.

OCDE. **Measuring regulatory performance: evaluating the impact of regulation and regulatory policy.** Paris: Ocde Publishing, 2012.

OPTICANET. **Setor Óptico Brasileiro adota Programa de Autorregulamentação** Disponível em https://opticanet.com.br/secao/opticanobrasil/8588/setor-optico-brasileiro-adota-programa-de-autorregulamentacao. Acesso em: 08 de agosto de 2018.

SLACK, Nigel et al. **Administração da Produção.** 1 ed. São Paulo: Atlas, 2009.

SINMETRO. CONMETRO. **Guia de Boas Práticas de Regulamentação.** 2007. Disponível em: < http://inmetro.gov.br/qualidade/pdf/guia_portugues.pdf>. Acesso em: 16 de julho de 2018.

ANOTAÇÕES

ANOTAÇÕES

ANOTAÇÕES

ANOTAÇÕES

Impressão e acabamento
Gráfica da Editora Ciência Moderna Ltda.
Tel: (21) 2201-6662